二重危険の法理

中野目 善則 著

日本比較法研究所
研究叢書
101

中央大学出版部

装幀　道吉　剛

序文

ここに編集した、著者の二重危険の法理に関する諸論文は、これまで著者が研究してきた二重危険に関する研究成果を纏めたものである。旧稿が大部分を占めるが、現在でも、二重危険の法理の意義を伝える意義と重要性はあると思料するので、ここに日本比較法研究所の助力を得て公刊することとした。

日本国憲法は、米国の二重危険禁止条項による影響を受けて制定されたとみることができるが、その理解は、米国とは相当に異なり、むしろ、大陸法型の一事不再理を基本とする立場から再度の裁判が禁止される効力を理解し、それとの連続性において、「裁判の効力」の問題として再度の裁判の禁止を議論する立場が多くみられる。

著者や渥美東洋教授は、このような流れとは異なり、憲法三九条が英米から継受した、二重危険禁止条項の本来の狙いに沿った議論が展開されるべきだとする立場から、議論を展開し、理論的検討を重ねてきた。(1)

本書は、日本国憲法三九条が継受したとみるべき英米の二重危険の法理を踏まえて議論を進めるという立場に立っており、(2)一部は、一事不再理と結論を同じくする部分があるものの、基本的には、その両者は異なるとする視点に立ち、二重危険の原理的理解を基礎とする議論を展開している。その点で、これまでの二重危険禁止と一事不再理との間には基本的な相違はなく、両者の接近や融合を説き、または両者の違いを意識する必要はなく、結論において差があるだけで本質に差があるとはいえない、とする立場(3)とは大きく異なる見方に立っている。

我が国は、明治維新以降、西欧列強との不平等条約の改正を契機に西欧法制の導入を進め、最初はフランス法を、ついでドイツ法をモデルとする法制度の整備を進め、戦後（太平洋戦争後）に至って、英米の刑事司法、とりわけアメリカ合衆国の刑事司法の影響を大きく受けてきた(4)。このように、我が国の法制度の基礎ないし背景が大きく変化し、異なる法体系をモデルとするという遍歴を重ねてきていることもあり、現在の日本国憲法下における、社会を構成する個人の価値に基礎を置く、正義の実現、自由の保障、平等の保障を基本とする刑事手続に関する議論にも、旧来の大陸法の影響下で展開されてきた議論が、さまざまの形で影響を及ぼしてきており、戦前の大陸法の制度とそれを支える議論との「連続性」を基礎に、現行法下での刑事訴訟法における正義、自由、平等の原理を重視する議論と、戦前の大陸法、とりわけドイツ法に基礎を置く議論が併存しており、論者によりさまざまのグラデーションがある。我が国の刑事訴訟における理論は、第二次世界大戦での痛ましい犠牲を払って出発した新たな日本における、日本国憲法下での刑事訴訟における正義の実現、自由の保障、平等の保障に基礎を置く、戦前の議論との非連続性から出発する議論と、両者の間には基本的相違がなく連続しているとみる立場に立つ議論とが、併存し、複雑な様相を呈している状況にあるとみることができるであろう。

　個々の検討については、収録されている論考を参照されたいが、近時の議論に若干言及するならば、再訴遮断の問題は、二重危険禁止条項による検察官の裁量の濫用の規律の観点から議論されるというよりは、訴訟法理論の観点から、裁判の効力の問題として捉えられ、上訴においても、「危険連続論・継続論」に立つ運用のゆえに、二重危険禁止条項の本来の狙いは忘れられたかのような存在となっている。

　裁判員裁判の結果についての検察官上訴と日本国憲法との基本的関連についての理論的検討が問題となるが、ここでも、危険連続論に立つ事実誤認を理由とする上訴が当然のこととされてきている経緯もあり、(7)二重危険禁止条項との関連での明示の意識的検討がされることはなく、訴訟法の理論的問題としてどの限度で第一審の裁判所の判断が尊重されるべきかが議論されてきているのに止まるという状況にある。(8)

また、現在に至るも、再度の裁判が禁止される範囲が議論されるときに、憲法三九条の二重危険禁止条項への明示的言及や検討がなされることはなく、訴訟法上の理論の問題として議論される傾向が強い。(9)

このような事態は、憲法において再度の裁判の禁止に関して二重危険禁止条項が定められていることに照らすと、適切な法解釈のあり方といえるのかには、大きな疑問が残る。法制度の基本的視点を踏まえなければ、再訴遮断の範囲と訴追裁量権行使の限界を明確にすることは難しい。

旧来、刑事訴訟の理論的基礎として、James Goldschmidt の訴訟状態説を基礎とする、具体的法規説の視点を基礎に、公訴事実、訴因、訴因変更、一事不再理、二重危険、罪数を考察し、訴因変更の範囲と、一事不再理または二重危険の及ぶ範囲と、罪数（科刑上一罪を含む一罪か併合罪か）とはイコールの関係で結ばれ、同じ基準で解決されるべきであるとする理論も展開されてきているが、(10)果たしてそうみてよいのかには、幾多の疑問が残るのであり、(11)再訴遮断の範囲に関しては、二重危険禁止条項の観点から整理した議論をする必要が大きい。(12)憲法の枠組みを離れて、訴訟法理論として、再訴禁止を考察する議論が多くなされているが、再訴が許される限界を憲法上の二重危険の原理との関係で明確にすることが求められる。

憲法上の保障として再訴の禁止が明示的に定められていなかったところでは、大陸法の影響もさることながら、訴訟法の理論によって、行き過ぎた法の執行から人々を保護するべく、訴訟法の理論が展開される必要性、必然性は大きかったといえるが、現在は、国の基本法である日本国憲法において、二重危険禁止が定められており、憲法論を離れた訴訟法の理論的体系として、憲法上の原理とは別に、再度の裁判に関する訴訟法独自の理論を構築する必要性は減じており、日本国憲法の二重危険禁止条項を離れて再度の裁判を廻る問題を議論するよりも、第二次世界大戦後、我が国の法制度が継承した法の原理を踏まえた法解釈が、二重危険の領域でも求められていると思われる[13]。日本国憲法三九条の二重危険禁止条項の採る基本的立場を意識した明示的議論をすることが、法解釈として重要だと思われるのであり、そのことが、上訴の限界や再訴の是非の限界を明確にすることに通ずる。我が国における一事不再理や二重危険に関する議論の一端を垣間見ても、二重危険禁止条項の意味を再確認しておくことが、今後の議論をより確固とした基礎に立って展開し、訴追活動の限界を明確にするうえで、重要性があると筆者には思われる。

二重危険禁止条項は、被告人を再度の危険に置くことを禁止する。二重危険禁止の法理は、政府側、検察官側の再度の有罪立証の機会を求める行為に限界を設け、同じ事項を再度争い政府が満足する結果を得られるまで何度でも刑事裁判を継続する等、刑事裁判を圧政やハラスメントの目的で利用することに至ることを禁止する考え方を基本としている。裁判官も被告人の一度で裁判を終了させてもらう貴重な権利に十分な配慮を廻らせなければならない。二重危険禁止条項は、検察官の訴追裁量の規律に焦点を当て訴追活動を規律し、個人の価値を基礎に社会の他の構成員の利益や権利を守り社会の連帯関係を維持する立場から行われる刑事法の執行による正義の実現と、自由の保障との間のバランスをはかり、刑事手続を嫌がらせや圧政目的のために利用することを阻止し、個人の価値の保障を基礎とする、自敬・他敬を基本とする個人の自由な結びつきによる社会を維持することと関係する。二重危険禁止の法理は、捜索・押収における憲法規定と同じように[14]、自由の領域への政府による干渉を正当根拠のあるときに必要最小限度のものに止めるという捜索・押収の原理と同様の考え方を基礎としており、正当な限度を超えて裁判に付す期間を長引かせ、種々の苦痛を課して刑事裁判を嫌がらせ、ハラスメント、圧政のために利用することを禁止する迅速裁判条項の狙いと共通の狙いを有する。[15] 裁判所が再度の裁判を認める場合も、その判断が、被告人の一度で裁判を終了させてもらう貴重な権利を害することがないかどうかが問われる。[16]

かかる点で、裁判所の権威ある判断がどこまで及ぶのかを中心に考える考え方とは全く異なる視点に立つ。もっとも、一事不再理という従来の訴訟法理論に拠りつつも、その中に実質的に、刑事裁判を嫌がらせや圧政目的で利用させることがないようにするという視点を入れてきている場合も当然にあり得るところであり、[17] さまざまの議論があるが、視点それ自体は、「形式的確定」の概念を重視して、事実認定についても、より上級の裁判所の権威ある判断により統制を重視する立場に立つ。

国家の権威の浸透を重視した、上位下達型のモデルによる裁判官の権威ある判断の維持に重点を置くのか、それとも、国家による干渉を最小限度に止めるという視点を重視して、事実認定の一回性を強調し、国家による干渉を正当根拠がある場合の必要最小限度の干渉に止める視点に立って関係する諸利益の調整を行い、検察官の訴追裁量と裁判所の再訴に関する判断を規律する視点を中心に置くのかにより、刑事法の運用は大きく異なることになる。[18] 法の性質と役割に関する見方が異なれば、運用は相当に大きく異なることになる。

戦後、七〇年になろうとする現段階においても、我が国の法制度の拠って立つ原理を確認した議論が必要とされてきているように筆者には思われるのであり、[19] この点でも本書での二重危険に関する研究は、その意義があろう。

本書での研究は、今年、逝去された渥美東洋教授（中央大学名誉教授）が指導されてきた米国刑事判例での研究が基礎となっている。渥美東洋教授の指導の下、数多くの合衆国最高裁の判例をともに読んで研究する作業を継続的に四〇年以上にわたり続けてきた。[20] この研究が、本書の諸研究の基礎となり、本書での成果となっている。

二重危険に関する本書を公刊するにあたり、法の生命は、論理ではなく、経験である、と述べたオリバー・ウェンデル・ホームズの言葉[21]が思い出される。歴史的な経験を通して形成されてきた法の原理を基礎に、関係する種々の利益をほどほどのところで調整する役割を担うのが法であり、宗教やイデオロギーとは異なる、法を支える原理と哲学を踏まえて、法解釈論を展開する必要性・重要性を説かれ、イギリス法、アメリカ法の真髄を踏まえた議論を展開して、多くの示唆を与えてくださった渥美東洋教授に本書を捧げる。

二〇一四年一〇月三一日　著者

（1）　本書に所収の拙稿及び渥美東洋『全訂刑事訴訟法（第2版）』（有斐閣）（二〇〇九年）四七六—四八八頁等を参照。

（2）　近時は、上訴を廻る扱いにおいても、英国と米国では、違いがみられる等、差異はあり、一括して論ずることができない面もあるが、正義を実現するのが刑事裁判であるという理解を基礎としつつ、刑事裁判を圧政・迫害目的や嫌がらせ目的のために利用させてはならないとする基本的視点においては共通していると理解できるものであろう。

二重危険に関して米国法とその基本的考え方を共有しつつも、具体的法理の展開に関しては、特に、近時の、無罪判決が下った場合でも、被告人が有罪であることを示す新たな証拠が発見された場合に関して、再度の裁判を開くことを認め、八〇〇年にわたるイギリス法に変更を加えた英法の動向については、既にこれを紹介した論文が示されている（鷹野旭「一事二審理？イギリスにおける二重の危険法理に例外を設ける法改正について」判タ一一八八号（二〇〇五年）九三頁、幡新大実「無罪判決に対する上訴」季刊刑事弁護六三号（二〇一〇年）一九〇頁、高倉新喜「イギリスにおける二重の危険の法理の動向—二〇〇三年刑事司法法（Criminal Justice Act 2003）の適用が争われた二つの謀殺（murder）事件をめぐって」法政論争四一・四二合併号（二〇〇八年）五三頁、平田元「イギリスにおける『二重の危険』論争をめぐって—最近の法律委員会報告書を中心に—」『光藤景皎先生古稀祝賀論文集（下）』（二〇〇一年）所収七三七頁等を参照。）。この変更も、一定の重大犯罪について、証拠の新規性とそれにより結論が変更されることの明白性（new and compelling）を要件としており、無罪であるとの結論が維持できないことが明らか（compelling）である場合の一度限りの再度の公判を認めたものと解され、検察官が結論に不満な場合の政府上訴（検察官上訴）を無制約に認めたものではなく、また、公訴における検察官の立証の失敗を上訴で回復するという性質のものでもない。基本的には、無罪が誤りであり有罪であることが明白である場合の、一度に限った新証拠に基づく再度の裁判を認めたものであり、政府の有罪立証の機会は基本的に一度に限定されるべきであるとする考え方を維持する立場が基本にあり、政府が満足を得るまで何度でも裁判のやり直しを求めることができるとする考え方には立っていないものと解すべきものである。

（3）例えば、田宮裕『一事不再理の原則』（有斐閣）（二〇〇〇年）は、両者の間の融合があるとみる点で、日本の多くの論者の理論的基礎を提供しているといえるであろう。白鳥祐司『一事不再理の研究』（日本評論社）（一九八六年）も、大陸法型の議論を展開する。田口守一『刑事裁判の拘束力』（成文堂）（一九八〇年）は、米国における付随的禁反言を扱った Ashe v. Swenson, 397 U.S. 439 (1969) の研究から、「拘束力」の視点による議論を展開する。

（4）この遍歴を要領よく説明しているものに、三ヶ月章『法学入門』（弘文堂）（一九八二年）がある。

（5）公訴事実の概念を廻って、再訴が禁止される範囲と、訴因変更が許される範囲と、罪数の範囲を一致させて考えようとする立場に、大陸法の影響を受けた戦前の議論が色濃く影響を及ぼしていることを伺うことができよう。

（6）就中、James Goldschmidt の訴訟状態説の影響を上げることができよう。James Goldschmidt の訴訟状態説については、渥美東洋「訴訟法的考察方法の妥当領域」法学新報六八巻一二号（一九六一年）二七頁を参照。

（7）最（大）判昭二五年九月二七日、昭二五年一一月一八日最（大）判刑集第四巻一一号二二一五頁、最（三小）判昭二九年五月一一日集刑第九五号一四九頁、最（一小）判昭三三年一月二三日刑集一二巻一号三四頁。

（8）第九二回刑法学会分科会Ⅱ（裁判員制度と控訴審の在り方について）（二〇一四年）。

（9）例えば、反覆された窃盗罪が関係する場合の再訴の遮断の範囲に関する議論（最（三小）判平一五年一〇月七日刑集五七巻九号一〇〇二頁）においても、二重危険禁止条項に言及されることはなく、訴訟法上の理論の問題として解決されており、再訴禁止の範囲を検討するに当たり、憲法三九条の二重危険禁止条項が関係することがあたかも忘れられているかのようである。

(10) 例えば、田宮裕『刑事訴訟法入門』（有信堂高文社）（一九八二年）一五一頁。もっとも、田宮裕教授は、『刑事訴訟法』（有斐閣）（一九九六年）において、併合罪の関係に立つ数罪でも、相互に密接に関係し、同時捜査・同時訴追が通常である場合には、同時訴追義務があると示唆する（同書四五五頁）。

(11) 本稿の論文を参照。

(12) 後に本書で言及するように、基本的には、訴因変更と、罪数と、二重危険禁止効の及ぶ範囲はそれぞれ別の視点から考えられるべきものである。判例は、訴因変更について、不意打ち禁止の観点を強調する（例えば、最（三小）判昭二八年一一月一〇日刑集七巻一一号二〇八九頁、最（二小）決昭三四年七月二四日刑集一三巻八号一一五〇頁）が、他方で、その視点を離れて、罪数や罪質との関連に言及する判例（最（二小）判昭二四年一月二五日刑集三巻一号五八頁（密接関係）、最（二小）判昭三三年二月二一日刑集一二巻二号二八八頁（併合関係））や、行為または結果が同一であればよいとみてか、一事不再理効または二重危険禁止効の及ぶ範囲に関する議論と訴因変更の許される範囲とを一致させて考える傾向を示す判例（最（三小）決昭四七年七月二五日刑集二六巻六号三六六頁（—詐欺の立証の成功の見込みが薄くなったときの、寄付を募るに際して自治体の長への届け出または自治体の長の許可を得なかった条例違反の訴因の予備的追加請求が許されるとした—）もあり、一貫性を欠いている場合もある。

(13) 憲法は、とりわけ自由の保障に関して定められた憲法は、プログラム規定ではなく、自力執行力を持つ規範（of-self-executing な規範）である。

(14) 渥美東洋編『米国刑事判例の動向Ⅳ』（中央大学出版部）（二〇一二年）、渥美東洋『全訂刑事訴訟法（第2版）』（有斐閣）（二〇〇九年）、中野目善則「捜索・押収⑴、⑵」現代刑事法一巻七号（一九九九年）一〇三頁、一巻八号（一九九九年）八一頁などを参照。

(15) United States v. Marion, 404 U.S. 307 (1971). 渥美東洋・椎橋隆幸編『基本判例解説刑事訴訟法』（信山社）（二〇一一年）高田事件解説一六二事件（渥美東洋）。

渥美東洋教授は、国家による訴追の機会と被告人の再訴追を受けない地位の保障とを正義論の「相互主義」の観点から捉えて訴追の一回性に関する二重危険禁止効を基礎づけている（渥美東洋『刑事訴訟法（全訂版）』（有斐閣）（二〇〇六年）四八八頁）。本書は、主に、自由の保障という観点から国家による干渉が必要最小限度のものに止まる、との制限政府論を基礎に二重危険禁止条項を基礎づけているが、正義論から考察した場合も、圧政にわたるような、国家の目からみた飽くなきまでの真実追究が常に最優先され刑事裁判に巻き込まれる個人の利益はそれに劣後する、という関係にはない。現在の日本国憲法下での正義の概念は個人の価値の保障を前提としており、個人の価値を否定するまたはそれとは離れたところに存在する国家の権威を重視する考え方は、現在の日本国憲法の下では採用されていない。日本国憲法下の法制度においては、個人の価値を十分に考慮した刑事法の展開がなされなければならないはずであり、それは、訴因制度や被告人の不意打ちの防止を重視する訴因変更手続制度などに示されているところである。二重危険禁止条項の解釈の際に正義の要請を実現する観点から考察する場合にも、この点に留意しなければならない。正義は、個人の価値を相互に尊重する社会の在り方を維持・発展させ、社会における連帯を維持することに関係する概念であり、国家は社会の自律的な在り方を支える役割を担うのであり、圧政に亙るような刑事法の運用は、自由な個人の連帯と協力の下に社会を発展させる考え方を基礎とする共和制国家の考え方に反する。正義の追求、真実の追求のためには、個人の価値はそれに劣後する地位が与えられるに止まり、国家による真実追究が常に優先されると考える前提に立つ検察官上訴とそれを支える危険継続論は、我々の日本国憲法のとる大前提に合致しているといえるのか、日本国憲法下での正義についての考え方に合致するのかが、根本的に問われなくてはならない。

（16）　ここに収録した、有罪立証の機会を一度に限定することを義務づけ、被告人には一度で裁判を終了してもらう貴重な権利があると判示する合衆国最高裁判所の二重危険に関する判断は、日本国憲法で二重危険禁止条項を定める我が国における法解釈に重要な示唆を与えるものであろう。なお、近時、憲法三九条に関して、松田達彦「憲法三九条と二重危険法理─特に政府による再度の訴追に関する若干の考察─」松山大学論集一八巻三号（二〇〇六年）一〇九頁、同「検察官による再公判の可否─二重危険禁止条項の理論と解釈─」中央大学研究年報26（法学研究科篇）（中央大学）（一九九七年）一四一頁が公刊されている。

（17）　例えば、併合罪の場合にも、同時訴追が可能であれば、一緒に処理するべき義務が発生するとみる、青柳教授の見方がそれである。青柳文雄『犯罪と証明』（有斐閣）（一九七二年）三三九、三七一─三七二頁。

（18）　この点で、ミルジャン・ダマシュカ「裁判と国家の権威の諸様相─法過程への比較によるアプローチ」（Mirjan Damaška, The Faces of Justice and State Authority: A Comparative Approach to the Legal Process, Yale University

Press,）紹介・中野目善則　本書二九九頁に示される、法の性質の文化、歴史、政治体制による違いについての分析を参照されたい。ダマシュカ教授は、英米法と大陸法のみならず、共産主義圏の法についても広い視野で議論を進めている。

(19)　このことは、二重危険に限ったことではなく、任意・強制による議論をはじめ、さまざまの分野においても問われるところである。

(20)　これまで、渥美東洋編『米国刑事判例の動向Ⅰ』（一九八九年）、渥美東洋編『米国刑事判例の動向Ⅱ』（一九八九年）、渥美東洋編『米国刑事判例の動向Ⅲ』（一九九四年）、渥美東洋編『米国刑事判例の動向Ⅳ』（二〇一二年）（以上、中央大学出版部）が公刊されている。また、比較法雑誌に「米国刑事法の調査研究」として、継続的に研究成果が公刊されてきている。

(21)　カドーゾ『司法過程の性質（Nature of Judicial Process, 1921）』日本比較法研究叢書。カドーゾが指摘するように、ホームズは論理が不要であるということを述べているのではない。

ホームズは、表現の自由における「明白且つ現在の理論（clear and present danger test）」の提唱者として有名であり、そのことが、彼のケプナー（Kepner v. United States, 195 U.S. 100 (1904)）での危険継続論に立つ反対意見が我が国において影響力を持つことになった要因の一つであるのかもしれないが、二重危険の領域での彼の危険継続論に立つ意見が法廷意見になったことはない。ホームズは、危険継続論を展開している点では、英米の基調からすれば異質な考え方によっているが、基本的には、「明白且つ現在の危険」のテストに示されるように、英米の経験から形成されてきた諸原理と個人の価値を重視する立場に立っており、演繹的論理から法を理解する立場ではなく、帰納的見方に立って法を理解し、様々の失敗や苦い経験、成功をとおして形成されてきた英米の法の諸原理を踏まえた法の解釈と法形成を重視する、オーソドックスな法の見方に拠っている。

二重危険の法理

目次

序文

第一章　検察官上訴と二重危険

一　はじめに

日本国憲法が制定された後も、我が国では、検察官（政府）上訴は「危険継続論」に立って許されるのだとする立場が実務上確固としたものとして採られてきている。(1)有力な見解もこの立場を支持している。(2)日本国憲法は米法の系譜に立つのだから、検察官上訴は違憲なのではないかとの主張もみられたが、(3)この主張に対しては、沿革上我が国の憲法が合衆国憲法に由来するからといって、我が国の法運用が合衆国の法運用と同一のものになる必要はなく、危険継続論に立つ二重危険はかえって大陸法と英米法のほどよい調和を示すものだとの主張がなされた。(4)この見解によれば、検察官上訴を許さないとする立場は二重危険の固有な内容をなすものではないとされた。(5)当初の系譜論に立つ議論はこの見解に屈してしまったかのようである。

だが、検察官上訴に対する疑問は消えてはおらず、かえって最近では疑問を提出する見解も増えてきているようである。(6)また、最近の合衆国最高裁判所の判例の動きも、事実認定に関わる場合には政府には一回の有罪立証の機会しか与えられないことを強調し、(7)また、先例上多数意見で危険継続論が採られたことはないことを明言してきているのである。(8)このような動きは危険継続論に立つ立場の再検討を促すものである。

危険継続論は、実際上も妥当でない結果を生んできている。検察官上訴によって長すぎる裁判が生まれてきている。[9]また、事実認定が明らかに誤りとはいえないにもかかわらず、検察官が上訴審で一審とは異なった新たな証拠や事実に関する主張を提出して有罪を獲得するという方法が用いられてきているが、[10]このような方法は政府が同一の事実をむし返して争う事態を生んでいる。裁判に巻き込まれる被告人の利益は軽視されており、刑事裁判が圧制やハラスメント・嫌がらせの手段と化す虞れが生じはしないかとの懸念を懐かざるを得ない事態が生じているのである。

このような実態は検察官上訴についての検討を強く迫るものである。

本稿は、刑事司法の健全な機能を確保するとの関心から、形式的確定[11]があるまで一事不再理効、二重危険禁止効[12]が発生しないとみる我が国の実務及びそれを支持する立場の立論、諸前提及び利益のバランスが、果たして健全なものであるのか、変えられなければならないとすれば何かを検討しようとするものである。

二　系譜論

日本国憲法が憲法三九条についてどのような立場に立つものかは系譜論的に争われたことでもあり[13]、また、日本国憲法のもとでも我が国の独自性のゆえにドイツ流の流れを汲む立場に依然として依拠することが系譜論的に許されるとするならば、二重危険論に基づく検討もその効力を減ぜられることになるので、系譜について若干の考察をしておくことが必要であろう。

日本国憲法の定める人身の自由に関する諸規定が米国の憲法を母法とするものであることは文言の上からも、制定過程の点からも明らかであろう。[14]憲法三九条は合衆国憲法第五修正の二重危険禁止条項に由来するものといってよいであろう[15]。この系譜は、憲法の規定の解釈を行うに当ってそれぞれの規定がどのような狙いで定められたものかをふまえて憲法規定の解釈論が展開されねばならないことを意味するものである[16]。なるほど、合衆国と我が国の事情や状況の相違により我が国と米国の法運用に差違が生じてもよいのは当然であるし、合衆国にみられるさまざまな傾向の中から合理的と思われるものだけを選択すべきこともまた確かである[17]。だが、このことは、我が国の憲法が合衆国憲法から継承し共有しているとみられる基本的な狙い[18]を無視して、我が国の「独自性」に立てばよいことを意味するものではない[19]。

このような系譜を前提とすると、危険継続論はどうとらえられるべきなのであろうか。そのためにはまず二重危険の基本的内容の把握が前提となる。そこで、系譜的にも母法たる位置を占め、合衆国最高裁判所により詳細な判示がなされ、多くの論稿が書かれてきている、合衆国憲法第五修正の二重危険禁止条項の解釈運用を対象にして、二重危険の内容を検討してみよう[20]。

三　合衆国での二重危険の考え方

被告人を同一犯罪行為を理由に再度裁判に巻き込んではならないのはなぜだろうか。

被告人は裁判に巻き込まれることで焦燥感にかられ、不安に晒され、経済的に困難な事態に直面し、スティグマを押され、生活の安定を害される。だが、国民の利益を代表する政府は正義の要求を実現するために犯罪者を処罰する利益を有するので、被告人にこのような負担を一回は課し被告人を一度は裁判に付すことが許される。しかし、国家が同一犯罪行為を理由に被告人を「再度」刑事裁判に巻き込んでこのような心理的経済的負担を課すことは、被告人に対する迫害、圧政となり、被告人が無辜のときには、再度の裁判は無辜の者を有罪とする危険を高めてしまうことになる。この理由で、政府には同一犯罪行為について一回限りの有罪立証の機会が与えられるのに止まる。被告人は一度で裁判を終了してもらう貴重な権利を持っている。二重危険禁止条項が保護しようとする利益はこのようなものである。(21)

そこで、㈠前の無罪（*autrefois acquit*）(22)及び㈡前の有罪（*autrefois convict*）(23)の場合に再訴が許されないのはもちろん、㈢ミストライアルが宣言され公判が途中で終了した場合(24)や、㈣公訴が棄却された場合(25)にも被告人を再度公判に付すことができない場合が生ずるのである。㈢㈣の場合、被告人の一度で裁判を終了してもらう権利が強調される。㈢㈣の場合であっても再度裁判に付されることによって失われる被告人の利益は重大なので、また、政府が有罪立証の弱点を補強し立証を強化する目的で公訴棄却を求めまたは公訴を取り下げて再度起訴するという場合に典型的にみられるような圧政が生ずる虞を防ぐ必要があるので、再度の公判が許されない場合が生ずるとみるのである。

二重危険禁止条項で保障される被告人の利益を重視する立場からは、上訴では一審から危険が連続しているとはとらえられない。政府が、上訴であれ、一審での事実認定に不服を申し立てて争うことは、同一犯罪行為について再度有罪立証の機会を求めることになるので、やはり二重危険禁止条項に違反することになるのである。このように再度の裁判に巻き込まれることによって失われる被告人の利益を重視し、一度で裁判を終了してもらう被告人の利益を強調する立場は、危険継続論と相容れないものである。

四　ケプナーでのホームズ裁判官の少数意見の位置

このように危険継続論は二重危険の中心的考え方と矛盾する異質なものである。危険継続論はケプナー[26]での少数意見でホームズ裁判官が述べたものであるが、この考え方が合衆国最高裁判所の判例の中でどのような重さを持つのかをさらに検討してみよう。

合衆国憲法の下で政府の上訴と二重危険の関係が多く問われるようになったのは最近のことである。それは次のような事情による。

合衆国最高裁判所は、法律上明文で政府の上訴が認められているのでなければ国には刑事事件で被告人に有利に下った判決に基づき誤審令状を求めそれを入手する権利はないとの立場を長きに亙って採ってきていた[27]。法律上合衆国政府の上訴権がはじめて規定されたのは一九〇七年の刑事上訴法[28]によってである。この法律は、(i)大陪審による起訴の根拠となった法律は無効であるとの理由で大陪審による起訴を棄却する判決若しくはその法律に関して裁判所が行った解釈を理由に大陪審による起訴を棄却する判決、(ii)同様の理由により判決の執行停止（arrest of judgement）を命ずる判決、又は(iii)被告人が危険に晒されたことがない場合には防訴抗弁（plea in bar）を認める判決に対して、合衆国政府が合衆国最高裁判所に上訴することを許した。この法律は被告人に有利な評決が下った事件にあっては合衆国は誤審令状を入手できないことを明文で定めていた。この法律は数回改正され、政府の上訴権は少しずつ拡大された[29]。最も重要なものは一九四二年のものであり、この改正で、一部の公訴棄却がコート・オブ・アピールスで審査を受けるものとされ、合衆国最高裁判所の上訴管轄権が検察官による起訴（information）の場合まで拡大された。一九六八年の改正では証拠排除又は押収物還付の申立てを認める公判前の裁判所の判断に対し合衆国政府が上訴することを認めた。一九七〇年のシッソン[30]でハーラン裁判官は刑事上訴法がどのような場合に政府の上訴が認められるのかについて混乱をもたらしているので、この法律は失敗であると結論した。同年連邦議会はこの法律を廃止し、政府の上訴権を広げる目的で新しく刑事上訴法を制定した。[31]この法律により、合衆国憲法の二重危険禁止条項に反しなければ合衆国は公訴棄却に対し、コート・オブ・アピールスに上訴できることとなった。

このように一九七〇年の刑事上訴法制定前は政府の上訴は法律により規律を受けていた。そのため、政府の上訴と二重危険との関連を扱った事件はほとんどが一九七〇年の刑事上訴法制定後に現れることとなった。

一九七〇年の刑事上訴法制定以前に政府の上訴と第五修正に二重危険禁止条項との関連が合衆国最高裁判所により判断された唯一の例外的事件はケプナー[32]である。この事件は合衆国とは異なった歴史的伝統のもとにあるフィリピン諸島で生じた。連邦議会はフィリピン諸島に、第五修正の二重危険禁止条項の原理が適用されることを明文の法律で定めていた。被告人は最初の公判で無罪とされたが、国の上訴を許したフィリピン諸島の手続により、被告人は有罪とされた。スペイン法のもとでは一審の判断には終局性が与えられておらず、最上級審まで連続する一個の公判を成すと考えられていたのである。合衆国最高裁判所はこの有罪は被告人を二度危険におくもので許されないとした。ホームズ裁判官は反対意見で危険継続論を展開した。

このようにケプナーで問題となった手続は政府の上訴について慎重な態度で臨んできている合衆国の立場とは異質のものだったのである。我が国では合衆国でも危険継続論に立つものがいるとして引かれるホームズ裁判官の意見は反対意見に止まるものであったし、この意見が合衆国最高裁判所の多数意見となったことは一度も「ない」のである。[33]前述した二重危険禁止条項が保護しようとする被告人の利益に照らすならば、事実認定を何度でも政府が争うことができるとする構成は二重危険禁止条項の基本的な狙いそれ自体に反する極めて異質のものといわなければならない。

五　政府上訴と二重危険

さて、二重危険禁止条項の趣旨からは政府の上訴は一切許されないことになるのだろうか。そうではないことを合衆国最高裁判所の判例は明らかにしてきている。

(1)　まず、危険が発生していなければ二重危険禁止条項の適用はないので、危険発生以前の裁判所の判断に対する政府の上訴は二重危険禁止条項によって禁止されない(34)。合衆国最高裁判所は、陪審裁判にあっては陪審が選ばれ宣誓した時(35)、裁判官による審理にあっては証拠調べが始まった時(36)をもって危険の発生時期とする。したがって、公判開始前になされる相当多くの手続的申立（証拠排除の申立等(37)）に対する一審の判断を政府は二重危険禁止条項に触れることなく上訴することができる。

(2)　危険発生以後であっても政府の上訴が許される場合がある。ウィルソン(38)のいうように二重危険禁止条項は政府の上訴それ自体に向けられたものではない。ウィルソンでは陪審が有罪の評決を下した後、裁判官は手続的理由（迅速裁判違反）で無罪の判決を下した。合衆国最高裁判所は、この無罪判決に対する政府の上訴は、上訴で政府が成功しても破棄差戻後、有罪の評決を再度下せば足り、再度公判を開く必要はないから、二重危険禁止条項に違反しないと判示した。ここでも明らかなように、再度の公判に被告人が付されることになる場合にこそ二重危険の問題が生ずるのである。

合衆国最高裁判所は「無罪」に対しては絶対的といってよいほどの終局性を与えているが、[39] 再度の事実認定を必要としない場合には、無罪であっても、政府が上訴できる道を開いて憲法解釈や法律解釈について上訴審の審査を受けるための機会を政府に保障しているのである。

(3) 上訴に関する事件ではないが、憲法解釈、法令解釈について上級審の判断を加える重要性を示し、他方、事実認定の一回性を強調したとみられる事件にバークスがある。[40] このバークスの基準は上訴にあっても大きな影響を及ぼしているものとみられるので検討してみよう。

この事件は、有罪判決に対して被告人が上訴した事例で、上訴審が証拠不十分を理由に有罪を破棄した場合には再度の公判は認められないが、公判手続上の誤りを理由とする破棄の場合には再度の公判が許されると判示した。法廷意見を執筆したバーガ首席裁判官は、二重危険禁止条項の中心目的は、最初の公判で政府が提出しなかった証拠を提出するためのもう一つの機会を政府に与えないことにあるととらえ、証拠不十分の場合には政府が有罪立証に失敗したという場合であるのに対し、公判手続上の誤りの場合、例えば、証拠を許容または排除したのは誤りであるとか、陪審に対する説示が誤っているとか、検察官の違法行為があったといった場合には、政府が有罪立証に失敗した場合ではないと判示した。後者の場合、政府は有罪立証の機会を一度も与えられてはいないとみるのである。

(4) 法律判断、憲法判断について上訴審が審査を加えることが必要であることを強調する方向で公訴棄却に対する政府の上訴の可否を判断した事件にスコットがある。[41] スコットはジェンキンス[42]の基準を変更したものである。ジェンキンスでは「破棄・差戻すと、被告犯罪構成事実（the offense charged（公訴事実））の存否を解決するために何らかの手続をさらに行う必要がある」という場合には政府の上訴は二重危険禁止条項により禁ぜられる、とした。この事件では、一審は被告人を刑事手続から解放する判断を下したが、その理由が、実体法上の構成要件に該当する事実（被告人の“knowledge”）が存在しないと判断したことによるのか、それとも、適用罰条の解釈に関する理由のみを根拠に被告人を有罪とすることができないと判断したためか判然としなかった。このとき、破棄・差戻すと、一審が最初に提出されたのとは別の証拠を受けとることがないとしても、それでもなお補充的な認定をすることが必要であろうから、前述した基準に照らして政府の上訴は許されない、と判示したのである。スコットはジェンキンスの基準を広きにすぎるとした。スコットでは、被告人が、起訴前の遅滞により防禦上の不利益を受けたという理由で公訴棄却を求め、一審がこれを認めて公訴を棄却した場合、合衆国は上訴できるかが問われた。「被告犯罪構成事実の全部または一部の存在を正しかろうとなかろうと被告人に有利に解決した裁判官の判断」が下されている場合はこの判断は無罪に当たり政府は上訴することができないが、起訴前の遅滞を理由とする公訴棄却は、被告人に刑事責任があっても憲法違反があるので処罰できないという内容の法的判断であり、このとき公衆だけが法に違反した者を有罪にする完全な一度の機会を奪われている、とした。

このように、合衆国最高裁判所の判例は、無罪の事実認定に対する上訴は、政府に再度有罪立証の機会を与えることになるので二重危険禁止条項に反し許されないが、他方、法律解釈、憲法解釈については上訴審による判断が加えられる機会を政府に与えようとする方向で動いてきているように思われるのである[43]。

法律上・憲法上の争点について、上訴審が検察官の上訴を受けて判断を加えることは、より周到な判断を加えて憲法解釈、法令解釈の統一をはかる上から望ましいものである。だが、事実認定については、上訴審が事実を認定することになると、冷たい記録（コールド・リコード）による認定であるために（記録には、証人の証言時の様子を十分に反映できない）、事実誤認が起こる危険も生ずることになるし、また、不利益を受ける者が事実に関する自己の見解を主張し、立証して事実認定者をコントロールする機会を奪ってしまうことにもなるので[44]、上訴審による事実の認定は許されない。このように、上訴審の機能の点からも、合衆国最高裁判所がたててきている区別には合理性があるといえるであろう。

六　陪審制不採用は危険継続論の根拠となるか

今までの考察で危険継続論が二重危険の基本的考え方と異質のものであることが既に明らかとなっているが、我が国では危険継続論を採ってもさしつかえがないとする論拠として、英米では陪審裁判であるがゆえに政府の上訴が制限されるのだと主張されるので、[45]果たしてこの主張が合理的なものか否かを検討しておこう。

なるほど、合衆国では陪審制を採ってきたことが政府の上訴を制限してきた大きな理由である。陪審の無罪評決を法律家の基準から検討して覆すことをするならば、コミュニティの基準を反映した陪審の「健全な」判断を求めて民衆の意思を裁判に反映させ、圧政を防ごうとの構想[46]は崩れてしまうことになろう。陪審は証拠が有罪であることを示している場合であっても無罪を答申することができるのである。[47]このゆえに、無罪評決には強い終局性が与えられなければならない。

だが、このことは、陪審裁判を採らない場合には危険継続論を採ってよい根拠とはならない。二重危険禁止条項が保護しようとする被告人の利益は陪審裁判の場合であろうとそうでない場合であろうと異なるところはないからである。このことからも明らかなように政府の上訴の対する制限は陪審制に対する考慮だけから決められてきたものではない。合衆国では合衆国憲法第六修正で被告人の陪審審理を受ける権利が保障されているが、その権利が放棄され、裁判所・裁判官による裁判がされることもかなり多いことを考慮すれば、このことは明らかであると思われる。合衆国最高裁判所は二重危険の適用について陪審裁判と裁判官による審理との間に区別を設けていないのである。[48]

上訴審の機能からも政府の事実認定に対する上訴は制限されざるを得ない。裁判官による審理の場合、裁判官は陪審のように証拠に反して無罪を下す権限を持たないのが一般であるが、[49]先に述べたように上訴審で事実を認定することは上訴審の機能と合致しないので、公判裁判所限りでの事実認定が予定されていることになり、それゆえ、公判裁判所の判断には終局性が与えられなければならない。このように、事後審としての上訴審の構造は危険継続論と相容れないものである。

七　パルコの検討

ところで、我が国ではパルコが、[50]合衆国最高裁判所が危険継続論に立っていることを示すものだとして言及される。だが、そうみるべき根拠はない。

この先例の概要は次のようなものである。被告人は第一級謀殺罪で起訴陪審により起訴されたが、第二級謀殺罪で有罪にされ終身刑を言い渡された。この有罪に対し国（コネティカット州）は、法律上の問題について裁判所の許可を条件に政府の上訴を許す法律（六四九条）に従って上訴し、上訴審はこの上訴に基づいて有罪を破棄し、ニュー・トライアル（新公判）を命じた。上訴審は、公判裁判所は㈠被告人の自白に関する証言を排除した点、及び㈡被告人の反対尋問で被告人の信憑性を弾劾する証言を排除した点で誤っており、また、㈢公判裁判所は第一級謀殺罪と第二級謀殺罪の差違について陪審に誤った説示を行ったと認定し、この法律上の誤りは国に不利益を与えたと認定した。ニュー・トライアルで被告人は二重危険の抗弁を提出し合衆国憲法第一四修正違反を主張したが却下され、被告人は陪審により第一級謀殺罪で有罪の評決を下され、死刑を言い渡された。州の上訴審はこの有罪を確認した。この有罪に対し合衆国最高裁判所に上訴がなされた。法廷意見を書いたカードーゾ裁判官は、第一四修正をオーダード・リバティ（秩序ある自由）・コンセプトで考えるとの立場に立って、本件は重大な法律上の誤りによって汚染されていない公判で事実審理がされるように州が求めた場合であり、この場合残虐さや被告人を苦しめる政府の行為はないと述べて、第一四修正違反はないとしたのである。

ここでは、㈠判示の中心は第一四修正のオーダード・リバティに政府の行為が違反するか否かの解釈にあったのであり[51]、しかも、㈡政府の上訴は法律上の誤りを理由とする上訴だったのである。また、㈢政府の上訴が許されるのは危険が継続するからだとの論述はないし、ケプナーのホームズ裁判官の意見を論拠に引いてもいないのである。

このようにパルコは危険継続論の根拠になるとは思われない。

八　量刑と二重危険

さて、我が国で判例上二重危険の概念を我が国の憲法が採用しているものとしつつも危険が連続するとの考え方が最初に採用されたのは、量刑不当を理由とする検察官上訴の事例においてであった[52]。この点についての政府の利益が重要であったことが危険継続論を採った理由の一つだったのだろうか。だが、この分野は危険継続論によって処理せずとも十分に対処できることを合衆国最高裁判所の判例は示唆しているのである。

合衆国において量刑に対する政府の上訴の合憲性が争われた最初の事件はディフランチェスコ[53]（一九八〇年）である。合衆国の量刑不当を理由とする上訴の問題が最近まで生じえなかったのは、連邦議会がこの類型の上訴権を政府に認める法律を制定していなかったためである。[54] 一九七〇年の組織犯罪規制法（The Organized Crime Control Act of 1970, Pub. L. 91-425, 84 Stat. 922）は特別危険犯罪者（dangerous special offender）という類型（18 U. S. C. §3575（e）and（f））に当たる者について政府は量刑の審査を求めて上訴することができる旨を定めた（§3576）。ディフランチェスコではこの規定による政府の上訴の合憲性が問われた。合衆国最高裁判所は、量刑には無罪判決に相当する終局性が先例上与えられてきていないことを踏まえて、政府の上訴は二重危険禁止条項に違反しないと判示した。ここで合衆国最高裁判所は上訴審による審査が加えられることで量刑を行う裁判官に与えられている限度のない裁量権がチェックされ、一貫性のある量刑実務が実施される利点があることを重視している。

ところで、死刑量刑手続に二重危険禁止条項が適用される場合のあることがブリントン[55]でさらに示された。この事件で問題となった量刑手続では、実体的、手続的基準が定められており、量刑を行う陪審の裁量権はその基準に従うことを求められていた。また、政府は、選択刑のうちの重い方の刑である死刑を求刑するに当たり、「一定の事実」を「合理的な疑いを容れない程度に立証する責任」を負っていた。こうした点でこの量刑手続は公判と類似の構造となっていた。合衆国最高裁判所はこのような場合には、ニュー・トライアルで最初の陪審が言い渡したより重い刑を再度求刑することは、最初の量刑時に政府が立証に失敗しているとみれるので、二重危険禁止条項に違反すると判示した。[56] この事件では、通常の量刑の場合には何ら基準が定められていないので、最初の量刑を超える部分について政府が立証に失敗したとはみれないことを示唆した。[57]

この二つの事件の示唆するところからさらに考察を進めてみよう。

量刑不当を理由とする検察官上訴は事実認定に対する検察官上訴とは性質が異なる。後者にあっては政府が同一の事実を再度争うのを許すことになり、二重危険の基本的なねらいに反する。だが、前者の場合、有罪とされている者であるので既に処罰の必要性と合理性は確認されている。このとき、量刑不当を理由とする政府の上訴は、裁判を長びかせ、重い刑を言い渡されるかもしれないという心理的負担を被告人に課すので二重危険禁止条項に違反する、とはいえない。確かにそのような負担を被告人に課すことにはなる。だが、政府の上訴は、被告人を悩ます（被告人に嫌がらせを加え、ハラスメントを行う）ために行われるのではなく、一貫性を持った量刑実務を実現するという正当な目的のために行われるのである。犯罪抑止の観点から不当に軽い刑が言い渡されるのを阻止し、また、平等の正義と公平さを確保し処遇効果を高めるために不当に区々に分かれることのない一貫性のある量刑を行う必要は大きい(58)。有罪が認定され処罰の必要性と合理性は明らかにされており、さらに右にみたように量刑実務の必要性と合理性が明らかにされているのであるから、この合理的な政府の利益の方が被告人の不利益を凌駕しているとみるべきであろう。また、ブリントンの示唆するように、通常の量刑手続にあっては、量刑に関する基準が定められておらず、一般予防（抑止）、特別予防（抑止）に関する事情が総合的に考慮されるので、最初の量刑を超える部分について、政府がある事実について「立証に失敗した」とみるのには無理がある。こうした点を考えると、量刑に関し手続的基準が定められている死刑量刑以外の量刑不当を理由とする検察官上訴は二重危険禁止条項に違反しないとみるのが合理的であると思われる。

二重危険禁止条項は、前の無罪、前の有罪及び恩赦の抗弁(59)に由来する(60)ところからも示唆されるように、事実認定手続に焦点をあてたものであることがうかがわれるのである。起訴された犯罪よりも軽い犯罪で有罪とされた場合に重い方の罪については「黙示的に無罪(61)」とされたことを意味するとの構成が、量刑の場合にも採れるのかが問われるが、右にみたように関係する利益の分析からは、原則として、公判裁判所の量刑判断が不当であることを理由とする検察官上訴は、有罪と認定された者について適切とされる刑罰を確保するための合理的な方策なのであり、二重危険禁止条項が防ごうとする圧政の場合ではない[62]。

このように、量刑の場合危険継続論に立たねば検察官上訴が認められないものではない。

九　形式的確定を一事不再理効発生の要件とする考え方の検討

ところで、危険継続論が我が国で容易に受け入れられてしまったのは、この考え方が、ドイツ流の形式的確定があるまで一事不再理効が発生しないとの考え方が広く受け入れられてきた素地に極めてよく適合する表現を与えるものであったためであると推測される。既に二重危険の考え方にとっては危険継続論は極めて異質なものであることを明らかにしたので、その考察により同時に、形式的確定があるまで一事不再理効が発生しないとする考え方の利益較量に対する批判がある程度なされたといえる。だが、この考え方の問題点をより一層明らかにするために、この考え方それ自体に焦点をあててさらに検討してみよう[63]。（以下では事実認定を理由とする検察官上訴の場合を中心に扱う。この点が二重危険の観点からは問題だからである。）

従来、形式的確定があってはじめて一事不再理効があるとする見解がドイツ法の影響を受けた我が国の多くの者により採用されてきた。この見解は裁判所が実体について判断を加えたことが実体法または具体的法規を定立する要件であるとし、形式的確定があった時点で実体法または具体的法規の定立があったとする見方に由来する。

だが、この見解には多くの疑問がある[64]。

まず、形式的確定以外の要件について若干みてみよう。

実体法説は裁判所の判断が実体法となったことが一事不再理効を発生させる根拠だとみる。だが、具体的事件の枠組みの中で判断する裁判所の判断が、何ゆえに、「実体法」、という、議会が制定した法律と同様の効果を持つ法となるのかという疑問に加え、後訴裁判所が、前訴の判決と矛盾するものであれ、新たに実体法を定立する権限がないとされる理由は、実体法の定立だけからは説明しえないことから明らかなように、一事不再理効を発生させるためにそのような構成をとるのであるから、一事不再理効の根拠の説明とはいえまい。また、裁判所の判断内容と矛盾する事実を容認しないことになるが、誤判の点についても配慮しない考え方を採る合理性はどこにあるのだろうか。

具体的法規説は具体的訴訟空間での裁判所による具体的法規の定立が後訴を遮断するのだとする。この見解を基礎とする立場は、具体的法規の定立のない範囲まで一事不再理効を認め、これを実体的確定力の外部的効力として説明される。だが何ゆえに外部的にそこまで及ぶという構成をとるのかという実質的理由こそが明らかにされなければなるまい。後訴裁判所が具体的法規を定立してはならない理由は具体的法規の定立自体からは発見しえないことからも明らかなように、具体的法規の定立それ自体は無色・中立のものである。

このように実体法説や具体的法規説は終局実体裁判に一事不再理効をもたせるための構成であって、真の根拠ではない。では、実体法説や具体的法規説の背後にはそのような考え方があるのだろうか。

裁判は「真実」を確定するものであり、一事不再理効はそれに由来するとみるのであろうか。

だが、この見方には疑問がある。

同一の事実については異なった見方が成り立つ。多くの推論や論理を用いて事実を再構成する刑事裁判にあってはこのことは自明であろう。このゆえにこそ、刑事裁判では、検察官の主張する事実が存在しないとの前提から出発して批判検討を加えてもなお、検察官がその事実を合理的な疑いを容れない程度に立証しているとみれる場合にはじめて被告人を有罪とすることができるとの構造(無罪の仮定(推定)の原則(65))が採られるのである。ここでは検察官の主張する事実は誤りであるとの仮定に立つのでその事実についての挙証責任は検察官にある。無罪はこの事実を検察官が合理的な疑いを容れない程度に立証したとはいえない場合を意味し、他方、有罪はその立証があった場合を意味するのであって、いずれの場合も唯一の絶対的「真実」が確定されたことを意味するものではない[66]。後に前の裁判とは異なったより確からしい事実が明らかにされることもある。

こうした事情にもかかわらず、既に裁判所が判示した事項は「真実とみなす」という構成を採って一事不再理効を与えようとするのは何ゆえであろうか。また、真実とみなすというだけなら再度審理をしてその「真実」を述べればよいことになるが、一事不再理効は審理自体を遮断する。しかも、公訴事実の同一性の範囲にあれば、裁判所の判断が下っていない部分も再訴・再審理が遮断される。それゆえ「真実」に再訴を遮断する効果を与えるのかは何ゆえかが問われねばならない。

この真の理由を考えるならば、裁判の効力は、矛盾した裁判の防止とか訴訟経済とか再度裁判に巻き込まれることによって被告人が被る不利益といった点に求められざるを得ない。したがって、一事不再理効の中心論点は、どの視点を中心に、どのような利益のバランスを考えるかにある。

実体法説や具体的法規説を理由とする論理の中では「裁判所の判断」が加えられたことが一事不再理効の発生根拠とされ、裁判に巻き込まれる被告人の不利益について十分な配慮がなされていない点に特徴がある。後述するように、このような利益のバランスは憲法三九条とは異質のものである。

さて、では、「形式的確定があるまで」一事不再理効がないとする理由と考えられるものを検討してみよう。

このようにみるのは、刑事裁判の目的を「真実の発見」にあるとみて、一審の「誤り」を正すために上訴審が判断を繰り返すことが必要であるとみるからだろうか。また、上訴審の方が、「真実」を一審より正確に認識できるとみるのであろうか。このような前提には多くの疑問がある。

一体裁判は真実の発見・追求のみを目的として営まれているのだろうか。(67)

現行法はそのような前提に立却してはいないと思われるのである。

憲法三一条は告知・聴聞を受ける権利を保障し(68)、刑訴法は訴因によって公訴事実を起訴状に明示することを求めてこれを具体化している。（刑訴法二五六条。）訴因（訴因の形式で明示された公訴事実）は被告人に防禦対象を告知することに中心の機能があり、訴因の変更もこの告知機能を害さない範囲で認められるに止まる。(69)真実追求のためであれば、告知の範囲外に属する事実まで訴因の変更をなしうるとする立場は現行法の立場とは相容れない。事実については異なった見方があり、また捜査段階では被告人の側から告発者側の見方について検討が加えられる機会がなかったからこそ、公判では、被告人の生命、身体、自由、財産という重要な法益を奪うに先立って、検察官の主張・事実についての見方が理由と必要を備えているのかが審査されるのである。同一の事実について異なった見方が成り立つとの当然の前提に立ち、誤りの防止に力点をおいているとみることができるであろう。伝聞法則も当事者による事実認定のコントロールを考えるからこそ採られるのである。

ここからもうかがわれるように、被告人の利益と告発者側の利益の合理的な較量調整の上に裁判が営まれているのであって、「真実」の「追求」のみが裁判の目的とされてはいないのである。上訴審の裁判はこのような裁判の構想を前提としていなければならない。

次に、上訴審の判断の方が事実の認定について公判裁判所よりも高い正確性を持つとする見方について検討してみよう。公判裁判所と同じか、それより低い正確性しか持たないのであれば再度の事実認定をするのは無意味だと思われるから、上訴審でさらに事実の認定を行って積極的に有罪を認定することができるとする見解はより高い正確性を上訴審の事実の認定が持つことを前提とするのであろう。

だが、事実の認定を繰り返せばそれだけ正しい判断に近づくとみるのは「神話」であろう。事実の認定を全くはじめからやりなおす場合（いわゆる de novo の場合）であっても、（被告人の利益とのバランスの観点から二重危険禁止条項に反する点はしばらくおく）、事実認定者の能力は公判裁判所の裁判官と同じであるとしても、[70] 事実を判断する際の状況はより悪化しているといえる。時間の経過により、証人の利用不能、証人の記憶の減退、誘因の介在による記憶の変化、物証の物理的変化、生の資料の紛失・変化による鑑定の困難・不能等によって公判の時よりも事実認定をめぐる情況は悪化する。新証拠の発見があっても、それを加えた事実の認定が（二重危険禁止条項違反の点は後述）第一回目より真相に近いという保障はない。新証拠が証人である場合には特に、時間や種々の誘因・示唆により影響を受けているし、前述の悪化した状況を前提とするなら新証拠を加えた場合でもこの場合の判断の方が確実性を持つとの見方には疑問が残る。

公判裁判所の記録のみに基づいてまたは公判裁判所の記録をもとに新証拠をつけ加えて判断する場合（いわゆる事後審の場合）（二重危険禁止条項違反の点については後述）、上訴審の事実認定が公判裁判所よりも高い正確性を持つとは言い難い。証人の態度から得た印象や記録に現れない要因に基づいて事実の認定がなされることがしばしばあるので、事実認定者が直接証言に接することが重要なのである。上訴審が公判裁判所の「冷たい記録」の全部または一部に基づいて事実を認定することは誤った有罪認定を生ぜしめる危険を生む。さらに、記録に基づく認定は被告人が事実についての見方を主張する機会を奪い、被告人に、憲法三一条の保障する聴聞を受ける権利、憲法三七条二項の保障する証人審問・喚問権、自己に有利な証拠の証拠調べを求め、不利益な証拠と対決・対質する権利を否定することになるのである。[71] このように続審・事後審構造での事実の認定には大きな問題が潜んでいるのである。

このように上訴審が事実の点で無罪の事実認定を破棄して有罪を言い渡すことができるとする立場の前提には大きな疑問が残らざるを得ないが、問題はそれにとどまらない。二重危険の観点からは、上訴であれ、再度被告人を裁判に付して被告人に不利益を課してもよいとする利益のバランスこそが問題とされる。

まず、憲法三九条の二重危険禁止条項の保障する利益をここで確認しておこう。

被告人は裁判に巻き込まれることで不安や焦燥感にかられ、スティグマを押され、経済的な不利益を負い、生活の安定を害され、試練に立たされるので、同一犯罪行為を理由に再度被告人を裁判に巻き込んでこうした不利益を課する圧政に亙る再訴追・再度の裁判を行うことは許されない。また、再度の裁判は無辜の者を有罪とする危険を高めるので許されない。二重危険禁止を定める憲法三九条は、このような被告人の不利益を防止し、このような不利益を再度課す政府の活動＝圧政を阻止することを狙ったものである。確かに、政府には正義を実現する利益があるが、正義を実現する有罪立証の機会を再度求めて刑事裁判手続を迫害や圧政、ハラスメントのために利用することを許してはならない。このゆえに、被告人は一度で裁判を終了してもらう強い利益を持ち、他方、犯罪者を処罰する利益を有する政府は、一度限りの有罪立証の機会を与えられたに止まる。(72)

事実認定を理由とする政府の上訴は有罪立証の機会を再度求めるものであるので、原則として二重危険禁止を定めた憲法三九条に違反すると解すべきであろう。(73) 覆審が憲法三九条に違反するのは明白である。続審構造にして新たな証拠・事実主張を提出することも政府が再度の有罪立証の機会を求めることになるので許されない。事後審の場合であれ、検察官に上訴を認める場合には、やはり再度の有罪立証の機会が与えられることになるので原則として許されないと解すべきである。(74)（「冷たい記録」に基づく事実認定の問題については前述した。）

形式的確定があるまで一事不再理効が発生しないとして裁判の効力を扱う立場は、上級審がコントロールを加えるという側面のみを重視し、裁判に巻き込まれることによって被告人に生ずる不利益を無視してしまっているのである。しかも、前述したように、上級審の方が真相にかなった事実の認定をなしうるとの前提には疑問がある。豊富な人的、物質的資源を持ち、強大な権力を与えられている国家が再度有罪立証の機会を求めることは、圧政に通ずる。裁判が長びくことで迅速な裁判の要請とも衝突する。また、一度で裁判を済ます要請は国家の財源の点からも強調されねばなるまい。

十　二重危険論から政府上訴が許される場合

以上の考察から形式的確定があるまで危険が継続するかまたは一事不再理効が発生せず、したがって事実誤認を理由とする検察官上訴は禁ぜられないとする考え方が妥当なものでないことが明らかにされたが、事実認定以外の理由による検察官上訴が二重危険との関連でどう考えられるかをさらに確認しておこう。

法令違反、憲法違反を理由とする検察官上訴は二重危険禁止を定めた憲法三九条に違反しない。このとき政府は有罪立証の機会を一度も与えられていないからである。例えば、証拠が排除されてそのため無罪が下った場合、政府は有罪立証の機会を一度与えられてはいないので、上訴審でその証拠は本来排除さるべきものではなかったと判断されれば、政府は再度その証拠を用いて有罪立証ができる。（この再度の公判で最初のものとは別の証拠を出したり新たな事実主張をしたりできないことは明らかである。このとき政府は再度の有罪立証の機会を与えられることになるから、憲法三九条に正面から違反する。）この類型の上訴は法令・憲法の解釈について周到な判断を下し、解釈の統一をはかるという上訴審の機能にも合致する。(75)

量刑不当を理由とする検察官上訴は、我が国の現在の法運用のもとでは憲法三九条に違反しない。政府は有罪とされたものについて統一的な基準に基づく行刑を行う正当な利益を有する。犯罪抑止の観点から不当に軽い刑が科されるのを防止する必要があるし、裁判官により区々に分かれた刑は、刑が恣意的に科されているのではないかとの疑念を生み、公正さに対する信頼を失わせるので望ましくない。また、平等の正義にも反し、刑の不均衡が受刑者の不満を生ぜしめ処遇効果を害するので一貫性を持った量刑の必要は高い。量刑不当を理由とする検察官上訴にあっては、既に被告人の有罪は確認され処罰の必要性と合理性は明らかにされており、この検察官上訴は一貫性を持った量刑を確保するというためになされるので、正当な目的を実現する二重危険禁止条項が阻止しようとする圧政の例ではない。また、量刑にあっては基準は定められていないので、政府がある事実に関し立証に失敗したか否かを問うことができない。したがって憲法三九条違反はない。

十一　おわりに

以上述べてきたところから明らかなように危険継続論により二重危険を考え、形式的確定があるまで一事不再理効が発生しないとして事実認定に対する検察官上訴を肯定する立場は妥当な利益の較量に支えられたものではない。危険継続論は多くの検証されない前提に基づいているばかりではない。関係する多くの利益や機能を全く分析せず、しかもどのような利益があるために危険の発生を形式的確定があるまで遅らせて考えるのかを明示していない点で、自由な社会を維持するために諸利益のバランスに立って法の運用を考察しようとする我々の立場からはおよそかけはなれたものとなってしまっているのである。

従来、我が国では、裁判の効力については裁判所による具体的法規の形成を軸に、裁判所の判断の有無と裁判所の判断が及んだか及び得た範囲という観点から裁判の効力論が展開されてきているが[76]、問題の焦点はそこにあるのではなく、事実に関する有罪立証の機会を政府が再度求めるかその機会を政府に与え、再度の裁判により正当な限度を越える負担を被告人に課し、無辜を有罪とする危険を高める、圧政やハラスメントに当たる刑事手続の利用の阻止にある。合衆国憲法第五修正の二重危険禁止条項はこのような視点に立つものであり、それゆえ危険が継続するという考え方が極めて異質のものであり、危険継続論を基礎に事実認定を理由とする検察官上訴を許容する考え方が二重危険の基本思想それ自体に正面から違反することも以上の論述から明らかになったと思う。日本国憲法三九条も同様の視点に立つものであり、被告人の利益から考えるならば、事実誤認を理由とする検察官上訴は原則として禁ぜられることになるのである[77]。

(1)　最初に危険継続論を判示したのは、最（大）判昭二五年九月二七日刑集四巻九号一八〇五頁（量刑不当を理由とする検察官上訴の事例）であり、最大判昭二五年一一月八日刑集四巻一一号二二一五頁は、無罪に対する事実誤認を理由とする検察官上訴（政府上訴）を危険継続論により合憲とし、最（三小）判昭二六年一〇月二三日刑集五巻一一号二二八一頁は、免訴判決に対する検察官上訴（法律上の理由による政府上訴）を同様の理由で合憲と判示した。現在の法運用は、これらの判例で示された危険継続論によって、検察官上訴を肯定しているとみることができる。

(2)　団藤重光「憲法三九条と『二重の危険』」法曹時報一巻二号（一九四九年）、田宮裕『一事不再理の原則』（有斐閣）（一九七八年）特に七〇―七四頁、一〇六―一〇九頁（同書所収の「刑事訴訟における一事不再理の効力」は最初、法協七五巻三号四号（一九五八年）七六巻一号（一九五九年）に掲載された）。田宮裕「検察官上訴と二重の危険」憲法判例百選〔第一版〕（一九六三年）一二六頁は「危険と上訴に本質的関連はない」としながら、検察官上訴は「立法政策の問題としては」「まったくのぞましいものではない」とする。

（3） 村瀬直養「検事上訴の違憲性について」法律新報七五七号（一九五〇年）一六頁。大塚喜一郎「二重危険の原則の適用について」判タ二一号（一九五二年）三〇頁。

（4） 田宮裕「刑事訴訟における一事不再理の効力」一〇七頁。

（5） 田宮裕『一事不再理の原則』七二、七三、一〇六頁。

（6） 坂口裕英「検察官上訴と二重の危険」憲法判例百選〔第二版〕（一九六八年）。坂口裕英「迅速な裁判のための立法」法律時報四五巻五号四五頁。熊本典道「検察官控訴」警察研究四二巻七号（一九七一年）四九頁。上野裕久「検察官上訴の再検討」法学セミナー二一七号（一九七三年）一〇四頁。川崎英明「二重危険と検察官上訴」別冊判タNo.7（一九八〇年）三五四頁。最近のものとして渥美東洋『刑事訴訟法』（有斐閣）（一九八二年）特に三一五―三二三頁、渥美東洋『全訂刑事訴訟法（第2版）』（有斐閣）（二〇〇九年）五一四―五一七頁。

（7） *See, e.g.*, Arizona v. Washington, 434 U. S. 497 (1978)；Burks v. United States, 437 U. S. 1 (1978).

（8） United States v. Jenkins, 420 U. S. 358, 369 (1975)；United States v. Scott, 437 U, S. 85 n. 6 (1978) はこのことを明言する。

（9） 例えば「松川事件」（最（一小）判昭三八年九月一二日刑集一七巻七号六六一頁）や、「八海事件」（最（二小）判昭四三年一〇月二五日刑集二二巻一一号九六一頁）をみよ。この二つの事例では、いずれも結局は無罪で事件が終結した。

（10） 例えば、千葉大チフス事件控訴審判決（東高判五一年四月二〇日判時八五一号二一頁）。この事件は最（一小）決昭五七年五月二五日判タ四七〇号五〇頁により上告棄却となり有罪が確定した。上告審では憲法三九条違反は論点として採りあげられていない。

（11） 判決が通常の上訴またはこれに準ずる不服の申立て（刑訴四一五条、四二八条二項）によって争うことができなくなった状態をいう。

（12） 一事不再理は大陸法に由来し、二重危険は英米法に由来するが、本稿ではこの区別を厳格にしないで用いることもある。というのは、他をどちらにひきつけて理解するかで一事不再理が英米的な内容を持ったり、二重危険が大陸法的な意味を与えられたりすることになるからである。

（13） 団藤重光「憲法二九条と『二重の危険』」。田宮裕『一事不再理の原則』八〇、一〇六頁。出射義夫「検察官上訴と憲法三九条の二重危険との関係」（判例評釈）刑事判例評釈集一二巻（一九五四年）一九〇頁。村瀬直養「検事上訴の違憲性について」。大塚喜一郎「二重危険原則の適用について」。
(14) 例えば、橋本公亘『日本国憲法』(有斐閣)(一九八〇年)、佐藤幸治『憲法』(一九八一年)参照。
(15) 英文をみると一層明らかである。日本国憲法三九条は次のように定める。
Article 39. "No person shall be held criminally liable for an act. . . , or of which he has been acquitted, nor shall he be placed in double jeopardy."
他方、合衆国憲法第五修正の二重危険禁止条項は次のように定める。
". . . ; nor shall any person be subject for the same offense to be twice put in jeopardy of life or limb ; . . ."
このように我が国は合衆国憲法と類似の規定を持つ。
我が国の憲法が合衆国憲法の影響を強く受けて制定されたものであることは、制定経緯に照らせば明らかであるといえる。日本国憲法には社会権の保障規定(憲法二五条)も含まれてはいるが、自由権的基本権として分類される諸権利、民主主義の制度、抑制均衡の考え方に立つ三権分立制度、違憲審査等、合衆国の制度の影響を強く受けていることは明らかであり、憲法三九条に関しても、自由の保障に関する、政府による干渉を正当理由がある場合の必要最小限度の範囲に止める英米の考え方を基礎とすべきことになろう。合衆国の法の考え方はイギリス法のそれを継承しているといえるから、権力の規律の在り方としては、その特徴を「法の支配」という伝統に立つ英米の法の考え方としてとらえることができるであろう。
(16) 我が国は、明治維新以降、西洋法制を導入し、それを基礎に法制度の整備をはかってきた。最初にモデルとされたのは、フランスの法制度であるが、プロイセンの憲法をモデルにした大日本帝国憲法が制定されてからは、フランス型の民法典の挫折もあり、我が国の法制度は地滑り的にドイツ型の法制度へと傾斜し、中央集権的、上意下達的な色彩を強めていった。だが、結局、第二次世界大戦での敗戦に至り、敗戦後は、アメリカ合衆国憲法の影響を強く受けた憲法が制定され、正義や自由の保障と密接な関係を持つ刑事訴訟法もそれに伴って改正され、その他の領域でも、例えば独禁法のように、合衆国の法の考え方の影響が強く及んだ法制度が導入された。このように、我が国は、複数の法をモデルとして法制度を発展させる経緯を辿ってきており、重層的な構造を成している(この点について、三ヶ月章『法学入門』(弘文堂)(一九八二年)参照)。だが、我が国が継受した法は同性質のものではなく、そこには、断層というべきものがある。
我が国が最初に導入したフランス法とドイツ法は、差異はあるものの、大陸法系(civil law countries)として分類される法制度であるのに対し、アメリカ法は、イギリス法とともに、英米法系（Anglo-American law or commom law countries）として分類される特徴を持つ。権力の在り方との関連でいえば、前者の国々では、その法制度の特徴は「中央集権的」「求心的」であるのに対し、後者は、権威が分散し、大陸法諸国と比較すれば、はるかに「分権的」「遠心的」であり、また、権力に制限を設け、人民の自由を保障し、正義に適う手続の保障を重視する点にその特徴があるといえるであろう。

我が国は相当に異なる特徴を持つ法制度を遍歴してきているだけに、日本国憲法の解釈及びそれと密接な関係がある刑事法や行政法の解釈に際しては、憲法が選択した基本的立場を踏まえることが重要である。

第二次世界大戦後に導入された我が国の刑事手続に関する法制度を、戦前の制度との連続性があるものと解して法を解釈する立場と、両者を異質なものとみて英米の法の考え方の継受を基本として法を解釈する立場とがあり、いずれの立場から憲法を解釈するかによって法運用上大きな差異が生ずる。

日本国憲法三九条の二重危険禁止条項は、英米の『二重危険（Double Jeopardy）』の考え方を採るものと解されるが、大陸法の系譜でこの規定を解する人は、この規定を「一事不再理（ne bis in idem）」を定めたものと解する。いずれの系譜に立ってこの憲法三九条を解するかにより、特に、事実誤認を理由とする検察官上訴に関し大きな差異が生ずる。二重危険禁止条項の狙いを考える上で合衆国最高裁判所の法運用は大きな示唆を与えるものといえる。

(17) 渥美東洋『捜査の原理』（有斐閣）（一九七九年）二六九頁。

(18) 判例でポリシー（policy）といわれるのはこれである。

(19) ある考え方が合衆国でみられるということが直ちに英米の伝統に合致することを意味するものではないし、憲法のとる制限された政府（Limited goverment）という構想と合致することを直ちに意味しない。その考え方が英米の伝統の中で占める意味を考えた上で扱わないと、「独自」の利益較量の根拠を求めることにしかならない場合もある。

また、それぞれの論理は当然のことながらその背後に一定の利益較量を持っている。その意味でどのような論理を採用するかは単なる理論的立場の相違としてすまされるものではない。

(20) 我が国の文献として、特に、渥美東洋編『米国刑事判例の動向Ⅰ』（中央大学出版部）（一九八九年）二一七—四三九頁。この他、田宮裕『一事不再理の原則』一七二—二二八頁、田口守一『刑事裁判の拘束力』（成文堂）（一九八〇年）一六五—二一〇頁、三六九—三九三頁、山中俊夫「Double Jeopardy とその諸問題」(一)(二)、同志社法学一四巻四号六号等を参照。

なお、第五修正の二重危険禁止条項はベントン事件（Benton v. Maryland, 395 U. S. 784 (1969)）により、第一四修正を通して州にも適用されるものとなっている。

（21）（i）　Green v. United States, 355 U. S. 184, 187–88 (1957) は二重危険禁止条項のねらいを次のように表現した。

「二重危険禁止条項の基礎をなす観念、少なくとも英米の法に深く浸透している観念は、国家がその資源と権限のすべてを挙げて、ある個人が犯したと国の主張する犯罪行為を理由に、その個人を繰り返し有罪にするために、反覆した試みをするのを許すべきではない、ということである。というのは、そのような国の行為により、無辜の者であっても有罪とされる危険を高めることになるのはもちろん、被告人は困惑させられ、出費を余儀なくされ、試練に立たされ、不安と安全喪失のひき続く中で生きなければならなくなるからである。」

また、Arizona v. Washington, 434 U. S. 497 (1978)（解説紹介・渥美東洋編『米国刑事判例の動向Ｉ』二二五頁（中野目善則））ではこのような利益のゆえに、被告人は一度で裁判を終了してもらう貴重な権利を持ち政府は被告人を公判に付す一回限りの機会を持つことを強調する。*See also* Wade v. Hunter, 336 U. S. 684, 689 (1949).

被告人の一回性の利益にふれる論文として例えば、Note, *Statutory Implementation of Double Jeopardy Clauses : New Life for a Moribund Constitutional Guarantee*, 65 YALE L. J. 339 (1956).

（ii）　二重危険が保障する被告人の利益は迅速な裁判が保障する利益と同一のものである。迅速裁判条項の保護する利益をマリオン事件（United States v. Marion, 404 U. S. 307, 320 (1971)）は次のようにいう。

「逮捕、大陪審起訴、及び公判の間に過度の遅滞があると、効果的な防禦を提出する被告人の能力は損われるであろう。だが、迅速裁判条項が防いでいる主たる害悪は、被告人の防禦に実際に生じているまたは生ずる可能性のある不利益とは全く別のものである。政府は合法に逮捕を行うためには、政府は被逮捕者が犯罪を犯したと信ずるに足りる相当な理由を主張しなければならない。逮捕は公的な行為であり、この行為がなされると、被逮捕者が保釈で自由の身であるか否かにかかわりなく、被告人の自由に対する重大な干渉が生ずるであろうし、被告人は職を失い、資源は固渇し、人々との交際は制限され、被告人は公衆の悪評を受け、被告人、被告人の家族及び被告人の友人には不安が生ずることになろう。」

このように被告人の心理的経済的負担に注目する点で二重危険と迅速裁判は共通するのである。渥美教授はこの点を早くから指摘していた。

(iii) 一回性を確保する点で二重危険はレス・ジュディカータ（res judicata）（既判事項の抗弁）と共通する。

既判事項の抗弁（広義）には、原告の請求認容による再訴の禁止（merger）、原告の請求棄却による再訴の禁止（bar）、及び争点効（issue preclusion effect or issue estoppel）――これには同一請求でむし返しが禁ぜられる場合（direct estoppel）と異なる請求でむし返しが禁ぜられる場合（collateral estoppel）の二種がある――の三つがある。いずれの場合も再度争う機会自体が制限されるのであって、機会は与えられるが矛盾した判断だけが禁ぜられるというのではない。（*See, e. g.,* RESTATEMENT OF THE LAW, JUDGEMENTS 2d, vol 1, at 1 (1982)).

レス・ジュディカータは次のような機能を持つ。

裁判所の行為に対する依存を促進する。相手を悩ます行為、当事者の出費、裁判機構の無益な利用、及び矛盾した判決の生ずる可能性を除去する。*Developments in the Law —— Res Judicata,* 65 HARV. L. REV. 820 (1952). *See also* Polansky, *Collater al Estoppel-Effects of Prior Litigation,* 39 IOWA L. REV. 217 (1954). Cleary, *Res Judicata Reexamined,* 57 YALE L. J. 339, 344-49 (1948) はこの他に原告が二重に弁済を受ける事態の防止をこの法理が採られる根拠に挙げる。

右に述べたところから明らかなように、レス・ジュディカータの効力は遮断効であって、再度裁判をして同じ判断が下ればよいという意味での拘束力ではない。

刑事事件では、アッシュ（Ashe v. Swenson, 397 U. S. 436 (1970)）で collateral estoppel（付随的禁反言）が第五修正の二重危険禁止条項の内容をなすとされた。合衆国最高裁判所は Blockburger Test（二つの規定を比較して、一方で要証事実とされていない事実が他方では要証事実とされているという場合には「同一犯罪行為」ではないとする原則―同一証拠の原則）により再訴遮断の範囲を扱ってきていたので、この判決は遮断効を拡張する意味を持った。再訴遮断効の範囲及びその問題点については、渥美東洋編『米国刑事判例の動向I』三一八―三四七頁、本書第二章、第三章等を参照。また、田口守一『刑事裁判所の拘束力』一六五―二一〇頁、田宮裕『一事不再理の原則』一七二―二一〇頁参照。

レス・ジュディカータと二重危険の働き方は重なる部分もあるが、異なる。例えば、終局判決が下っていなくても再度の公判が二重危険禁止条項により禁ぜられることがある（*See, e. g.,* Downum v. United States, 372 U. S. 734 (1963)）が、この場合レス・ジュディカータは働かない。

(iv) 二重危険の保障する利益は、訴因制度の保護する利益とは異なる。前者は再度の裁判により被告人が負う心理的経済的負担や無辜の者が有罪とされる危険であるのに対し、後者は告知機能の観点が中心をなす。訴因について、*See* Scott, *A Fair Trial For the Accused: Fairness in Accusation of Crime*, 41 MINN. L. REV. 509 (1957). 訴因の変更も不意打ちを生ぜしめる場合には認められない。*See* A. Goldstein, *The State and the Accused: Balance of Advantage in Criminal Procedure*, 69 YALE L. J. 1149, at 1173-1180 (1960); FED. R. CRIM. P. 7 (e). *See also*, WRIGHT, FEDERAL PRACTICE AND PROCEDURE, CRIMINAL 2d. §128.

(v)　この再訴禁止の観点と罪数の観点は異なるにもかかわらず、合衆国最高裁判所はその相違をとらえていない点で問題を残している。渥美東洋編『米国刑事判例の動向Ⅰ』三一八—三四七頁参照（中野目善則解説）。

(vi)　田宮裕『一事不再理の原則』七一、七二頁は英米には確定の考え方がないといわれる。だが、誤解を招きやすく適切でない。再訴が禁止されるのは前の判断が確定力（Finality（終局性））を持つからである。確定力を認めないのであれば二重危険それ自体が成り立ち得ない。*Cf.* Note, *Twice in Jeopardy*, 75 YALE L. J. 262, at 277 (1965); Westen & Drubel, *Toward a General Theory of Double Jeopardy*, 1978 SUP. CT. REV. 81, at 84.

（22）　*E. g.*, United States v. Ball, 163 U. S. 662 (1896); Kepner v. United States, 195 U. S. 100 (1904); Green v. United States, 355 U. S. 184 (1957); Fong Foo v. United States, 369 U. S. 141 (1962); Benton v. Maryland, 395 U. S. 784 (1969); United States v. Martin Linen Supply Co., 430 U. S. 564 (1977); Sanabria v. United States, 437 U. S. 54 (1978).

（23）　*E. g.*, Brown v. Ohio, 432 U. S. 161 (1977); Harris v. Oklahoma, 433 U. S. 682 (1977); *In re* Nielsen, 131 U. S. 176 (1888).

（24）　*E. g.*, United States v. Perez, 9 Wheat 579 (1824); Wade v. Hunter, 336 U. S. 684 (1949); Downum v. United States, 372 U. S. 734 (1963); United States v. Jorn, 400 U. S. 470 (1971); Illinois v. Sommerville, 410 U. S. 458 (1973); United States v. Dinitz, 424 U. S. 600 (1976).

（25）　*E. g.*, United States v. Jenkins, 420 U. S. 358 (1975), *overruled by* United States v. Scott, 437 U. S. 85 (1978); United States v. Lee, 432 U. S. 23 (1977).

（26）　Kepner v. United States, 195 U. S. 100 (1904).

（27）　*See* United States v. Sanges, 144 U. S. 310 (1892). *see also* Arizona v. Manypenny, 451 U. S. 232 (1981)（今野紹介解説・比較法雑誌一五巻四号二四八頁）; Note, *Mandamus to Review Judgements of Acquittal in Federal courts*, 71 YALE L. J. 171, at 178

(1961).

(28) Criminal Appeals Act, Act of Mar. 2, 1907, ch. 2564, 34 Stat. 1246.

(29) *See* United States v. Sisson, 399 U. S. 267, 293-296 (1970) ; United States v. Wilson, 420 U. S. 335, 336-337 (1975). *See also* Friedienthal, *Governmental Appeals in Criminal Cases,* 12 STAN. L. REV. 71 (1959).

(30) United States v. Sisson, 399 U. S. 267 (1970).

(31) 18 U. S. C. §3731. 次のように定める。

「合衆国は、全ての刑事事件において、一つ以上の訴因に関し大陪審による起訴又は検察官による起訴を棄却する District Count の判決（a judgement, decree, or order）に対し上訴をする場合、Count of Appeale に上訴しなければならない。但し、合衆国憲法の二重危険禁止条項がさらに訴追するのを禁じている場合には上訴をしてはならない。」

この法律は、The Title III of the Omnibus Crime Control Act of 1970, Pub. L. 91-644, 84 Stat. 1890 として議会を通過し、一九七一年より実施された。

(32) Kepner v. United States, *supra* note (26).

この事件は、第五修正の二重危険禁止条項が直接問題にされたのではなく、連邦議会の法律によりフィリピン諸島に適用されるとされた二重危険の原理に政府の上訴が違反するかどうかが問われた事件であるが、一般に第五修正の二重危険禁止条項の先例として扱われてきている。

(33) *See supra* note (8).

(34) Serfass v. United States, 420 U. S. 377 (1975) ; United States v. Sanford, 429 U. S. 14 (1976).

(35) Downum v. United States, 372 U. S. 734 (1963) ; Crist v. Bretz, 437 U. S. 58 (1978), *See also* Cornello v. United States, 48 F. 2d. 69 (1931).

(36) Serfass v. United States, *supra See also* MaCarthy v. Zerbst, 85 F. 2d. 640, 642 (CA 10, 1936).

(37) FED. R. CRIM. P. 12 (b). 大部分の法域は公判前の証拠排除申立により公判の前に異議を申し立てるよう求める立場に動いてきた。*See* KAMISAR, LAFAVE & ISRAEL, MODERN CRIMINAL PROCEDURE, 5th ed, at 852-853.

(38) United States v. Wilson, *supra* note (29).

(39) *See supra* note (22), *especially* Fong Foo v. United States, 369 U. S. 141 (1962).

(40) Burks v. United States, 437 U. S. 1 (1978).（紹介解説・渥美東洋編『米国刑事判例の動向Ⅰ』二四八頁（中野目善則））

(41) United States v. Scott, 437 U. S. 85 (1978).（紹介解説・渥美東洋編『米国刑事判例の動向Ⅰ』二六一頁（中野目善則））

(42) United States v. Jenkins, 420 U. S. 358 (1975).

(43) 事実認定に対する政府の上訴を許すかどうかは英米の刑事手続と大陸型の刑事手続の基本的相違点の一つであろう。英米型と大陸型の刑事手続の相違について、*See* Mirjan Damaška, *Structures of Authority and Comparative Criminal Procedure*, 84 YALE L. J. 480 (1975); Mirjan Damaška, *Evidentiary Barriers to Conviction and Two Models of Criminal Procedure: A Comparative Study*, 121 U. PA. L. REV. 506 (1973). なお、ダマシュカ教授の著書（FACES OF JUSTICE AND AUTHORITY OF the STATE）の紹介について本書二九九頁参照。

(44) *See* United States v. Raddatz, 447 U. S. 667 (1980) (Justice Marshall's dissenting opinion)（田村泰俊紹介解説・渥美東洋編『米国刑事判例の動向Ⅱ』（中央大学出版部）（一九八九年）四九六頁。）; Holiday v. Johnston, 313 U. S. 342, 352 (1941); Wingo v. Wedding, 418 U. S. 461 (1974).

Westen & Drubel, *Toward a General Theory of Double Jeopardy*, *supra* note (21), at 153 は、裁判官による審理の場合に、証拠不十分を理由とする一審の裁判官の判断に対する検察官上訴が許されないのは、上訴審が一審の事実に関する評価を冷たい記録に基づいて破棄する立場にないからであって、二重危険禁止条項により禁ぜられるからではない、という。だが、再度裁判に付されることで生ずる被告人の不利益と圧政の防止の視点を捨ててしまうことは妥当ではあるまい。

(45) 例えば、田宮裕『一事不再理の原則』七二頁、同「検察官上訴と二重の危険」『憲法判例百選〔第一版〕』（有斐閣）一二七頁はこの立場に立たれるのであろう。

(46) *See* Duncan v. Louisiana, 391 U. S. 145 (1968).

(47) Westen & Drubel, *supra* note (21), at 129–132; Westen, *The Three Faces of Double Jeopardy: Reflection on Government Appeals in Criminal Sentences*, 78 MICH. L. REV. 1001, at 1012–1023 (1980) はこの点を強調する。

(48) United States v. Martin Linen Supply Co., 430 U. S. 564 (1977); United States v. Jenkins, 420 U. S. 358 (1975) はこのことを明言する。

（49） Westen & Drubel, *supra* note (21), at 134 note 250 は、裁判官が、被告人が有罪であっても、自己の個人的良心を理由に無罪を言い渡している例があるという。また、このような理由で被告人に無罪を言い渡す権限を、裁判官による審理の場合に裁判官に与えるのは十分な理由があるとし、——（この点には疑問が残る）——、各法域は自由にこの方策を採用できるとする。

（50） Palko v. Connecticut, 302 U. S. 319 (1937) この事件は Benton v. Maryland, 395 U. S. 784 (1969) により変更され、第五修正の二重危険禁止条項は第一四修正を通して州に適用されることとなった。

（51） 第五修正の二重危険禁止条項が第一四修正の内容となるとの立場を採っていなかったことによる。前註参照。

（52） 最（大）判昭二六年五月三〇日刑集五巻六号一二〇五頁。

（53） United States v. DiFranchesco, 449 U. S. 117 (1980).（紹介解説・渥美東洋編『米国刑事判例の動向Ｉ』二八九頁（中野目善則））。

（54） *See* Westen, *The Three Faces of Double Jeopardy, supra* note (47), at 1001 note 1. 被告人から量刑不当を理由とする上訴がなされた場合には政府の側からも量刑不当を理由とする上訴を認める州はあるが、被告人からの上訴がなくとも政府が量刑不当を理由とする上訴を行えるとする州はないと指摘する。*Ibid.*（当時）。

（55） Bullington v. Missouri, 451 U. S. 430 (1981).（紹介解説・比較法雑誌一六巻一号二三三頁。渥美東洋編『米国刑事判例の動向Ｉ』三〇〇頁所収。

（56） この事件では、ミズーリ州は capital murder で有罪認定を受けた被告人に対し、(a)死刑、または(b)五〇年間プロベイション若しくはパロールに付される資格のない終身刑の二種類の刑を定めていた。

（57） 我々の見解では、この場合は重い量刑事情が別の犯罪構成要件となっているとみることができる。

（58） Dawson, Sentencing, at 216, (1969).

（59） ここに我が国の免訴（刑訴三三七条三号）を二重危険禁止条項（憲法三九条）で処理できる契機がある。

（60） 二重危険禁止条項の歴史については、*See* United States v. Wilson, 420 U. S. 339, at 340–342 (1975)；Bartkus v. Illinois, 359 U. S. 121, at 150 (1959) (Justice Black's dissenting opinion)；Sigler, Double Jeopardy, at 1–37 (1969)；Friedland, Double Jeopardy, at 5–16 (1969).

(61)　"implied acquittal" は Green v. United States, 355 U. S. 184 (1957) で用いられた構成である（前の無罪の事例）。
(62)　二重処罰（multiple punishment）に当たるかについては、比較法雑誌一六巻一号二二六頁参照。
(63)　以下で検討するのは、個々の学説ではなく、多くの論者にみられるまたは暗黙の前提とされていると思われる基本的な思考のパターンである。
(64)　実体法説と具体的法規説の論理的欠陥の分析は特に、渥美東洋『刑事訴訟法要諦』（中央大学出版部）（一九七四年）二九六―三一三頁を参照。
(65)　無罪仮定の原則については、渥美東洋『刑事訴訟法』（有斐閣）（一九八二年）一四九―一五〇、一八七、二四二―二四三頁、渥美東洋『刑事訴訟法要諦』二四三―二五〇、二六三―二六四頁。この原則は憲法三七条一項の公判審理を受ける権利の内容をなし、憲法三八条一項の弾劾主義の論理的帰結である。
(66)　職権主義や糺問主義のもとで、挙証責任の程度がこれより低く、また、一方の見方が他方（被告人）により吟味されるという構造を採っていないところでは、誤りのない事実認定が行われているという保障は、このような無罪の仮定の原則が採られている場合に比し甚だしく低くなる。このとき判断の妥当性を保障するのは、誤りはないとの信頼のみである。この場合、裁判は「真実」を示すものだとはいっても、それは反対当事者（被告人）からの吟味または反証の可能性を考慮に入れることなく構成されている神話であるのに止まる。
(67)　このような疑問を提出するからといって事実を無視した裁判が行われてよいということでは全くない。それは無罪の仮定に言及したところからも、また以下の論述からも明らかである。
(68)　最（大）判昭三七年一一月二八日刑集一六巻一一号一五九三頁。
(69)　渥美東洋「訴因の機能」渥美東洋編『刑事訴訟法』（青林双書）一六二―一七九頁、渥美東洋「訴因と公訴事実」渥美東洋他『判例による刑事訴訟法入門』（青林書院新社）（一九八〇年）一一七―一三二頁、渥美東洋『刑事訴訟法要諦』二四三―二八〇頁、渥美東洋『刑事訴訟法』（有斐閣）二三〇―二四二頁、渥美東洋『全訂刑事訴訟法（第2版）』（有斐閣）（二〇〇九年）三八七―三九七頁。
(70)　上訴審の裁判官の方がより正確な事実認定をなしうる能力を人間的に備えているとみれる根拠はない。むしろ、事実認定に慣れ親しんでいる点からいえば一審の裁判官の方が能力がより訓練されているとさえいえるだろう。

(71) 渥美東洋『刑事訴訟法』（有斐閣）はこのような観点に立って上訴審による事実認定の問題性を強調する。同書一五一、二一〇、二三四、三二六、三五八頁参照。日本国憲法三七条は論争主義（Adversary System）を定め、政府の主張・立証に対する被告人の挑戦的防禦の権利を定めるが、公判裁判所での被告人の防禦に基づく事実認定を無意味なものとするか徒労に終わらせる上訴を含む再度の裁判は、この点でも問題がある。渥美東洋『全訂刑事訴訟法（第2版）』五二六頁は、公判裁判所の自由心証との関連での問題を指摘する。また合衆国での議論について、*See supra* note (44).

(72) 裁判の効力は本来この観点から考察さるべきものである。渥美東洋『刑事訴訟法』（有斐閣）は本稿と同様の視点に立つ。同書二〇八―二一六、三一五―三二三、三二六、三四一―三四三、三四六―三四七、三五六―三五八頁を参照せよ。

本文に述べたような視点から二重危険の問題を考察すると、実体について裁判所の判断が加わったか否かを基準にする場合とは異なった帰結が生ずる。それらのうちのいくつかを以下簡単に言及する。

(i) 被告人の利益ゆえに政府は一度限りの有罪立証の機会を持ち、被告人は一度で裁判を終了してもらう権利があるとの立場からは、一審の終局判断が下る前であっても二重危険禁止効が発生する場合がある。例えば、審理開始後検察側が有罪を立証するための証拠に弱点があることを発見したため、公訴の取消を求め、その後立証を強化して再度起訴するというような場合である。これはまさに有罪獲得のために何度でも被告人を裁判に巻き込もうとするもので圧政の典型例である。このとき政府は一度限りの有罪立証の機会を与えられたのに自ら行使しなかったまたは放棄したことになる。

(ii) さらに起訴猶予の場合は公判開始前であるが、そこで危険が発生しないと解すべきではない。起訴猶予の場合政府は与えられた有罪立証の機会を行使しないとして放棄したのであるから、その決定の基礎となった事情に変化がないのに変更することは許さるべきではない。二重危険禁止効を与えないことは公判に付された者との間に著しい不均衡を生み出すばかりではない。不起訴の決定がなされるまで相当の心理的負担を強いるものであるし生活の安定も害される。こうした被告発者の不利益は無視さるべきではない。ただ、事情の変化がない場合でも検察審査会から再考を求められた場合はどうであろうか。民衆の意思を刑事司法に反映させるという制度の趣旨からするならば、起訴猶予処分を一切変更しえないとすることは検察審査会制度それ自体を否定してしまうことになるので、このときは例外的に前決定の変更が、決定の基礎事情に変化がない場合であっても、許されるとみてもよいであろう。

(iii)(a) 同一の社会的行為に属する事実についは、少なくとも同時に訴追しえた犯罪行為は再訴が阻止される。現代社会のように数多くの刑罰法規を有し検察官に訴追裁量が与えられているところでは、一つの行為が数個の刑罰法規に触れる事態は容易に生ずるので訴追意思のあるものについては再訴しえないとしなければ被告人が何度も裁判に巻き込まれる事態が生ずるからである。

(b)　二重危険禁止効が働く範囲は実体法上の一罪か二罪かという基準とは同じではない。二重危険禁止効の及ぶ範囲は(a)で述べたような状況のもとで再度の裁判に巻き込まれることから生ずる被告人の不利益、圧政を防止するとの観点から決められるのに対し、実体法上の一罪か二罪かは被告人を重たく処罰してよいかどうかという観点から法益の相違や犯罪の抑止を考慮に入れて決められるからである。このようにそれぞれの視点は異なるので、実体法上二罪と評価される場合でも二重危険禁止効が及び再訴が阻止される場合が生ずる。

(c)　再訴が阻止される範囲は訴因の変更をなしうる範囲と同じではない。二重危険禁止効と訴因はそれぞれ別のねらいを持つものであるゆえに、当然に二重危険禁止効の及ぶ範囲と訴因変更をなしうる範囲は異なる。（渥美東洋『刑事訴訟法要諦』二四二―三一三頁、渥美東洋『刑事訴訟法』（有斐閣）二〇八―二四一頁、渥美東洋『全訂刑事訴訟法（第2版）』三八九―三九七頁。）訴因は告知機能を中心とする制度である。

(d)　訴追をなしえた範囲に属する事実で再訴がなされると、後に別訴因で起訴されるかもしれないことを予想して最初の訴因の批判吟味に努力を集中しようとする被告人の意欲がそがれてしまう事態をもたらしかねないので、訴因制度の側からも二重危険禁止効の働く範囲で再訴が阻止されることが求められるといえる。

(e)　二重危険禁止効はレス・ジュディカータ（既判事項の抗弁）を含む。被告人に対する再訴は二重危険禁止効により阻止されるのでレス・ジュディカータは前面に現れない。だが、二重危険禁止効の一部を成すと解される、レス・ジュディカータによって訴追が阻止される場合がある。前訴と後訴で同一の強盗行為への加担（実行への関与）が問われ、その犯人の一員か否かが争点となり、否定的判断が示され、無罪確定後に、同一被告人の同じ強盗行為の現場に居た別の被害者に対する強盗行為を理由に後訴が提起された場合（Ashe v. Swenson, 397 U.S. 436 (1970)）のみならず、後の訴追と前の訴追とでは被告人を異にするが、双方で同一の事実が問題とされているとき（例えば、渥美東洋『刑事訴訟法』（有斐閣）三二〇頁②の例を参照）、レス・ジュディカータの一内容であるコラテラル・エストッペルにより後訴が阻止される（nonmutual collateral estoppel）と解することができる。前訴で訴追された被告人が、後訴で訴追され、政府に同一争点について再度有罪立証の機会が与えられる場合のみならず、前訴では訴追されなかったが、前訴で被告人の犯行への関与の有無を廻る争点に関して否定的な判断が示された後に、それと同一争点を根拠に、被告人が訴追される場合には、後訴で問われることになる争点を前訴でテストして有罪を獲得しようとする訴追活動が許されるべきではなく、有罪立証の機会の一回性の要請が働く。この場合、前訴で後訴の被告人が裁判に付されておらず、再度の公判ではないとしても、コラテラル・エストッペルが働くと解すべきであろう（渥美東洋『全訂刑事訴訟法（第2版）』五一四頁）。また、刑事訴訟にあっても訴訟経済や矛盾判決防止の視点は――この視点は、憲法三九条は被告人の不利益を課す、迫害や圧政に通ずる再訴追や再度の裁判を制限しているので、憲法三九条の内容とは異なるが――当然に前提とされている。それゆえ、刑訴法三三七条一号の確定判決を経たときにはコラテラル・エストッペルが含まれて、別の被告人に対する後訴は阻止されると解される。

(iv) 免訴の場合にも当然に二重危険禁止効が働く。訴追側が最初の訴追で一度与えられた有罪立証の機会を有効に行使しなかったことで受けた不利益を被告人に転嫁することは許されないからである。

(v) 公訴棄却にあっても政府が有罪立証の一度限りの機会を有効に行使しなかったとみられる場合には二重危険禁止効が働く。例えば、迅速裁判条項（憲法三七条一項）違反を理由とする公訴棄却のような場合である。時効完成の場合のように、この事由に該当しないように公訴事実を構成する職責は検察官にある。

(73) 事実認定上の「明らかな」採証法則違反があり、そのことが誤った無罪判決をもたらしていることが、公判での訴訟記録や公判で取調べられた証拠から「明らかな」「重大な事実誤認」の場合には、採証法則や経験則違反が明らかな場合として、結局は、法令違反に類似する場合と解することができるであろう。（渥美東洋『刑事訴訟法（新版）』（有斐閣）（一九九〇年）、四〇九―四一〇頁、『全訂刑事訴訟法（第2版）』五一七頁は、およそ不合理な推論と事実認定による無罪判決の場合の破棄差戻しは、二重危険禁止に違反しないと指摘する。）このような「重大な事実誤認」であることが「明らか」な場合でなければ、政府が有罪立証の機会を奪われたとはいえないことになろう。この点で、二重危険禁止条項の解釈に関し、陪審裁判の場合とは若干の差が生ずる。

(74) 二重危険禁止違反の問題が最高裁で初めて提出された場合をどう扱うべきであろうか。最高裁は原審での違憲の主張を適法な上告理由の要件とする（最（大）決昭三九年一一月一八日刑集一八巻九号五九七頁）ので、二重危険禁止違反があっても弁護士が気づかないために被告人が救済を受けられない事態が生じうる。原審の判断の存在は最高裁が判断するための資料として重要な意味を持つので重視されるべきだが、二重危険禁止違反にあっては本来受けるべきではない不利益を課されるのだから、少なくとも上告を棄却して事件を終了させるべきではなく、原審に差戻すべきである。(我が国では手続的理由による再審がないので事態は深刻である。)

(75)　この法令解釈・憲法解釈の統一は過度に強調されてはならない。あくまで「事件と争訟」という枠組の中でだけ問題にさるべきものである。原審での判断の存在も重要である。これらは上級審、特に最高裁が判断をする際の資料と枠組を提供する役割を果たす。個別具体的な利益の周到な較量が求められるからこそ、これらの要件が重要である。

大陸型の違憲審査制のように一審が事件の具体的事実との関連で判断したことを前提としないでいきなり憲法裁判所が憲法上の争点を判断する制度は、当事者の主張や関連する下級審の判断をはじめとする十分な議論の積み重ねなしに憲法裁判所が憲法判断を行い、しかも、具体的事件の争点に狭く限定されている判断ではない判断を下すものであり、具体的事件での争点を前提に判断を下す米国や我が国の違憲審査制度とは相当に大きく異なり、裁判所の機能や役割についての見方が相当に異なる。大陸型の場合、「司法」審査の一型態とはいっても、憲法裁判所による判断の統一、監督に重点が置かれているようであり、個人の利益と政府の利益の憲法に従った周到な較量を事件の具体性の中で行うことをねらう裁判所制度のあり方とは相当に異なる。適格 (standing) の拡張などを理由に大陸型と米国型の違憲審査制の「接近」を説く見解はこの点からいって誤りであろう。両者は全く異質のものととらえられるべきである。米国型だと各裁判所の解釈が区々に分かれて望ましくないといわれる。だが、この点こそ憲法判断に当たっての強みなのである。判断材料もなく、問題となる利益がはっきりもしないうちから一定の立場で固めてしまうのはかえって英知を欠いている。

(76)　法の効力、法の権威の根拠に関して、法典にではなく、実際の事件で展開された司法部の法の適用解釈に重きを置き、「裁判所の解釈があるまでは法律は『法』にはならない」とみるのは、むしろ、判例を法源とする英米法国である。いわゆる具体的法規説、「裁判所力」説 (James Goldschmidt) がこの法の権威に関する考え方から個別的な裁判の効力の範囲を画そうとするのは、あまりにも単純にすぎる。

(77)　註 (73) 参照。英米の系譜に立つ二重危険禁止条項は、再訴遮断にその中心があり、訴追権限を持つ政府の裁量を、訴追の一回性の観点から規律するものである。大陸法の裁判の効力についてのとらえ方は、裁判所、とりわけ上級審の権威、判断権限、監督権限を重視し、形式的確定がなければ再度の裁判を阻止する効果が発生しないとする点で、政府に再度の有罪立証の機会を与える結果となっている。裁判に巻き込まれる被告人の利益はあたかも形式的に確定した裁判所の判断の「反射効」であるかのようにとらえられている点に大陸法や大陸法を基礎とする立場の問題がある。裁判所の確定判断が再訴遮断の根拠だとする見方は、国家や裁判所の権威に重きを置き過ぎている。訴追の一回性の観点から検察官の訴追裁量を規律すべきである。

我が国は、大陸法、英米法と複数の法系を継受してきているが、法解釈に際しては、それぞれの法系の特色と、現行憲法の継受した後者の基本的立場、フィロソフィーを踏まえる必要がある。

第二章　アメリカ合衆国における二重危険法理の展開

一　はじめに

本論文は、アメリカ合衆国憲法第五修正の二重危険禁止条項(1)の下で展開されてきている、再訴追・再度の裁判に関する法理論・法実務を取りあげて検討するものである。

米国における二重危険禁止条項は、日本国憲法の二重危険禁止条項のソースをなすといえるが、我が国においては大陸法の強い影響下で既判力論、一事不再理論が展開されてきた背景があり、米国と類似の規定を有しながらも(2)、米国法における二重危険禁止条項の解釈とは相当に異なる理論と解釈が裁判の効力論（既判力論及び一事不再理論）として展開されてきた。日本国憲法三九条が二重危険禁止の立場を採用したとされながらも、危険継続論(3)に象徴的に示されるように、同条項に関する解釈は、米国法と相当に異なっている。また、再度の裁判に関する可否、再訴追の可否は、憲法問題としてよりも、訴訟法の理論の下に解決されるべき問題であるとされてきているようにも見受けられる(4)。

だが、日本国憲法の基本的視点を踏まえた解釈が、再度の裁判に関する議論においても展開することが求められているものと思う(5)。この意味で、アメリカ合衆国憲法の二重危険禁止条項に関する法理論・法実務（jurisprudence）は、重要な示唆を与えるものである。

以下では、アメリカ合衆国憲法第五修正の二重危険禁止条項を廻る合衆国最高裁判所の解釈を中心とする法の発展を辿って、二重危険禁止条項の意義を検討してみようと思う。

アメリカ合衆国憲法第五修正の二重危険禁止条項は、前の無罪、前の有罪、恩赦の抗弁に由来するが、(6)合衆国憲法の二重危険禁止条項下では、公判が有罪または無罪で終了する以前の段階でも危険の発生が認められ、(7)再度の公判が阻止される場合のあることが判示されてきている。また、上訴についても危険が継続するとの立場を合衆国最高裁判所は一度も採ったことはなく、(8)公訴棄却の裁判が、裁判官が被告犯罪構成要件に関する事実要素の全部または一部の存否を実際に解決した判断を示している場合には、再度の有罪立証の機会を求めることになるその裁判に対する政府の上訴は認めず、(9)上訴審が公判裁判所の有罪を、証拠不十分を理由に破棄した場合、差戻して、再度被告人が有罪かどうかを審理するため公判を開くことはできない(10)との結論を採るに至っている。再訴が遮断される範囲について、従来、「同一証拠の原則」(11)が採られてきているが、合衆国最高裁判所は附随的禁反言の原則が二重危険禁止条項の内容をなすとして再訴遮断の範囲を同一証拠の原則よりも広く認める立場も採用し、(12)また、同一エピソード(同一刑事事象・同一の物語)の範囲で再訴遮断を認めるべきであるとする立場を支持する裁判官も増えてきている。(13)立法提案では、同一証拠の原則ではなく、社会的に一個の行為をなすとみることができる範囲で再訴の阻止を求める立場が示されており、(14)再訴遮断の範囲は拡げられる傾向にある。

他方、我が国の最高裁判所も日本国憲法三九条が合衆国憲法に由来するものであることを認めているが、(15)事実誤認を理由とする検察官上訴を、危険継続論を基礎に、認める立場が採られ、(16)学説では、憲法三九条は、合衆国憲法の二重の危険の立場を採ったものではなく大陸法の一事不再理の考え方を採ったものだと主張され、(17)また、日本国憲法三九条の下で危険継続論は二重危険と一事不再理のほどよい調和を示すものと評価され、二重危険と一事不再理の間に基本的相違がないとする議論も展開されてきた[18]。形式的確定がなければ一事不再理効は発生しないと解され、事実誤認を理由とする検察官上訴が憲法三九条の二重危険禁止条項に反さないとの実務が定着している状況にある。

判決の形式的確定があると、実体形成がなされた範囲での矛盾判決の阻止を重視する民事訴訟法での既判力の理論が、若干の変容を加えられて刑事訴訟にも適用され[19]、一事不再理は判断内容（実体形成）の効果と捉えられ、また、実体形成の外部的効力の範囲が問われてきた。裁判所が具体的に判断したのではなくとも、「公訴事実」を同一とする範囲まで、実体的確定力の外部的効力として再訴は阻止される、と論じられ、また、再訴遮断の範囲に関しても、二重危険の立場を採ったものであるとされても、形式的確定があるまでは一事不再理効、二重危険禁止効は発生せず、また、訴因変更の範囲と二重危険禁止効の範囲は一致するとの議論が展開されてきており[20]、具体的法規説の影響が窺われる。また、おそらくは実体形成を及ぼしうる範囲を基礎に、罪数を科刑上一罪まで含めた一罪の限度で一事不再理効が及ぶとする議論が展開されてきた。訴因変更の範囲と一事不再理効の範囲と罪数の範囲を一致させようとする議論にも[21]、具体的法規説の影響を窺うことができる。免訴、公訴棄却についても、実体形成の有無を基準とする議論が展開される等[22]、我が国の裁判の効力論には、具体的法規説の影響が随所にみられる。

このような、裁判所の確定した権威ある判断を基軸に裁判の効力を論ずる議論とは異なり、以下でみるように、米国法において展開されている二重危険禁止条項の関心は、再度の裁判が被告人に、経済的、心理的、社会的負担を再び課し、無辜を有罪とする危険を高めることに鑑み、再度の訴追と裁判による自由への干渉が、正義を実現するのに正当とされる限度を越え、刑事訴追・刑事裁判が嫌がらせ、ハラスメント、圧政の手段に使われ、無辜を有罪とする虞を高めることがないようにすることにある。この観点から、上訴も制限を受け、危険継続論は採られず、公訴事実に関する有罪立証の機会の一回性が強調され、裁判所による公判途中での打ち切りの場合（ミストライアルや公訴棄却（ディスミッサル））も、被告人の一度で裁判を終了させてもらう貴重な権利に十分な配慮を廻らせなければならないことが強調されてきている。(23)

裁判所の権威ある判断の及ぶ効果を問う具体的法規説に立つ議論は、どちらかといえば、正義の追求、真実の追究に軸足を置いた議論であるのに対し、(24) 二重危険の領域で問題にされるべきは、自由への干渉の限界であり、問題のとらえ方と議論の焦点が相当に異なっている。

以下でみる、アメリカ合衆国最高裁判所の、事実に関する政府の有罪立証の機会の一回性を強調し、被告人の裁判を一度で終了させてもらう貴重な権利を尊重する立場から、二重危険禁止条項による再度の裁判が禁止・遮断される範囲を検討する法理論・法実務（jurisprudence）は、刑事手続における自由保障について関心を同じくする我が国にも重要な示唆を与えるものであろう。

以下では、合衆国での二重危険禁止条項を廻る法理論・法実務（jurisprudence）について、二重危険禁止条項に関する判断が集中的に示された一九七〇年代の合衆国最高裁判所の先例を中心に、二重危険の基本的考え方をレヴューする。

既に、渥美東洋編『米国刑事判例の動向Ⅰ』(25)において、この時期の二重危険関係の諸判断が紹介されているが、以下では、二重危険禁止条項の狙い、危険の発生時期、ミストライアルと二重危険、公訴棄却（ディスミッサル）と二重危険、前の有罪・前の無罪、再訴遮断の範囲、と、項目別に順を追って整理して述べ、米国法の考え方を示そうと思う。(26) これにより、二重危険の基本的視点と考え方を把握しやすくなると思われるので、既に発表され本書に収録されている論文と重複する部分もあるが、あえて重複を恐れずに項目別に纏める形で以下で示すこととしたい。

二　二重危険禁止条項の狙い(27)

合衆国最高裁判所は一九六九年のベントン(28)でパルコ(29)を変更し、第五修正の二重危険禁止条項が州にも適用されるという立場を採るに至った。ベントン以前は、連邦は第五修正の二重危険禁止条項により規律されたが、州は第一四修正のデュー・プロセスにより規律され、第五修正の二重危険禁止条項は第一四修正の内容とされていなかったため、連邦と州で規律の基準が異なっていた。ベントン以降、合衆国最高裁判所は第五修正の二重危険禁止条項の内容をなすとしたものについては州にも適用されることを示してきている(30)ので、以下に取り上げる合衆国最高裁判所の判例で現在採られている二重危険禁止条項に関する基準は、連邦と州の統一的な基準であると解することができる。政府上訴も、ベントンにより、連邦と州で、ともに、上訴で無罪が破棄された後に再度の公判が必要とされ政府に公訴事実に関して再度有罪立証の機会が与えられる場合には、許されないとする立場が採用されているものと解することができよう(31)。

二重危険禁止条項は「生命、四肢を二度危険に置かれることはない」、と規定する。この条項による保障は、死刑の場合のみならず、自由刑、罰金刑(32)の場合も適用され、少年事件の場合にも及ぶと判示されている(33)。

以下では、まず、合衆国憲法第五修正の二重危険禁止条項の狙いついて考察する。

二重危険禁止条項の中心にある狙いが何であるのかを説明した言葉として、グリーン(34)でのブラックマン裁判官の判示がよく引用される。ブラックマン裁判官は次のようにいう。

「合衆国憲法の二重危険禁止条項は、被告人が犯したと政府の主張する一つの犯罪を理由に、ある個人を二度以上（再度）公判に付し、有罪とされる危険から個人を守っている。二重危険禁止条項の基礎をなす観念は、少なくとも英米の法制度に深く浸透している観念は、国家は持てる財源と権限の全てを挙げて、ある個人が犯したと政府の主張する一つの犯罪で個人を有罪とする試みを繰り返すことを許されるべきではない、ということである。かかる試みは、無辜であってもその者を有罪とする危険を高めるのは勿論、その者を当惑させ、犠牲を払わせ、試練に立たせ、不安と安全の喪失の引続く中で生きることを強いることになるからである。」(35)

また、グリーン以前に書かれたYale Law Schoolのノートは再訴追に制限が加えられる理由を次のように説明している。

「再訴追に制限を加えるのは、幾つかの手続上の目的を実現するためである。その一つは、既に判断された争点を再度審理すると、または、論理的にみれば一個の事件を構成する事実問題及び法律問題を審理するために幾つかの手続を用いると、訴訟は長引くし不必要な訴訟を行うことにもなるが、かかる犠牲から被告人と公衆の双方を守ることにある。もう一つの目的は、刑事訴追を繰り返されると、被疑者・被告人は、必要以上の苦痛を受け、必要以上に犯罪者であるとの（スティグマ（烙印））を押されることになるが、かかる事態から被疑者・被告人を守ることにある。さらに、一つの特定の社会的行為（transaction）に含まれる行為を理由に一旦無罪または有罪とされたら、被告人はその事柄は終わったものと考え、無罪とされまたは有罪とされたのと同一の行為を理由にその後訴追され収監されるかもしれないという脅威を感ずることなく将来の生活を計画できなくてはならない。この三つの手続上の目的——すなわち、時間と金銭の節約、不必要な苦痛の賦課とスティグマ（烙印押し・レッテル貼り）の回避、それと、心理的不安定の回避——は『何人も同一の原因を理由に二度苦しめられることはない。（“no one shall be twice vexed for the same cause”・“Nemo debt bis vexari pro una et eadem cause”）』との格言に現さ

れているのである。」(36)

合衆国憲法の二重危険禁止条項はかかる視点から考えられているのである。合衆国最高裁判所の判例は一九五七年のグリーン以来、機会ある毎に先に述べたグリーンで示された二重危険禁止条項の基本的考え方（狙い・目的・視点・趣旨）を引用し、強調してきている。このグリーンで示された考え方は、ドイツ流の具体的法規説とは全く発想の原点が異なっている点にまず注意を払わなくてはならない。

このグリーンで示された原理から、二重危険禁止条項は、最初の公判で提出されなかった証拠を提出する別の機会を検察側に与える目的で第二の公判を開くのを阻止している、との原則(37)も生ずる。検察側は、被告人に公判を受けるよう求め、被告人の有罪を立証する機会を一度限り与えられているに止まるのである。(38)

グリーンで指摘された、再度の公判に伴って被告人側に生ずる不利益とそれを利用した再訴追、再度の公判による刑事手続の弊害に目を向ければ、公判が有罪・無罪で終了する以前の段階で手続が打ち切られた場合にも、危険の発生を認め、再度の公訴提起が許されるか否を問い、被告人には、一つの特定の裁判所で公判を終了してもらう貴重な権利（憲法上の権利）があるとする立場(39)には、十分な理由がある。

また、右のグリーンでの判示に照らせば、少なくとも一回で訴追できた犯罪については、再訴遮断を求める判断が示され(40)、立法提案がなされる(41)のも自然な展開であろう。

三　危険の発生時期

二重危険禁止条項による保障が及ぶためには、まず、危険が発生していなければならない。(42)二重危険禁止条項の適用は、危険がいつ発生するのかにかかる。

イギリスにおいては、有罪・無罪が下らなければ危険が発生しないとする法理が採られてきているが[43]、合衆国では、有罪・無罪が下る前の段階でも危険が発生することが認められてきている[44]。

イギリスにおいて、陪審の評決が下らなければ危険の発生がないとする立場が採られた理由は、ウィンザー[45]での説明によれば、(一)陪審の職務を解く必要があるか否かは事件の事実と状況から引き出された結論と推論たらざるを得ず、事実判断であるから、法律審たる上訴審が立ち入れる事柄ではなく、(二)裁判官に国家の最も重要な地位を委ねたのだから裁判官の誠実さを信頼しなければならない、というところに求められている。だが、合衆国では、陪審の評決前に危険を認める立場に立った。

イギリスのステュワート王朝の時代(一七世紀)に、国家の側の立証が最初の陪審で成功しないことが明らかになった場合にはいつでも、より有利な立証の機会を国家に与える目的で、ステュワート王朝に支えた裁判官が陪審の職務を解き、国家は再度訴追を行って有罪を確保するというやり方が行われたが、合衆国にあってこの実務は恐ろしいやり方だと受け取られたという事実は、評決前に危険の発生を認める立場が取られた理由を説明するものであろう[46]。合衆国最高裁判所は、評決前に危険が発生することを認めてはいたがその正確な時期はいつかが、合衆国最高裁判所の判例として明らかにされたのは、一九六三年のダウナム[47]である。ダウナム事件は、陪審が選ばれ宣誓した後、陪審が評決を下す前に、検察官がミストライアルという名の公訴棄却(陪審の職務を解く裁判)を申し立て、この申立てを認めて陪審の職務を解いた裁判官の措置が違法とされた事例であり、この事件で陪審が選ばれ宣誓した時に危険が発生しているとの立場を採ることを合衆国最高裁判所は明確にしたといえる。この法理は二重危険禁止条項の必須要素をなし、州にも適用されることが一九七八年のクリスト対ブレッツ[48]で判示された。

連邦では、陪審によらない裁判官による審理の場合には証拠調べが始まったときを以て危険の発生時期としている。[49]

陪審による審理の場合には、陪審が選ばれ宣誓した時に危険が発生するという法理は、ジョーン[50]、サマヴィル[51]等で確認され、陪審によらない審理の場合には、証拠調べが始まった時期とする法理もサーファス[52]（連邦事件）で確認され、陪審審理の場合、陪審によらない審理の場合のいずれであれ、「公判の開始時」が危険の発生時期であるとジョーンで判示してきていた。一九七五年のサーファスでは、被告人が有罪か無辜かを審理する権限を持つ事実審理者の前で手続が開始して初めて危険が発生するのであって、有罪と判断される危険がなければ危険は発生しない、との説明がなされた。

かかる説明で危険の発生時期を説明する立場に立てば、有罪答弁でも、危険が発生する。[53] また、予備審問での相当な理由がないとの判断、及び、大陪審起訴後、罪状認否手続のために引致され、起訴状に答弁し、続行が繰り返され、証拠が十分ではないことを理由として検察官が公訴棄却を求め、公訴が棄却された場合には、危険の発生がないとする、合衆国最高裁判所二〇世紀初頭の判例があるが[54]、後述のように、立証上の弱点をカバーするために公訴を取り下げ、その後立証を強化して再度訴追することは二重危険禁止違反に当たると判示されてきており[55]、裁判の途中で手続が終了した場合でも、二重危険が認められる場合はあるのである。ミストライアルとディスミッサルの場合については以下で検討する。

四　ミストライアルと二重危険

危険の発生時期のところで指摘したように、アメリカ合衆国にあっては、評決前に危険が発生すると認められている。陪審が評決を下す前に、例えば、陪審員の評決が一致するに至らなかったとか、陪審員に予断・偏見を与える事情が生じたといった理由により、被告人の側または検察官が、陪審を、評決を下す職務から解くように申し立て、その結果、または、裁判官の職権により、陪審の職務を解く裁判がなされることがある。この陪審の職務を評決前に解く裁判をミストライアルという。公訴棄却の一つの場合である。合衆国にあっては、どのような場合にミストライアルを下すのが正当なのか、あるいは違法なのか、したがって、ミストライアル後の再度の訴追が二重危険禁止条項により阻止されるのか否かが問題とされてきている。ここではミストライアルの是非、つまり再度の公判が許されるのか否かについてどのような基準が用いられているかをみてみよう。

合衆国最高裁判所や連邦下級審の判例をみると、判例上、陪審の評決が一致するに至らなかった場合（ハング・ジュリー）、陪審員の公正さに疑いが生じた場合、起訴状に瑕疵のあった場合、訴訟関係人が病気になった場合、訴追側の証人利用不能の場合、検察官の側に公判の公正な展開を害する虞のある違法行為があった場合、被告人側に違法なコメントがあり公判の公正な展開が害される虞がある場合等について、ミストライアル後の再度の公判の可否が二重危険との関係で問題となるが、(56) 本稿ではミストライアル後の再度の公判が問題となる全ての場合を検討するのではなく、合衆国最高裁判所の主要な判例の幾つかを取り上げて、合衆国最高裁判所がどのような方向にミストライアルの場合の再訴追に関する基準を展開しているのかを検討する。

ミストライアル後の再訴追が許されるか否かについて繰り返し引用されてきている先例にペレス(57)がある。ペレスでは、公判裁判官が被告人の弁護人、政府側弁護人の双方の同意を得ずに、陪審は評決に達することができないことを理由に（ハング・ジュリー）陪審の職務を解き、その後の再度の公判が許されるか否かが問われた。法廷意見を執筆したストーリー裁判官は次のように述べた。

「かかる性質を持つ全ての事件にあって、裁判所があらゆる事情を考慮に入れて陪審を評決を下す職務から解く必要が明らかにある（manifest necessity）、または、そうしなければ公衆による裁判を行って達成しようとする目的が打ち砕かれてしまう、と認定した場合にはいつでも、裁判所は法により陪審を評決を下す職務から解く権限を与えられている。裁判所は、この問題について裁量権を健全に行使しなければならない。……この権限は最大の注意を払って、緊急な場合に、かつ明白な必要がある場合に行使されるべきである。……」

ここで述べられた「明白な必要がある場合」、または、「公衆による裁判を行って達成しようとする目的が壊される場合」とはどのような場合をいうのかは、後の判例で具体的な事情と結びつけて具体化されていくことになる。

シモンズ(58)では、陪審員のうちの一名が被告人と知り合いであるとの第三者による告発を否定した弁護人の手紙が新聞に掲載されたため、公判裁判官は、陪審員が持たなければならない公平無私な態度が損なわれたとして、その告発の真偽を判断せず、また、この告発が陪審にどのような影響を与えたのか確かめないで、被告人の異議を排してミストライアルを宣言したが、合衆国最高裁判所は、公判裁判官は、公衆による裁判を行って達成しようとする目的が破壊されるのを防ぐために裁量権を行使したのであり、この裁量権行使は正しかったと判示し、再訴追を認めた。

トムプスン(59)では、陪審員の一員が被告人を起訴した大陪審の一員として職務を果したことが明らかとなり、ミストライアルが宣言され、このミストライアルの宣言は適法であり、再訴追は阻止されない、と判示した。

ハンター[60]では、軍法会議での告発が取り下げられた後、同一の告発で再度審理されたが、この審理は許されるか否かが問題になった。申請人は強姦罪を理由に最初の軍法会議に告発されたが、この告発は作戦上軍隊がとるに至った位置が原因となって取り下げられ、被告人は別の軍法会議に新たに起訴された。ブラック裁判官は法廷意見を執筆して、この事件でペレスの基準が適用されることを述べ、この事件では軍隊が急速に移動する必要が生じたために最初の軍法会議から告発が取り下げられたこと、この取り下げは少なくとも悪意でなされたものではないことを理由に、再訴追は阻止されないとした。この事件では、傍論ではあるが、重要な指摘がなされた。「一つの特定の裁判所で公判を終了してもらう被告人の貴重な権利は、正しい判断が下されるように公平な公判を行うという公益に道を譲らなければならない場合がある。」との指摘である。後の判例で、この、「一つの特定の裁判所で公判を終了してもらう貴重な権利」が被告人にある、との判断は、繰り返し強調されている。

ゴーライ（Gori）[61]では裁判官が職権で下したミストライアルが問題となった。被告人は、州際通商上の贓物罪で起訴された。公判で四人目の政府側証人について主尋問が行われているときに、公判裁判官が、申請人の弁護人の同意も反対もない状態で、職権でミストライアルを宣言した。ミストライアルは、公判裁判官が、検察官の一連の主尋問は検察官が陪審員に被告人の他罪を告げることを意図した尋問の前触れであると推論し、被告人の権利を守るためにはミストライアルを宣言する必要があると確信したため宣言されたようである。この事件の法廷意見を執筆したフランクファーター裁判官は次のような基準を採った。

公判裁判官の裁量権が濫用され第五修正の保護が及ぶ場合は、被告人が再度の抑圧的訴追によって苦しめられる場合または検察官の立証がうまく行かなかったのを助けて、被告人を有罪にするもっと有利な別の機会を与える目的で裁判官が権限を行使した場合である。ミストライアルが専ら被告人の利益のために認められた場合には、再訴は阻止されない。本件は後者の場合であり、ペレスの基準に合致する。

ブラック、ブレナン両裁判官の加わったダグラス裁判官の反対意見は、公判裁判官がミストライアルを宣言する権限は例外的な、その必要が顕著な場合に限定して行使されるべきであり、検察官が職権を濫用し、違法行為で責を受けるべき場合は、検察官が証人を提出することができない場合と同じく、ミストライアルを宣言してはならず、いずれの場合にも、司法制度の崩壊をもたらす、と述べ、検察官の側に違法行為のある本件ではミストライアルを下すべきではなかった、とした。

一九六三年に下されたダウナム[62]では、ゴーライとは異なった基準が採られ、検察官が意図的に被告人を苦しめる目的でミストライアルを求めた場合に限らず、検察側の立証準備が十分でないことを理由に検察官がミストライアルを求めて、ミストライアルが宣言された場合にも再訴追が阻止されることを明らかにした。ダウナムはミストライアル後の再訴追が阻止されるとした合衆国最高裁判所の最初の事件である[63]。

この事件では、被告人は郵便窃盗及び窃取小切手の偽造・行使を理由とする六つの訴因で大陪審に起訴された。午前中陪審が選ばれ宣誓し、陪審は午後戻ってくるよう説示を受けた。陪審が戻ってきたとき、政府は、五つの訴因のうちの二つの訴因を立証するための、政府側の主張を支える重要証人がいないという理由でミストライアルを申し立てた。政府側は、陪審が選ばれ宣誓する前に、証人に召喚状が送達されているかどうかを確かめずに陪審が選ばれ宣誓する手続に入ってしまった。被告人は、二つの訴因を訴追なしとして棄却し、残る四つの訴因について審理を続行するように申し立てたが、公判裁判官は、この申立てを却下して陪審の職務を解いた。二日後に再公訴が提起され、第二の陪審が選ばれて、被告人は前の危険の抗弁を提出したが却下され、有罪と認定された。

ダグラス裁判官が法廷意見を執筆し次のように述べた。

被告人には評決を下すために召喚された特定の裁判所によって審理を終了させてもらう被告人の貴重な権利があるが、この権利は公益を優先させる必要が明らかであれば公益の方を優先させなければならない。政府に有罪獲得のための有利なチャンスを与えるという極端な場合にだけに二重危険禁止条項の保護は限定されない。ミストライアルを宣言するのは例外的な場合に限定されるべきである。本件では、陪審が選ばれ宣誓したが、重要証人に召喚状が送達されず、召喚状以外に証人の出廷を確保するための手立てが何ら講ぜられなかったためにこの陪審の職務が解かれた。本件は政府が十分な証拠を持たずに事件の審理に入った場合である。

このように述べて、ミストライアルを宣言したのは違法であり、再度の公判は阻止されると判示した。

これに対してはハーラン、ステュワート、ホワイト各裁判官の加わったクラーク裁判官執筆の反対意見がある。反対意見は、本件では、本件担当の検察官が、本件審理の前日に執行吏から、重要証人の妻が証人の居場所が判れば知らせることになっていることを知らされたが、事件審理の日には別事件の審理も担当していたため、執行吏とすぐに会ってその証人の出頭の有無を確かめることができずに審理に入ってしまったのであり、これは許されうる過失であると述べた。

少数意見は、重要証人が出頭していないのを担当検察官が知ったのは正午の休息時であることを指摘し、本件には裁判官の側に、国家の側にもっと有利な判断を下してくれる陪審を得ようとする目的または被告人を苦しめる目的はなかったのであり、本件の過失は許されるとする立場に立った。

法廷意見は検察官の側に意図的に被告人を苦しめ、より有利な立証の機会を得ようとする目的がなく、過失により立証の準備が不十分だった場合も、ミストライアル宣言後の再度の訴追が阻止される場合のあることを明確にしたものと解することができるが、後述のサマヴィル(64)では、ダウナム事件を、証人がいないことを検察官が「知って」いた場合であると指摘し、検察官の側に被告人に不利益を与えるためのマニュピュレィション（操作）があった場合だととらえている。

ミストライアルが違法とされたもう一つの先例にジョーン[65]がある。被告人は所得税の虚偽申告の準備を故意に助けたとの訴因で起訴された。陪審が選ばれ宣誓した後に被告人が助けたとされた五人の納税者が政府側証人として召喚された。最初の証人の主尋問開始前に弁護人は、黙秘権を告知するよう示唆した。この証人は、最初にＩＲＳ（連邦国税局）の係官に会ったときに黙秘権の告知を受けたので証言したいと述べたが、公判裁判官は告知を受けたと信ぜず、弁護人と相談するまで証言するのを許さないとの立場を採った。公判裁判官は残る四人の証人も同様の状況にあることを検察官に尋ねて知り、彼等も適切な黙秘権の告知を受けていない蓋然性があるとの見解を表明した後、これらの証人が弁護人と相談する機会を与えるためにミストライアルを宣言した。

合衆国最高裁判所複数意見[66]は、ミストライアルを下したのは裁判官が裁量権を濫用したものであり、再訴追は二重危険禁止条項により許されないとしたが、複数意見を執筆したハーラン裁判官は次のような理由を示した。

被告人の同意がない場合、ミストライアルを宣言した公判裁判官の裁量権行使は正しかったか否かを審査するに当たり、合衆国最高裁判所はペレス法理を適用してきた。ペレス法理の「明白な必要」という基準にゴーライは従ったが、ミストライアルによって利益を受けたのはいずれの当事者かという基準をペレス法理の一変型として採りうることをゴーライでは示唆した。だが、どちらの当事者が利益を受けたのかというのは、純粋な憶測に止まり、本件のミストライアルが専ら被告人の利益のために宣言されたものであることを記録から認定できない。いずれの側が利益を受けたかという上訴審の評価により裁量権の濫用の有無を判断して再度の公判の可否を判断する立場は、二重危険禁止条項を支える政策を適切に満足させるものではない。公判裁判官の動機にかかわらず、不必要であるのにミストライアルが下されその後に再訴追がされると、被告人が前の訴追と同一の個人的緊張と不安に晒されることになるのは明らかである。政府の側は、再訴追が阻止されるのは本件のような場合ではなく、公判裁判官がミストライアルを宣言して訴追側を助けるまたは被告人にハラスメントを加える不公正な活動が行われる場合だと主張する。なるほど二重危険禁止条項はあらゆる場合に一定の犯罪につき一回の手続で終了するよう求めるものではないが、再訴が阻止される場合は検察官または裁判官に行き過ぎ（overreaching）があった場合に限定されない。被告人がミストライアルを求めた後の再訴追と、裁判官が職権でミストライアルを宣言した後の再訴追との間には決定的な違いがある。前者にあっては、被告人は最初の陪審に評決を受ける選択権を奪われていないが、後者にあっては、裁判官が被告人の同意を得ることなく手続を打ち切ったのであるから、「一つの特定の裁判所により公判を終了してもらう貴重な権利」を奪われている。この権利が貴重なのは、裁判官または検察官による悪意の行為があるか否かとは別に、ミストライアルの宣言を正当とするような事情が生じたときに審理を受けている陪審からその事件を取り上げるかどうかの決定に被告人が相当重要な利益を有するからである。したがって、検察官または裁判官による行き過ぎを原因とするのではない事情が展開し被告人がミストライアルを求めれば、たとえ被告人の申立てが検察官または裁判官の誤りにより必要とされるに至った場合であっても、通常は、再訴追に対する障害を除去するものと考えられる（逆に、被告人のミストライアルを求める申立てが、検察官または裁判官が、無罪判決となるのを避けようと意図した違法な活動から必要とされるに至った場合、再訴追は阻止されるであろう。複数意見註（12））。被告人の側からのミストライアルの申立てが欠ける場合、明白な必要の有無を問うペレス法理が適用され、公判裁判官は裁量権を慎重に行使した結果、手続を続行したのでは公衆による裁判を行って達成しようとする目的が果たされたことにはならないと結論して初めて、被告人の選択を排除できる。公判裁判官は、被告人が自己の運命を自分に有利に決定してくれると考えていると思われる裁判所の評決により、社会との対決を一度で終了させることができるということが被告人にとっては重要であることを考慮しなければならない。

本件では、公判裁判官が、公判続行が可能か否かについて何ら考慮せずに突然陪審の職務を解いてしまった。検察官が続行を申し立てるつもりだったとしても、または、被告人の側が陪審の職務を解くのに異議を申し立てるつもりだったとしても、いずれもその機会はなかった。本件で裁判官は職権でミストライアルを宣言するに当たり裁量権を健全に行使する努力を怠ったのであり、再訴追は二重危険禁止条項に違反する。

ブラック、ブレナン両裁判官は、本件の上訴を受理し審理する権限がないとの立場を採ったが、多数意見の判断の内容を考慮して多数意見の結果に加わった。

スチュワート裁判官は次のような反対意見を述べた。(ホワイト裁判官、ブラックマン裁判官参加)。本件はゴーライの基準により考察されるべきである。証人の利益のためにミストライアルが宣言された点でゴーライとは異なる。ミストライアルにより遅滞が生じた点を別にすれば被告人の利益は害されていない。公判裁判官または検察官の側に被告人を苦しめる意図があったまたは第二の公判で有罪を得られるチャンスを高めようとする意図があったとの証明は何らない。本件に裁量権の濫用はない。

以上がジョーンの複数意見及び補足意見、少数意見の概要である。

注目されるのはハーラン裁判官の複数意見である。二重危険違反は検察官の訴追に行き過ぎがあった場合に限定されないとし、被告人が申し立てた場合とそれ以外の場合とを分け、被告人がミストライアルを申し立てれば通常は再訴は阻止されないが(—ミストライアルが検察官または裁判官側で無罪判決となるのを避けようと意図する違法な活動があって被告人側から申し立てられるに至った場合は阻止されることを複数意見は示唆する)、ペレスにより、ミストライアルの明白な必要の有無を判断し、被告人の「一つの特定の裁判所で公判を終了してもらう貴重な権利」に十分な配慮を廻らせていないとみるべき場合には、再度の公判が阻止されることを判示している。検察官も裁判官も、被告人の、特定の裁判所で裁判を終了してもらう貴重な権利に十分配慮しなければならないことが判示されたのがこの事件である。スチュワート裁判官の少数意見は、ハラスメントの意図や立証上の有利さを得ようとする意図がある場合を規律の対象とすることで足りるとする立場に立っている。

さて、ジョーン後の、起訴状の瑕疵を理由に検察官がミストライアルを求め、その後の再度の公判を許したサマヴィル(67)をみよう。

被告人は窃盗罪によりイリノイ州の大陪審により起訴された。陪審が選ばれ宣誓し、翌日、検察官は証拠が提出される前に起訴状に致命的な瑕疵があるのに気づいた。起訴状には、被告人が所有者から彼の財産を永久に奪う意図だったとの記載(不法領得の意思に関する記載)が欠けていたが、この要素は州法上窃盗罪の必須要素であった。当時のイリノイ州憲法では本件のような刑事手続を被告人に対して開始する方法としては、大陪審による起訴しかなかった。さらに、本件の瑕疵は州法上補正を許されないものであった。これらの州の手続法・実体法の規定を結びつけて働かせると、起訴状の瑕疵は、裁判所が事件を審理する権限に係わる(jurisdictional)ものであることを意味する。つまり、この瑕疵は被告人が異議を申し立てないことで放棄されうるものではなく、上訴または有罪とされた後の救済手続(post-conviction proceeding)で有罪の終局判決を破棄するよう主張できるものであった。この状況に直面して州の公判裁判所は、この瑕疵ある起訴状による審理をさらに進めても無駄であると結論して、国側からなされたミストライアルの申立てを認めた。最初の陪審が選ばれ宣誓した日から二日後に、最初の起訴状を答申した大陪審は、要件とされる意図を主張した第二の起訴状を提出した。被告人は最初の公判の打ち切りの二週間後に罪状認否手続のために引致され、二重危険禁止条項違反を主張したが容れられず、そのすぐ後に第二の公判が開始された。陪審は有罪評決を回付し、刑が科され、この有罪は州の裁判所により確認された。申請人は次に、連邦人身保護手続による救済を求め、二重危険禁止条項違反を主張したが、下級審で請求を棄却され、さらにサーシオレイライを求めた。これが容れられ、ダウナムに照らして再度審理するように命ぜられ、差戻審は、申請人は審理されても有罪とされてもいないが、陪審が選ばれ宣誓した時に危険は発生しており、被告人の異議を排したミストライアル後の有効な起訴状による再審理は阻止されると判示した。この判断を本件合衆国最高裁判所は破棄した。

レーンクェスト裁判官が法廷意見を執筆した。法廷意見は次のようにいう。

ペレス法理は機械的に適用されてはならず、公判裁判官はミストライアルを宣言するか否かを決める広い裁量権が与えられている。公平な評決が得られない、または有罪評決が得られても公判での手続に明らかな誤りがあるため上訴で破棄を免れえない場合、ミストライアルを宣言する裁判官の裁量権行使は正しい。検察官のマニピュレイションに力を貸す（例えば意図的に検察官に有利な立証の機会を与えるような場合をいうのであろう。筆者。）と考えられる規則または瑕疵ある手続に基づいてミストライアルが宣言された場合は全く違った問題が関係するのであり、この場合は右の場合または本件の場合とは異なる。本件の起訴状の瑕疵は補正を許さない瑕疵である。かかる状況の下でミストライアルを憲法上許さないとしたら、大陪審により起訴される被告人の権利を守るという州の政策を実現できる唯一の道は、有罪が下り上訴で破棄された後に第二の公判を開くことである。これは、関係人全ての時間と労力と金銭を浪費させることである。本件では公判裁判官の行動は正当な州の政策を実現することを意図した合理的判断の結果である。本件のような方法による州の政策の実現が被告人に不利益を与えるために用いられうることを示唆するものは何もない。本件はダウナム事件とは異なる。ダウナム事件はミストライアルにより被告人にとって遅滞が生じたばかりでなく、危険発生後の続行により訴追側に有罪立証の強化を許した場合である。本件では遅滞は最少限であり、ミストライアルはイリノイ州法によれば起訴状の瑕疵を矯正できる唯一の方法であった。ペレス、ゴーライ、ハンターで示された基準を前提にすると、本件のミストライアルが、明白な必要により、または、公衆による裁判を行って達成しようとする目的の実現のために、求められていないとはいえない。ジョーンも反対の結論を求めるものではない。ジョーン事件は裁判官が突飛な行動をとった場合を扱ったものである。ジョーンは正当な判断が下されるように公正な裁判を行うという公益の方が、一つの特定の裁判所により公判を終了してもらう被告人の貴重な権利に優先する場合のあることを認めている。本件はこの場合に当たる。本件は、ミストライアルが州の合理的な政策を実現し、よくみても一方当事者の意のままに覆されうる評決を下すと考えられる手続を打ち切った場合である。

この法廷意見に対しては、二つの反対意見がある。一つはダグラス、ブレナン両裁判官の加わったホワイト裁判官の反対意見である。他の一つはマーシャル裁判官の反対意見である。

ホワイト裁判官の反対意見は、最初の陪審が無罪評決を下した可能性もあり、また、起訴状の瑕疵は国家の側が責任を正しく果たさなかったことによるものであり、二重危険禁止条項の適用を免れるものではなく、悪意や行き過ぎがなくても、正しく起訴状を書くべきものが正しく書かなかったことまたは過失を理由に新たな公判を認めていたのでは、いつになったら被告人の公判は終了するのか判らない、したがって、本件の再訴は認められるべきではないとするものである。

マーシャル裁判官は、検察官、裁判官の誤りからはミストライアルを宣言する明らかな必要は生ぜず、明白な必要があるとされるには、検察官、裁判官が統制を加えることができないことからミストライアルを宣言する必要が生じたのでなければならない、とした。

以上が、本件の法廷意見、反対意見の概要である。

本件の法廷意見は、起訴状の瑕疵の治癒の方策としてミストライアル以外にはない、という場合であることを強調し、上訴で破棄され再度公判に付されることになれば、時間と労力と金銭の浪費であること、本件のミストライアル後の再度の公判により生じた遅滞は最小限のものであったこと、等に注目して再度の公判が許されるとしたが、ホワイト裁判官のいうように、瑕疵のない起訴状を用意すべき責任は検察官にあり、その責任を軽視すべきではないであろう。法廷意見は、マニュピュレイションがあった場合には、再訴追が阻止されるとする立場に立ち、本件はその場合には当たらないと解している。再度の裁判により被告人に生ずる負担を考慮すれば、国側が周到に準備すべき責任があり、意図的なマニュピュレイションの場合だけでなく、過失による場合であれ、手続を一度で終了させてもらう被告人の重要な利益への配慮を欠いた場合も、再訴は阻止されると解する立場の方が、国家による干渉は、正当根拠があるときの必要最小限度の範囲に限定されるとみる、捜索・押収、迅速裁判、二重危険などの自由保障の領域で取られている制限政府の基本的フィロソフィーに合致するのではあるまいか。ホワイト裁判官の意見は重要な示唆を与えるものである。

サマヴィル後の先例で、ジョーンでいわれた、被告人が求めた場合とそうでない場合の区別を確認した事件に、ディニッツ(68)がある。

事実の概要は次のとおりである。公判裁判官は、被告人の弁護人が冒頭陳述で違法行為を繰り返し行ったため、弁護士ワグナーを法廷から排除し、共同弁護人であったメルドンに公判を進める準備ができているかどうかを尋ねた。メルドンが証人と事件のことを未だ話し合っていないと述べたので翌日まで準備の機会を与えた。翌日メルドンは公判裁判官に被告人はまだワグナーに弁護してもらいたいと思っていることを伝えた。公判裁判官は三つの代替策を示した。(一) ワグナーの追放処置が正しいか否かを上訴で争う間、公判を続行する、(二) メルドンを主任弁護人として手続を進める、(三) 被告人に別の弁護人を得る機会を与えるためミストライアルを宣言する、の三つである。メルドンはミストライアルを申立て、公判裁判官はこれを認めた。第二の公判開始前に、被告人は二重危険禁止条項違反を理由に公訴棄却を申し立てたが却下され、第二の公判で被告人は自分で弁護し、有罪とされた。この第二の公判は二重危険禁止条項に違反しないかが問題となった。

スチュワート裁判官が法廷意見を執筆した。法廷意見はジョーンの判示を確認する形で述べられている。法廷意見は次のように判示した。

裁判官または検察官による行き過ぎを原因とするのではない事情が展開した場合、被告人がミストライアルを求めれば通常は、たとえミストライアルを被告人が求める必要が生じたのが検察官または裁判官の誤りによるものであっても、再訴は阻止されない (ジョーン)。職権によるミストライアルの宣言と、被告人の申立てを認めてまたは同意を得てミストライアルを宣言する場合とを区別するのは、二重危険禁止条項に合致する。検察官または裁判官の誤りがあり被告人が無罪を獲得する見込みに不利益を与えた場合であっても、被告人はそれにもかかわらず、その陪審により審理を受ける道を選択できる。だが、検察官または裁判官の誤りが被告人にひどく不利益を与えた場合、被告人は最初の陪審の評決を受ける利益がほとんどない。この場合、被告人は瑕疵のある審理を続けると有罪が言い渡されるが、この有罪の後に長い上訴が続き、もし破棄が得られても再訴追されることになると被告人が結論するのは合理的である。かかる場合被告人のミストライアルの申立ては、二重危険禁止条項により守られる利益——つまり、再訴追によより生ずる不安、犠牲、遅滞を避けること——と異ならない利益を得る目的を持つ。二重危険禁止条項は被告人にミストライアルを申立てさせようとする政府の行為から被告人を守っており、それゆえ、再訴追から守っている。裁判官または検察官の側の悪意の行為から、再訴追を行って被告人にハラスメントを加え（harass）または被告人を有罪とするより有利な機会を与えるためにミストライアルを宣言するという姿勢が見てとれる場合には、再訴追は阻止される。本件では公判裁判官がワグナーを法廷から排除したのは、被告人を、ミストアライアルを求めるように追い立てまたは被告人の無罪判決を得る見込みを害するために悪意でした措置ではない。

このように述べて Court of Appeals の再訴が阻止されるとの判断を破棄した。

ブレナン裁判官の反対意見（マーシャル裁判官参加）は、公判裁判官の行動は、ディニッツの申立てから同意としての性格を奪うものであり、それゆえ、被告人の申立てがあると再訴は阻止されないとするジョーンの判示は適用されず、また公判を続行する代替策があったことに鑑みると、ミストライアルを宣言する明らかな必要があったとはいえない、として Court of Appeals の再訴追を阻止した判断を認める立場を採った。

ディニッツはジョーンの、被告人が求めた場合とそうでない場合の違いを確認し、被告人が求めた場合であっても、裁判官または検察官の側もミストライアルを求めざるを得ないようにする悪意があった場合には再訴が阻止されるとの基準を示した（もっとも、ハーラン裁判官がジョーンの註でかかる基準を示唆していた。）点が重要であろう。

次に、被告人の弁護人の違法行為を理由に被告人の異議を排してミストライアルが宣言され、その後の再度の公判は二重危険禁止条項に違反しないのか否かが問題とされたウォーシントン(69)についてみよう。

被告人は謀殺罪で有罪を言い渡された後、検察官が被告人が犯罪に関係していたことを否定する証拠を隠匿していたとの理由で新たな公判が開かれた。新たな公判が始まり陪審となる可能性のある者に陪審員としての資格の有無を審査する手続で、弁護人は、前の公判で証拠の隠匿があったことを陪審となる可能性のある者に教え、冒頭陳述でこの点をもっと強調した。検察官はこの陳述を理由にミストライアルを申し立てた。この申立ては却下され、翌日、検察官は再度ミストライアルを申し立てた。被告人の側は冒頭陳述が陪審に及ぼしたかもしれない予断は、この予断を除去する説示を与えれば足りると論じ、検察側はかかる説示を行っても予断を排除することはできずミストライアルの必要は明らかにある、と論じた。公判裁判官は弁論が行われている間に、誤ってミストライアルを下すと再度の公判が阻止される可能性がある、との懸念を表明した。結局、公判裁判官は、弁護人の違法な冒頭陳述を理由としてミストライアルを認めた。だが、公判裁判官は、ミストライアルを下す必要が明らかにあると明示して認定していなかったし、ミストライアルに代わる解決策を考慮したがどれも適切でなかったと結論したとも明示して述べていなかった。このミストライアル後の再度の公判は二重危険禁止条項に違反するのか否かが争われた。

スティーヴンス裁判官による法廷意見は次のように判示した。

終局判断前であっても危険は発生するので、憲法上の保護には、一つの特定の裁判所により公判を終了してもらう被告人の貴重な権利が含まれる。たとえ、第一の公判が、終局判断により終了したのでなくとも、第二の訴追が著しく不公正なことがある。再訴追は被告人に加えられる財政的、心理的負担を増やし、違法な行為を行ったとの有罪・無罪が示されるに至っていない告発により、被告人が犯罪者としての烙印を押されている期間を長引かせ、さらには、無辜の被告人が有罪とされるかもしれない危険を高めることさえある。終局判断前に公判が打ち切られる場合、かかる不公正が被告人に生ずる危険は常にある。したがって、原則として、検察官は、被告発者に公判審理を受けるよう求める一度限りの機会を与えられる権限を有している。事件の実体について終局性のある解決をせずに公判が終了した場合は再度の公判は自動的に阻止されるのではない。公判が終了する前に陪審の職務を解く必要を生ぜしめる事情はいろいろあり、これらの事情は必ずしも被告発者に不公正を生ぜしめるものではないから、一つの特定の裁判所により公判を終了してもらう被告人の貴重な権利は、検察官に公平な陪審に証拠を提出するための一度限りの完全かつ公平な機会を与えるという公益に道を譲らなければならない場合がある。だが、この場合であっても、一回で公判を終了してもらう被告人の権利は貴重なものであり、この権利がどんなミストライアルによっても挫折させられるという事実に鑑みると、検察官が二重危険禁止条項との抵触を避けようとするのであれば、被告人の異議を押さえてミストライアルを宣言する「必要が明らかにある」ことを証明しなくてはならない。だが、ペレス法理は機械的に適用できる法理ではない。必要、という言葉は文字どおり解釈されてはならず、必要性には程度があり、ミストライアルが正しいとされるためには、その必要が「高く」なければならない。

ミストライアルを宣言する理由が、訴追側の重要証拠が利用できない場合または被告人にハラスメントを加える(to harass)若しくは戦術上被告人に対する有利さを獲得するために、検察官がはるかに優越する国家の財源を用いているという場合には、再訴は阻止される。別の対極にある場合は、陪審が評決に達することができないと裁判官が信じてミストライアルを宣言した場合でありこの場合は再訴追が許されてきている。この場合はさらに、公判裁判官にミストライアルを宣言するかどうか判断するに当たり広い裁量権が与えられている。ミストライアルを宣言すると上訴審により再訴が阻止されるのを知って、評決不能の状態を打ち破るために強制的な手段を用いることになるような法理は、正しい判断が下されるという公益を挫折させるのである。

本件での弁護人の違法な冒頭陳述は、陪審全体が汚染される危険を生ぜしめている。この違法な陳述を無視するよう説示することでは偏見を生ずる危険を除去できない。弁護人の行動を規律するために公判裁判官には適切な場合にミストライアルを宣言する権限が認められねばならないが、上訴審との判断の違いから再度の公判が自動的に阻止されるのを懸念してこの権限の行使が抑制されると、秩序だった公平な手続をなしえなくなる。したがって、ミストライアルを公判裁判官が宣言できるか否かについて、上訴審は厳格な基準を用いるべきではない。さらに、公判裁判官の方が証拠と事件の背景に精通しており、ミストライアルを宣言するのに重要な要因を上訴審よりもよく知っている。したがって、公判裁判官のミストライアルを下した判断は尊重されなくてはならない。

だが、ミストライアルにより被告人が一つの裁判所で公判を終了してもらう憲法上の利益は必ず影響を受ける。したがって、ミストライアルを宣言する公判裁判官の裁量権は健全に行使されなければならない。本件は裁量権の行使が不合理または無責任だった場合ではない。公判裁判官は検察官のミストライアルの申立てを性急に認めたのではない。誤って判断を下すと二重危険禁止条項により新たな公判が阻止されるかもしれないとの懸念を表し、ミストライアルの是非について検察側・弁護側の双方の立場を説明する完全な機会を与えた。したがって、公判裁判官の行動は慎重になされたものであり、一つの手続で公判を終了してもらうという被告人の利益に注意深く配慮した。したがって、本件ではミストライアルの必要が高かった。記録上ミストライアルを宣言する必要が「明らかにある」と明示して認定されていないが、ミストライアルを下すに先立って広範囲に亙る弁護側の弁論が含まれているのだから、ミストライアルを下した理由は記録上十分に示されている。

法廷意見はこのように述べてミストライアルを適法とし再度の公判を認めた。

このようにウォーシントンでは、被告人の弁護人に違法行為があった場合だから不利益は弁護人が負うべきだという単純な処理ではなく、一つの裁判所で公判を終了してもらう被告人の憲法上保護される権利に十分な配慮をしたかどうかを問うている。

以上一九七八年までのミストライアルに関する主要な合衆国最高裁判所の判例をみてきた。陪審裁判を行う上で生ずる種々の障害に対処する為に裁判のやり直しをするのがミストライアルだが、この場合に、自己の事件を審理する陪審により一度の裁判手続で終了してもらう貴重な権利があるとする立場に立って、再度の裁判の可否を判断する立場が採られている点が注目に値する。刑事手続をハラスメントの目的や有罪立証上の不利を回避し再度裁判に付して有罪を獲得するために利用することが許されないとするのはもちろんのこと、審理の途中でミストライアルが宣言される場合でも、被告人のその陪審で手続を終了してもらう貴重な権利があるとする立場から、その権利に十分に配慮した手続がなされているのかを問うて、慎重な判断を求めている。公判に付された裁判所（陪審）で審理を終了させてもらう貴重な権利があり、訴追がハラスメントや圧政に亙ることがないように、訴追側には有罪立証の機会が一回に限定され、裁判所も被告人のこの権利に周到な配慮を廻らせなければならないという視点に立って、ミストライアルの領域での判断が形成されてきており、ミストライアルの領域での諸先例は我が国における再訴の可否を考察する際にも重要な示唆を与えるものであろう。二重危険禁止条項との関係で真に検討されるべきは、実体判断の有無ではなく、再度の裁判により、再度、財政的、社会的、心理的負担を被告人に課す政府の活動（再訴追）と裁判所による再度の裁判を許す裁判であり、公判が途中で終了する場合でも、裁判の一回性が求められるのである。被告人の同意がない場合には、ミストライアルの明白な必要があるのか否かを問い、被告人がミストライアルを申し立てた場合には、基本的には再度の公判は二重危険禁止条項に違反することなく開くことができるが、被告人の申立てにかかる場合でも、政府や裁判所の側に、被告人にハラスメントを加えまたは無罪が言い渡されるのを避ける為にミストライアルを申立てざるを得ないようにさせる性質の行為があれば、再度の裁判は二重危険違反となり、阻止されるとの考え方が採られている。このような、有罪・無罪が言い渡される以前の段階でのミストライアルに関し二重危険禁止条項違反の有無を問う合衆国最高裁判所の判例は貴重な示唆を与えるものであろう。

五　公訴棄却（ディスミッサル・dismissal）と二重の危険

ミストライアル以外の公訴棄却の場合、その公訴棄却に対する上訴が二重危険禁止条項に違反するかどうかが判断されるようになったのは最近のことである。District Court の公訴棄却の裁判に対する合衆国（政府側）の上訴が二重危険禁止条項に違反しない限り認められるとの内容に合衆国法典タイトル一八、三七三一条が一九七一年に改正された。(70)一九七一年の改正前は合衆国の上訴を法律上次第に広げるという形を採ってきていたのであり、「法律上の」制限が課されていたといえる。(71)二重危険禁止条項と合衆国の上訴との関係が正面から判断されるようになったのは一九七一年以降のことであり、ジェンキンス(72)とスコット(73)が主要なものである。合衆国の上訴ではないが、起訴状の瑕疵を理由に公訴が棄却された後に再度被告人を公判に附することができるのかが問題となった事件にリー(74)がある。この三つの、ジェンキンス、スコット、リー、を年代順に、ジェンンキンス、リー、スコットの順でみて行くこととする。スコットは、三年前にレーンクェスト裁判官が自ら下したジェンキンスを変更し、合衆国の上訴が認められる範囲を広める方向で判示した。

ジェンキンス事件の概要は次のようなものである。

被告人は徴兵カードを送付された後徴兵届出期間内に良心的兵役拒否者の分類を受けるためその用紙を徴兵委員会（local board）に手紙で求めたが、徴兵届出期限の前日になっても返答がないため自ら出頭して申請用紙の交付を求めた。選抜徴兵司令部は申請書を完成して提出するのを許すための期限を延長しないよう徴兵委員会の係官に指示した。届出が期限までになされなかったため、被告人は徴兵法違反で起訴陪審により起訴された。被告人は有罪ではないと答弁した。被告人は公判前の申立てで、本件では期限の延期が求められているのに、延期しないのは違法であり、延期しなかったため徴兵届出命令は無効だとして無罪を申し立てた。District Courtは、徴兵に届け出るよう告知された後に良心的兵役拒否の申立てがなされた場合、その者を再分類するように求められるとの判例[75]は変更されており、[76]良心的兵役拒否の申立てを受理するよう徴兵委員会は求められていないが、それにもかかわらず、本件の被告人が届出を怠った時点では判例は変更されていなかったので、良心的兵役拒否者の立場が徴兵届出の告知を受けた後に初めて熟するに至ったのであれば被告人の分類を再開しなければならず、被告人には徴兵委員会が申立ての審査期限を延期するよう求める権利があり、この立場を変更した判例を適用するのは公正さを欠くとして被告人を放免した。この判断を合衆国側が争って上訴した。この上訴が認められるか否かが争点となった。

レーンクェスト裁判官が法廷意見を執筆し、次のように判示した。

政府が上訴して勝訴した場合に新たな公判を開くよう求められるのでなければ、政府の上訴は二重危険禁止条項により禁ぜられない。[77]政府は、本件での公判裁判所の判断は構成要件に関する事実の点では有罪だが、法律上の理由により有罪ではないと判断したものだというが（徴兵届出期限の延期をせずともよいとの判例が遡及しないとの理由を指す）、公判裁判所が徴兵法違反という構成要件の点で有罪と認定したのか否かは政府の主張するほど明確ではない。有罪であるとの一般的認定（general finding of guilt）がなく、徴兵法違反の認識（knowledge）があったとの認定も欠けている。したがって、上訴審が徴兵届出期限の延期をせずともよいとする判例が遡及するとの判断を下し、後は有罪の一般的認定を再度述べるよう指示して破棄すれば足りるという場合ではない。本件では再度述べるべき認定が形式上も実質上も欠けている。したがってウィルソンの適用はない。本件では構成要件に関する事実について政府に不利な解釈がなされたのか否かは明確ではないが被告人を解放する判断が下った。二重危険禁止条項の趣旨からすると、破棄し差戻すと、被告犯罪構成事実に該当する事実の存否を解決するために何らかの手続をさらに行わなければならなくなる場合、政府の上訴は阻止される。たとえ差戻審が別の証拠を受け取ることがないとしても、それでもなお補充的な認定をなすことが必要だろう。本件の公判は有罪判決という結果を生じ得たのに、ずっと前に被告人に有利に終了したのである。この段階で被告人にさらにかかる手続に服するように求めるのは被告人に不当な財政的・心理的負担を課すことになり、二重危険禁止条項に違反する。

ダグラス裁判官は（ブレナン裁判官が参加）被告人に有利に下された判断に対し政府が上訴するのは二重危険禁止条項により阻止される（フォン・フーを引く）(78)との立場から同意した。

本件の法廷意見は、判例の遡及適用による徴兵届け出期間の延期の要否に関する公判裁判所の判断に対する政府上訴の可否が問われた事例で、政府の上訴を許すと、政府の上訴が成功した場合、破棄差戻して被告犯罪構成事実に該当する事実の存否を解決するための何らかの手続をさらに行わなければならなくなる場合には、政府上訴は阻止されると判示し、本件の手続は被告人を開放する判断が示されたことを理由に、本件の公訴棄却に対する上訴を二重危険禁止条項に違反するとしたが、この基準はスコット(79)で変更されることになる。

スコットに触れる前に、起訴状の瑕疵を理由に被告人が公訴棄却（dismissal）を申立て、これが認められ、この公訴棄却後の再度の公判が二重危険禁止条項に違反するかどうかが問題になったリー(80)に触れよう。

リー事件の概要は次のようなものである。リーは窃盗罪(81)により検察官により起訴されたが、起訴状には州法上窃盗罪の成立要素とされている「自分のものではないことを知りながら被害者から財物を奪取する意図」が記載されていなかった。公判前にリーの弁護人が辞め、別の国選弁護人が付された。リーは陪審審理を受ける権利を放棄し、裁判官による審理が開始された。リーの弁護人は、起訴状に右の意図の記載がないことを理由に公訴棄却を申し立てた。

公判裁判官はこの申立てを調査することを留保した上で一応却下して審理を進めた。リーの弁護人はリーの抗弁の概要を述べ、この公判裁判官の措置に反対しなかった。公判裁判官は、政府の有罪立証が終了した後、被告人の有罪は合理的な疑いを容れない程度に立証されていると認定したが、起訴状には右の意図の記載が欠けている、との理由で公訴棄却を認めた。この後、被告人は窃盗罪の犯罪成立要件たる、行為、右の意図の双方を記載した大陪審の起訴状により起訴され有罪とされた。これが二重危険禁止条項に違反するか否かが争われた。

合衆国最高裁判所は以下の理由から公訴棄却後の再公訴提起を認めた。パウエル裁判官が法廷意見を執筆し、次のように判示した。

ジェンキンス[82]は、公判で、有罪または無罪の判断が示されることなく、被告人に有利に公判が終了した場合であり、政府が上訴で勝訴すると、公訴事実に関する争点を解決するためにさらに公判が必要となった場合であり、したがって、再度の公判は二重危険禁止条項に違反すると判示した。ジェンキンスは、有罪判決が言い渡される可能性のあった公判が、ずっと以前に、被告人に有利に終了していた場合であった。ジェンキンスは、公訴棄却（ディスミッサル）か、ミストライアルか、という区別によるのではない。公訴事実に関する訴追手続を完全に終了させることを考えて下された命令か否かが決定的重要性を有する。ミストライアルは全て再度の訴追を許すことを認めることを考慮して下されるのに対し、ディスミッサル（公訴棄却）は、再度の訴追を許すことを考慮している場合もあればそうでない場合もある。ジェンキンスは、公判の途中で、裁判所の判断が正しいか否かは別として、裁判所が、被告人を公訴事実で有罪にはできないことが明らかだとの理由で、公訴棄却の申立てを認めて公訴を棄却した場合であり、ジェンキンスは、この場合にさらに訴追をすることは二重危険禁止条項により阻止されることを明らかにした判断である。

本件では訴追が被告人に有利に終了したとはいえない。公判裁判所の公訴棄却の判断は検察官による起訴状では窃盗罪の要件たる意図が正しく記載されていないことを理由とするものであって、窃盗でリーを訴追することができないまたは有罪とすることができないとする理由によるものではない。起訴状の誤りは、ミストライアルを必要とする検察官または裁判官の誤りと同じように、二重危険禁止条項により阻止されなければ、被告人を改めて起訴すれば避けられる。公判裁判所が再訴追を考えて公訴を棄却したことは明らかである。公判裁判所の下した命令は機能上ミストライアルの命令と区別できない。本件ではミストライアル後の再訴追に関する基準が完全に適用される。被告人がミストライアルを求めた場合については、ジョーン[83]、ディニッツ[84]の基準が適用される。被告人がミストライアルを求めて公判を終了させたいという選択を行った場合は、一般に再訴追は二重危険禁止条項により阻止されないが、被告人の側がミストライアルを求める理由となった誤りが、検察官または裁判官が、悪意でまたは、被告人にハラスメントを加え（harass）若しくは不利益を与えようとしたためである場合には、被告人が求めた場合であっても再度の公判は阻止される。この基準に照らして本件を判断すると、本件では被告人が公訴棄却を求め、被告人の同意を得て終了した。裁判官が被告人側の公訴棄却の申立てを最初に却下した後も、また、裁判所がこの申立てを検討中であると告げた後も、この公訴棄却を求める申立てを取り下げなかったのであり、裁判所が、この事件の一般的な争点について正式の認定をせずに手続を終了するとの決定を表明した段階でも、弁護人は一切異議を申立てていない。

本件で、検察官が起訴状を適法に記載していないという瑕疵と裁判所が（第二の）危険が発生する前に公訴棄却の申立てを却下していない瑕疵を申請人は主張するが、いずれも、仮にそのように裁判所の行為を特徴づけることができるとしても、デニッツで示された、行き過ぎに該当する行為ではない。起訴状記載の誤りは、せいぜい、過失の行為であり、政府にも被告人にも不利益を与えるものである。裁判所が、被告人の公訴棄却の申立てについて完全な審理ができるまで証拠調べを続行（延期）しなかった措置は、悪意によるものではおよそなく、この申立てが手続の最後の段階でなされ、弁護人が手続の続行を求めず、またはその他の方法で、瑕疵ある起訴状による起訴により申請人が危険（jeopardy）に晒されないことの重要性を裁判所に印象づけなかったという事情に照らしてみると、全く合理的なものである。

したがって、瑕疵ある起訴状による公訴を棄却した後の再度の公判は二重危険禁止条項に違反しない。

ブレナン裁判官は、本件の法廷意見は一つの特定の裁判所で公判を終了してもらう被告人の貴重な権利があるとの立場から後退するものではないとの補足意見を書いた。本件の公訴棄却の申立ては冒頭陳述でなされたものであり、公判前に公訴棄却の申立てがなされ公判裁判官がその申立てについて判断する機会が十分にあったのに、公判裁判官がこの機会を利用せずに、被告人を危険においてから公訴棄却がなされた場合ではない。後者の場合、はじめの事実認定者により構成要件に関する事実について判断してもらう貴重な権利を奪われることになり、不必要な再度の公判は被告人を当惑させ、出費を余儀なくさせ、試練に立たせることになる。

レーンクェスト裁判官は、次のような補足意見を執筆した。一期前のジェンキンス[85]とウィルソン[86]では、危険発生後、有罪・無罪の結論が示される前の公訴棄却（ミストライアルではないディスミッサル）は、被告人に関する限り終局的で、再度の公判は二重危険禁止条項により阻止されるので、政府は上訴ができない、としたが、この明確な線引きをする分析は、私が加わっていないマーティン・リネン・サプライ・カンパニィ[87]で避けられ、事実認定手続がミストライアルにより途中で終了「後」、第二の公判での危険発生「前」に、裁判所が無罪判決を言い渡したとき（この無罪判決は、公訴棄却（ディスミッサル）と異ならないものと解する）でも、二重危険により再度の公判は阻止されると判示され、ジェンキンスを執筆し、ウィルソンに加わったときに私が採った前提は採られていないので、先例を自由に再検討にできる、として、理由を明確に述べ歴史的にも二重危険に関して支持できる立場を示している法廷意見に加わるとした。

マーシャル裁判官は反対意見を述べた。本件の法廷意見は避難を全部申請人の弁護人に加えているが、瑕疵ある起訴状を書いた責任は全て合衆国検察官にある。被告人は不必要に危険におかれたのであり有罪は破棄されるべきである。リーの法廷意見は、被告人が公訴棄却を求めていること、検察官・裁判官の側がわざと手続上の瑕疵を作り出して被告人が公訴棄却を求めざるを得なくしたのではないことを理由に再度の公判を認めている。

だが、この場合も、瑕疵のない起訴状による訴追をするべき責任は検察官にある、とする議論を展開する余地はあろう。(88)

次に、ジェンキンスを変更したスコット(89)に触れよう。

起訴前の遅滞があったため被告人に不利益が生じたという理由で被告人が公訴棄却を申立て、合衆国District Courtは証明活動が全て終了した後にこの申立てを認めた。この判断に対し政府は合衆国法典タイトル一八、三七三一条により上訴できるのか否かが問題となった。Court of Appealsはジェンキンスにより政府の上訴は認められないとして、政府の上訴を棄却した。この判断を審査するように政府がサーシオレイライを求めて認められ、合衆国最高裁判所はジェンキンスを変更してCourt of Appealsの判断を破棄した。

レーンクェスト裁判官が法廷意見を執筆し、自らが三年前に執筆したジェンキンスを破棄し次のように述べた。

ジェンキンスでは、危険発生後の大陪審による起訴の棄却が事件の実体について判断を下したものであろうとなかろうと、政府の上訴権はない、なぜなら「破棄差戻すと被告犯罪構成事実に該当する事実の存否を解決するための何らかの手続をさらに行わなければならなくなるからである。」と判示したが、ジェンキンスは被告人を審理するために選ばれた最初の陪審に評決を下してもらう被告人の権利を不当に強調し過ぎた。その結果、被告人自身が、評決が下る前に構成要件に関する事実の点からみて有罪か無辜かということとは関係のない理由から公判を終了させるよう求めた場合も上訴が阻止される結果になった。これは行き過ぎであり、ジェンキンスを変更する。

二重危険禁止条項は、前の有罪・前の無罪・恩赦の抗弁に起源を有する。二重危険を禁止する理由は、国家がその持てる資源と権力の全てを行使して、被告人が犯したとする犯行で被告人を有罪とすることを再度試み、それにより、無辜が有罪とされる危険を高め、被告人を困惑させ、出費を余儀なくさせ、試練に立たせ、不安と安全喪失の引き続く中で生きることを強いることは、許されるべきではない、というグリーンで判示されたところ(90)にある。二重危険禁止条項の中心目的は終局判断の完全さを守ることにあるが、終局判断が下る前であっても再訴追を避ける利益が被告人にある。ミストライアルの場合と公判裁判官が、事実の点での有罪または無辜とは関係のない理由から被告人に有利に手続を終了させた場合にこの利益が関係する。

本件は、被告人が、起訴前に遅滞が生じたことを理由に公訴棄却を求めた場合である。つまり被告人が構成要件に関する事実の点からみて有罪か無辜かということとは関係のない理由に基づいて公訴棄却を求めた場合である。被告人の心理的・財政的負担を指摘して国の有罪立証の一回性を強調した右のグリーンの判示は、グリーン事件の状況の下では全く適切であったが、再訴追を受ける責任が被告人にある状況にまで拡張できる原理ではない。本件は、国家が持てる財源と権限の全てを挙げて個人が犯したとされる犯罪で個人を有罪にしようと繰り返し試みる場合とはほど遠い。政府は被告人を審理するために最初に選ばれた陪審の前で被告人の有罪を立証するために証拠の提出を続けようとしていたのに対し、被告人の側が有罪または無辜とは関係のない理由から公訴棄却を求めたのである。被告人は、政府は被告人の有罪を立証していないとする理由からではなくて、政府の有罪立証が事実審理に合理的な疑いを容れない程度に被告人が有罪であるということについて満足のいく心証を抱かせるものだとしても、政府の被告人は有罪だとの主張は成り立たないという、法律上の理由から、有罪とされ身柄を収監されるのを避けるという選択をしたのである。大陪審起訴に示された公訴事実以外の事実に基づいて被告人に有利な裁判がなされた[91]というだけでは政府の上訴は阻止されないし、また、単に被告人を有罪とすることはできないという理由から被告人に有利な判断が下った[92]というだけでは政府上訴は阻止されない。被告人が無罪とされた場合とは、「裁判官が被告犯罪構成要件に関する事実要素の全部または一部の存否を、正しかろうとなかろうと、実際に解決した判断」を指し、「その判断にどのような名称が与えられるかを問わない」のであり、また、かかる判断だけを指す。精神障害の抗弁も、罠の抗弁も消極的構成要件であり[93]、この抗弁が成立すれば被告人に刑事責任（criminal culpability）がないことが立証される。無罪が証拠法上の判断を誤りまたは適用される法原理を誤って解釈したために生じうるという事実は、無罪判決の正確性には影響を与えるが、無罪の本質的性格を変えるものではない。二重危険禁止条項は政府による圧政からの保護を与えているが、任意な選択の結果から被告人を救済するものではない。本件は被告人は有罪とも無罪とも判断されていない。本件で、被告人は、有罪または無罪の争点を陪審に提示しないように裁判官を説得して成功したからである。被告人が公判裁判所で、裁判所または陪審により有罪または無辜と認定されずに手続の終了を獲得した場合、一つの特定の裁判所で公判を終了してもらう貴重な権利を被告人は奪われていない。公衆の方だけが、法に違反したものを有罪にする一度限りの完全な機会を奪われている。

このように述べて、被告人が、構成要件に関する事実の点からみて被告人が有罪であるまたは無辜であるという理由以外の理由から公訴棄却を求めた場合、公判裁判所の公訴棄却の裁判（dismissal）に対する政府の上訴は三七三一条により阻止されない（つまり二重危険禁止条項により阻止されない）、と判示した。

この法廷意見に対しては、ジェンキンス、リーを変更すべきではないとする、ホワイト裁判官、マーシャル裁判官、スティーヴンス裁判官の加わったブレナン裁判官の反対意見がある。反対意見の概要は次のとおりである。

法廷意見は二重危険禁止条項の中心目的は判断の終局性を守ることだとしたが、そうでない。二重危険禁止条項の目的は、何らかの一つの犯罪で二度以上刑事公判を受けることに伴う苦悩と危険から被告人を守ることにある。再度の公判が開かれると被告人の財政的・情緒的な負担が増加し、被告人が犯罪行為を犯したとの告発が解決されない期間が長引き、無辜の被告人さえ有罪とされるかもしれない危険を高めることになる。したがって二重危険禁止条項の政策は、政府に被告発者を有罪とする一度限りの完全な機会を与えるよう命じており、また、最初の手続が被告人に有利な終局判断が下りて終結した場合、再度の公判はいかなるものであれ、阻止されるということを命じている。無罪の判断が示された後の再度の公判を禁ずる法理は、このより大きな原則を適用した一場合にすぎない。

裁判官または陪審の無罪の判断は必ずしも被告人の刑事責任（criminal culpability）がないことを立証するものではない。証拠に関する判断を誤り、そのために無罪とされる場合もあるし適用される法原理の解釈を誤ったために無罪とされる場合もある。かかる場合であっても再訴は阻止されると判示してきた。また、破棄後再度被告人を審理することが必要となる場合には無罪に対する政府の上訴を許さないとの法理は政府の刑事法を執行する利益を害し、誤った無罪を下された者が利益を受けることになることを我々は知っていたが、それでもなお一貫してこの法理を採ってきた。この理由は無辜であることが最初の公判で立証されたからではなく、政府が被告人に刑事責任を立証する機会を一度与えられたからであり、第二の公判を認めると政府は有罪獲得のチャンスを再度与えられ、立証上の弱点を補強することを許され、被告人は財政的・心理的な負担を課され生活の安定を害されるからである。政府は最初の公判で当事者として参加し、被告人に有利な判断を公判裁判官が誤って下すことのないように思い止どまらせればよく、そのためのあらゆる機会が政府に与えられているのであり、政府が説得できなければ再度の公判は阻止される。

終局裁判が形式的に「無罪」に当たるか否かが重要なのではなく、危険発生後、被告人に有利に公判が終了したか否かが重要である。法廷意見は構成要件に関する事実の点からみて被告人は無辜であるか否かという理由に基づく場合とそうでない場合とで再訴が阻止されるかどうかを区別するがこの区別は理由がない。双方の場合とも前述した二重危険禁止条項の阻止しようとする事態に関係する。無辜の多くは、被告人が構成要件に関する事実の点からみて有罪が無辜かという問題とは関係のない理由に基づき被告人が申立てをなし、この申立てに基づいて法に関する判断が下された結果なのである。例えば犯罪の成立範囲に関する判断、または信頼性のある証拠を排除するとの判断がそれである。

法廷意見の無罪の定義は不当に限定的なものであるのみならず、原理に従った適用ができない。「事件の一般的争点（general issue of the case）に関して公判で提出された事実に基づいて法律上の観点から下された判断」をいうとするのが伝統的な定義であり、この定義は公判で明らかにされた事実に基づく全ての「積極抗弁」に関する判断を含んでいる。法廷意見はこの定義を採らない理由を説明してもいなければ、二度以上の公判を禁ずる憲法上の政策の観点からも説明していない。法廷意見は起訴前の遅滞を理由とする抗弁を、精神障害の抗弁、罠の抗弁と異なるとしているが、この区別は合理性がない。三つの抗弁のいずれも法律上の犯罪の定義とは結びついていない。いずれの抗弁も公判で明らかにされた事実に基づいて用いられうるものである。もっと基本的には、いずれの抗弁の場合も、その抗弁に基づいて下された判断を上訴審が破棄した後に再度の公判を認めると二重危険禁止条項が阻止しようとするあらゆる弊害が生ずる。ジェンキンス、リーで述べられた基準は単純明快であり、そこに利点があった。だが、本件の法廷意見は実務上の混乱を生ぜしめる。罠の抗弁を法廷意見は消極的構成要件とするが、多くの法域では訴訟法上の抗弁とされている。このような法域では罠の抗弁は再度の公判を阻止するのであろうか。また除斥期間の抗弁の場合はどうか。本件法廷意見の立てた区別は恣意的であり二重危険禁止条項が阻止しようするあらゆる害を作り出すものである。少数意見はこのように述べて本件の公訴棄却に対する政府の上訴は阻止されるべきだとした。

以上がブレナン裁判官の意見である。

法廷意見の立場は、被告人が、構成要件に関する事実の点からみて有罪か無辜かということとは関係のない理由から公訴棄却を求め、裁判所が法廷意見のいう「無罪」に当たらない判断をした場合、政府の上訴は阻止されないとする。上訴で事実誤認の場合と、法令違背の場合を区別する合理的理由はあろう。後者は、再度の有罪立証の機会を求める場合には当たらない。また、法解釈、とりわけ基本権についてどのような解釈をとるのかについて、上訴審の審査が全く行えないことになれば、上訴の機能は果たせない。また、この憲法解釈、法令解釈についての審査は、本来の上訴の役割であって、圧政やハラスメントに当たる場合ではない。公訴事実に関する判断の場合と、それ以外の法律上の理由に基づく公訴棄却（ディスミッサル）の場合との、基本的性格の違いを踏まえた上訴の可否に関する判断が、法廷意見により示されている、と解することができる。

ミストライアルと公訴棄却（ディスミッサル）[94]では、基本的にその性格を同じくするものではないが、二重危険に関しては、両者の間で共通の基準が用いられる場合もある。

これまでみてきた諸先例からいくつかの点を指摘することができる。

グリーン[95]で判示された二重危険禁止条項の基本的考え方を基礎に、再度の有罪立証の機会の付与が二重危険禁止条項に違反すると解されてきており、被告人が再度の裁判により被る不利益を直視し、訴追側の正義を実現する活動を、同一犯罪行為に関して一度に限定し、再度裁判に付して、裁判をハラスメント、嫌がらせ、圧政のために利用することを阻止することに二重危険禁止条項の中心の狙いがあると解かされてきていること。

二重危険禁止条項との関連で問題とされるのは、裁判所の権威ある実体判断がいかなる場合に拘束力を及ぼすのか、どこまで及ぶかではなく、再度の裁判により被告人に課されることになる負担とその負担を課すかまたは利用するハラスメントに亙る刑事法の運用を禁止し、圧政を阻止する観点から再度の裁判の可否の問題が検討され、再度の裁判の遮断が検討されてきていること。

有罪・無罪の判断が示される以前の段階であっても、陪審が選任され、宣誓して裁判が始まれば、二重危険にいう危険が発生し、再度の裁判の可否が二重危険禁止条項との関係で問われること(96)。

その視点も、右のグリーンで判示された、二重危険禁止条項の狙い・目的に基礎を置いており、ハラスメントを加える再度の訴追や圧政に亙る再訴追、再度の裁判を禁止する観点からミストライアルやディスミッサル後の再度の裁判の可否が二重危険禁止条項との関連で検討されてきており、実体形成の有無という視点とは全く異なる視点に立っていること。

二重危険禁止条項は、再度の裁判により、再度、経済的、心理的、社会的負担を課し、圧政やハラスメントに亙る再度の裁判を禁止の対象としており、検察官が公訴事実に関し再度の有罪立証の機会を求める訴追裁量権の行使（再訴追）と、被告人の一度で裁判を終了させてもらう貴重な権利に十分な配慮を払わずに再度の裁判を開くことを認める裁判所の判断を禁止して、自由を保障する視点を重視していること。

ミストライアルは、基本的には再度の裁判を開くことを予定した手続打ち切りの裁判であるが、その場合でも、裁判官が、被告人がその裁判所（陪審）による審理を受ける権利を害することから保護する観点に立ち、その裁判所により手続を終了させてもらう貴重な権利があるとの視点に立って、被告人の同意なく裁判手続を終わらせる場合には、ミストライアルの必要が明白であることを要件とし、被告人がミストライアルを申し立てた場合には、原則的には再度の裁判は許されるが、政府がハラスメントを加えまたは有罪獲得の弱点を克服する意図で、被告人がその裁判所（陪審）による審理を受ける権利を害してミストライアルを申し立てざるを得ない状況に至らせる場合には、再度の裁判は阻止されること。

事実の点についての再度の有罪立証の機会を求める場合には、再度の裁判は二重危険禁止条項に違反し(97)、公訴棄却（ディスミッサル）の判断に関する上訴に関して、公訴棄却が法律上の理由による場合の政府上訴は二重危険禁止条項に違反しない(98)、とする区別をつける動向がみられること(99)。

有罪立証上の優位さを求めるためまたは無罪判決を避ける為に、公訴棄却または訴追の取り下げを用いて、再度の有罪立証により立証の強化を狙い、再度の有罪立証の機会を求める行為は、二重危険禁止条項に違反する立場が採られていること。

起訴状の記載の補正を許さない瑕疵に関しては、意図的な違反が関係する場合が二重危険違反の場合であり、過失による場合は二重危険禁止条項に違反しないと解する立場と、瑕疵のない起訴状を記載すべき責任は政府にあり、政府がその責を果たしていない場合には二重危険禁止条項により再度の公判が阻止されるとする立場が併存しており、意図的違反を重視する傾向が強いが、検察官の過失が関係する場合に、再度の裁判が阻止されるという説得的な立場も示されていること(100)。

その他の場合も、意図的な違反が関係する場合を二重危険禁止条項違反だとみる立場と、被告人には一度の裁判で手続を終了させてもらう貴重な権利があり、一度の手続で終了させることができるように配慮すべき義務が政府と裁判所の側にあると解して、政府に過失がある場合も二重危険違反に当たると解する立場が併存していること(101)。

以上のような参考とされるべき、重要な視点が示されている。

次に、前の有罪・前の無罪について考察する。

六　前の有罪・前の無罪

ここでは、無罪の効果を中心に検討する。無罪後の再度の公判の可否、無罪に対する政府上訴の可否、有罪判決に対し被告人が上訴し有罪が破棄された場合の破棄後の再度の公判の可否、有罪に対する被告人の上訴により有罪が破棄されて再度の公判が開かれる場合、最初の公判で起訴されたが有罪とされなかったより重い罪、大小関係にある罪の大きい方の罪について再度の公判を開くことができるか否か、等の問題を扱う。

無罪後の再度の公判が二重危険禁止条項に違反するかどうか、また、有罪判決を被告人が上訴し有罪が破棄された後の再度の公判が二重危険禁止条項に違反するか否かが問題となった事件にボール[102]がある。

三名の被告人が謀殺を理由に大陪審に起訴され、一緒に審理され、二名については有罪評決が回付され、他の一名については無罪評決が回付された。有罪と認定され、死刑を言い渡された二名が、本件の起訴では、有罪と認定され、死刑を言い渡された。本件の起訴状には、被害者の死亡時期または場所の摘示がなく、謀殺に関する適法な大陪審起訴状が回付されていないとの理由で上訴し、合衆国最高裁判所はこれを認め、大陪審による起訴の棄却を命じて差戻し、差戻審により公訴が棄却された。その後無罪とされた一名も含めて三名が謀殺に関する瑕疵のない大陪審の起訴状により起訴され、三名とも有罪の評決を受け、死刑を言い渡された。被告人らは再度合衆国最高裁判所に審理を求め、前の危険を理由に、第二の公判は阻止されると主張した。合衆国最高裁判所法廷意見は次のように判示した。

まず、無罪とされた被告人について、次のように判示した。

「正当に回付され受理された評決により無罪とされた被告人については、裁判所は釈放を命ずる以外にとり得る道はない。無罪の評決は終局的なものであり、誤りを理由とするものであろうとなかろうと、審査を加えることはできない。審査をすれば被告人を二度危険に置くことになり合衆国憲法に違反する。……無罪評決は、それにひき続いて判決が言い渡されていなくとも、同一の犯罪を理由とするその後の訴追を阻止する。」

最初の公判で有罪とされた二人については再度審理できるとした。

「前の有罪の抗弁は維持できない。なぜなら、被告人自身が求めた審査令状（writ of error）により、彼等に不利益な判決及び量刑が破棄され、大陪審による起訴が棄却されたからである。」

ボールではこの二点が判示された。

また、ボールを先例として、被告人が有罪の破棄を「求めた」ことを理由に、上訴審による破棄が証拠不十分であるか否かを区別せず、新たな公判を認める立場に立つのは誤りであることが、バークス(103)で指摘された。ボール事件は、事件の事実に照らせば判るように、手続上の瑕疵を理由に破棄された場合である。第二点の判示後の展開については後に触れる。

次に、無罪に対する政府上訴が許されるか否かに関してみてみよう。この点についての判断はボールが示されても残されていた。

この問題を最初に判示したのはケプナー(104)である。

この事件はフィリピン諸島で起こった事件である。フィリピン諸島には連邦議会の法律により合衆国憲法の二重危険禁止条項の原理が適用されることが規定されていた。当時フィリピン諸島にはスペイン法が適用され、スペイン法では一審判決後上訴に基づき上訴審が覆審として審査できると定められていた。この手続に従って一審の無罪が政府の上訴により破棄された。

合衆国最高裁判所は被告人が有罪であるか無辜であるか否かを審理する権限を持つ第一審（the court of first instance）が被告人を無罪と認定した後は、たとえ上訴審においてであっても、実体について再度審理するのは被告人を同一の犯罪を理由に二度危険に置くことになる、と判示した。ホームズ裁判官は、危険は「継続する」との立場を表明する反対意見を執筆した。

この事件は直接的には連邦議会の法律に基づいているが、合衆国憲法の二重危険禁止条項について判示したものと判例上理解されているといえる(105)。ホームズ裁判官の危険継続論を論拠とする立場は、その後の合衆国最高裁判所の法廷意見として、公判裁判所と上訴審の関係を説明するために採用されたことは一度もない(106)。無罪判決に対する政府上訴が認められる場合のあることがウィルソン(107)で示されたが、これも、政府の上訴が成功した後に再度の公判が必要とされない場合に限られる(108)。

公判裁判所で下された無罪の判断が誤った理由に基づいている場合、この無罪を審査することができるのか否かについて判示した先例にフォン・フー(109)がある。

公判裁判所の裁判官は無罪評決を下すように陪審に指示し、この指示に従った無罪評決が下され、無罪判決が下された。これに対し政府はマンディマス令状（writ of mandamus）を Court of Appeals に申請した。Court of Appeals は公判裁判所には無罪表決を指示する権限はなかったとして政府の申請を認めた。

合衆国最高裁判所はこれに対し次のように判示した。

公判裁判所は無罪の終局判決を下して公判を終了した。Court of Appeals が、無罪の評決は実にひどい誤った理由に基づいていると考えたのは理由のないことではない。にもかかわらず、この無罪の評決は終局的であり、審査することはできない。この無罪を審査するのは被告人を二度危険に置くことになり合衆国憲法第五修正に違反する。このフォン・フーは現在も維持されてている。一九七八年のサナブリア[110]では、公判裁判官が起訴状の解釈を誤って証拠を排除し、その結果無罪が下されたが、この無罪を審査することはできないとした。

このように無罪判決の審査は無罪が誤った理由に基づく場合であっても許されないと判示されている。無罪後の再度の公判は阻止され[111]、上訴で政府が成功した後の公判が必要とされる場合は、政府の無罪に対する上訴は阻止される[112]。この結論は、裁判官により無罪が下された場合にも変わりはない。二重危険禁止条項は裁判官による審査の場合（bench trial）と陪審による審理の場合（jury trial）を区別していない[113]のであり、二重危険禁止条項の内容とされる法理は両者に適用されるといえる。

マーティン・リネン・サプライ・カンパニィ[114]では、連邦刑事訴訟法規則二九条（C）項に従って下された裁判官による無罪判決に対し政府が上訴することはできないと判示された。

刑事事件にあって合衆国は、連邦議会が明文で上訴を認めた場合でなければ上訴ができなかった[115]。合衆国の上訴は一九〇六年の刑事上訴法（Criminal Appeals Act, 34 Stat. 1246）で認められたが、政府が上訴できる場合は限定されていた。この法律は、その後改正が重ねられた。この刑事上訴法は合衆国法典タイトル一八、三七三一条になり、この三七三一条は、一九七一年に改正され現在の三七三一条となるに至っている。この改正で政府の上訴に対する法律上の制限はなくなり、代わって二重危険禁止条項による制限が課せられることになった。この改正により政府の上訴と二重危険禁止条項との関係が正面から問題とされることになったので、刑事事件において合衆国が上訴できるのはどのような場合かを、より正確に決めるために二重危険禁止条項を支える政策をより綿密に検討することが必要となったのである[116]。

この様な背景の下で、ブレナン裁判官は法廷意見を執筆し、次のように判示した。

二重危険禁止条項は再訴追に向けられているのであって、少なくとも政府が上訴をすると新たな公判が必要となるというのでない場合には政府の上訴に向けられたものではない[117]。

二重危険禁止条項の狙いは再度の公判（multiple trials）を禁止することにある。再度の訴追を禁止するという二重危険禁止条項の核心には、同一犯罪行為を理由に国家が市民を意のままに第二の公判に服させるのを許すのは政府に有力な圧政の道具を与えることになるであろうという懸念がある[118]。二重危険禁止条項は、それゆえ、国家が被告人を有罪とする試みを繰返し行うのを許してはならないことを保障している。繰返し同一の犯罪行為で有罪とすることを試みるのを国家に許すと、被告人がたとえ無辜であっても有罪とされる危険が高まり、被告人は困惑させられ、出費を余儀なくされ、試練に立たされ、不安と安全喪失が引き続く中で生きなければならなくなるからである[119]。

ボール、ケプナーで結論的に述べられた法理を支える理由は、右のグリーンで判示されたこの二重危険禁止の狙い・目的に求められるのである。

さて、無罪が下った後に政府が再訴追し、上訴した場合とは異なり、公判裁判所で被告人が有罪とされ、この有罪に対し被告人が上訴し有罪が破棄された場合、差戻して被告人を再度その公訴事実で公判に付すことができるのかどうかの問題に触れよう。

先にボールに触れたところで、ボールが判示した第二点として、有罪判決の破棄を求めて被告人が上訴し、有罪が破棄された場合、被告人を再度公判に付することができると判示したことに言及した。この判示を出発点として、ブライアンが下された[120]。

ブライアンでは、被告人が政府の立証後、無罪判決を求める申立てをし、全ての立証活動が終了した後に再度無罪判決を申し立てたが、有罪の評決を受け、この後、被告人は無罪判決を求める申立てをさらに行い、この申立ての予備的申立てとして新たな公判を求める申立てをしたが、これらの申立ては全て却下され、被告人が上訴し、上訴審は有罪を証拠不十分で破棄し、新たな公判を開くよう差戻した。申請人は再度公判を受けるように求めることは彼を二度危険に置くことになると主張した。

合衆国最高裁判所法廷意見は、申請人が有罪判決の破棄を求めそれを獲得したのであり、新たな公判に二重危険禁止効は及ばない、と判示した。

このブライアン事件以後に下されたサピア、[121] イェイツ、[122] フォアマン[123]を総合すると、救済策の一つとして新たな公判を求めた被告人は、たとえ被告人の有罪が最初の公判での立証が不十分であったことを理由に破棄された場合でも、再度公判に立つよう求められるとの立場が少なくとも出てくる。

合衆国最高裁判所法廷意見はこの立場に一九七八年のバークス[124]で変更を加えた。

申請人バークスは公判裁判所で精神障害の抗弁を提出したが、陪審により有罪と認定された。バークスはこの後新たな公判を求める申立てをしたが却下された。バークスは上訴し、上訴審は、政府は被告人の提出した精神障害の抗弁に効果的な反駁をしていないとしてバークスの有罪を破棄し、無罪の指示評決が下されるべきか、あるいは新たな公判を命ずるべきかを判断させるため District Court に差戻した。この差戻の根拠として、破棄差戻権限を上訴審に認めている合衆国憲法法典のタイトル一八、二一〇六条[125]とブライアンを引いた。バークスでは、上訴審（reviewing court）が、原審の公判で提出された証拠は陪審の評決を支えるには不十分であると判断したとき、被告人を再度公判に付することができるのかどうかが問題になった。

バーガ首席裁判官が法廷意見を執筆し次のように判示した。本件の審理または判決に加わらなかったブラックマン裁判官を除く全員一致の判断である。

本件では申請人が新たな公判を求める申立ての却下に対し上訴をしていることを前提とすると、先例によればCourt of Appeals には破棄差戻権限がある。違った立場に立つには先例の変更が求められる。

上訴審の判断は正しいか否かは別として構成要件の事実に関する要素の全部または一部の存否を解決した判断であり、上訴審の判断は被告人の責任（culpability）が立証されていないとする判断である。上訴審がそうすべきだと述べたように判断していれば、申請人を同一犯罪で再度公判に付すことはできなかったのである。証拠不十分と判断した裁判所が公判裁判所か上訴審かにより違いを認めると、本件の申請人のような立場にある者と公判裁判所の正しい判断により利益を享受する者との間に恣意的な区別をすることになる。二重危険禁止条項は検察官が最初の公判で提出しなかった証拠を提出するもう一つの別の機会を与える目的で第二の公判を開くのを禁じている。これが再度の公判を禁ずる目的の核心をなす。二重危険禁止条項は国家が同一の犯罪行為を理由に被告人を何度も訴追し、無辜が有罪とされる危険を高め被告人に財政的、心理的負担を課し、被告人の生活の安定を害すること禁じている（グリーンでの判示）。先例は二重危険禁止条項の命ずるところを正しく解釈しておらず変更が求められる。ブライアンはレスウエーバー[126]、トロノ[127]を引くが、両先例はボールを先例として引く。したがってボールが出発点をなすが、ボールでの有罪破棄の理由は証拠不十分ではなく、大陪審の起訴状には致命的な瑕疵があること、すなわち公判手続上の誤り（trial error）の場合である。有罪判決に至る手続中に誤りがあったため有罪が破棄された被告人を政府が再度公判に付すのを二重危険禁止条項は阻止するものではない。公判手続上の誤りを正すため、再度の公判を認めるのは、このような場合にあらゆる被告人が処罰を免れるとすると、社会は高価な代償を払うことになるからである。この理由が、公判手続上の誤りの場合、再度の公判を許す理由のうちで最も合理的なものである。このような手続上の誤りがあったとの判断は被告人の有罪か無辜かに何ら触れるものではない。この場合、有罪者が確実に処罰されるよう社会が正当な関心を持つのと同様に、被告人は有罪について誤りのない状態で再度公正な判断を受ける強い利益を有する。有罪が証拠不十分を理由に破棄された場合には同じことがいえない。証拠不十分を理由とする破棄の場合、検察側はどのような証拠であれ、集めることのできた証拠を提出する機会を一度与えられたのである。その上、上訴審によるかかる破棄は、政府の証拠はあまりも不十分で陪審の評議（summit）に委ねられるべきでさえなかったということを意味する。陪審の下した無罪の評決にはそれがいかに誤ったものであっても絶対的終局性を与えているので、上訴審が陪審は有罪評決を適法に答申することはできなかったと法律問題として判断した場合も新たな公判は認められない。被告人は新たな公判を申立てたことで無罪判決を受ける権利を「放棄」したのだとはいえない。その上、二一〇六条は被告人の求めた救済を超えて裁判所が救済を選択してもよいとしている。上訴審が法的にみて、証拠不十分であると一旦認定すると、二重危険禁止条項により再度の公判は阻止されるので、その上訴審が選択できる唯一の正しい救済策は無罪判決を命ずることである。先例が、新たな公判を申立てると被告人は証拠不十分を理由とする無罪判決を受ける権利を放棄したことになると示唆している限度で、先例を変更する。このように判示して Court of Appeals の判断を破棄し差戻した。

このように法廷意見は、「二重危険禁止条項は検察官が最初の公判で提出しなかった証拠を提出する、もう一つの別の機会を与える目的で第二の公判を開くのを禁じている」とし、証拠不十分を理由とする破棄の場合には検察側は証拠を提出する機会を一度与えられたのだから、再度公判を開けないとした。公判手続上の誤りの場合、再度の公判を認めるのは、最初の公判で提出できなかった証拠を提出する別の機会を与えることにはならないからであり、公判手続上の誤りの場合も再度の公判を開けないとするのは社会が高価な代償を払うことになるからである。証拠不十分を理由とする破棄と公判手続上の誤りを理由とする破棄を区別して扱うとの判断を、上に述べた理由により示した点で本件は重要である。構成要件に関して事実の点で有罪立証を行う「別の機会」を与えてはならない理由は、法廷意見に示されているように、二重危険禁止条項の狙いに関するグリーンでの判示に求めることができる。

上訴審で有罪が破棄され、その破棄された罪と全く同一の罪についての再度の公判が許されるかということをバークスを中心にみてきたが、今度は有罪判決が破棄されて再度の公判が開かれる場合、最初の公判で起訴されたが有罪とされなかったより重い罪、大小関係にある罪の大きい方の罪について再度の公判を開くことができるかを扱った先例についてみてみよう。

一九〇五年に下されたトロノ事件[128]では、被告人らは公判裁判所で謀殺について無罪、謀殺に包含される犯罪である傷害について有罪とされた。被告人全員が有罪判決と量刑に対し上訴をしたところ、上訴審は公判裁判所の判断を破棄して被告人らをホミサイド（実質は第二級謀殺罪）で有罪と認定し、公判裁判所よりも重い量刑をした。被告人らは、「何人も同一の犯罪で再度危険に置かれることはない」と定めたフィリピン諸島に適用される連邦議会の法律に違反すると主張して合衆国最高裁判所に審査を求めた。

合衆国最高裁判所は、被告人が有罪判決の破棄を求めて上訴し破棄判決を獲得すると、判決全体の破棄を獲得したことになり、大小関係にある犯罪の大きい方の犯罪について既に無罪とされているとの抗弁を用いる権利を放棄したことになると判示した（複数意見）。トロノでの、前の無罪の抗弁を「放棄」したとの考え方は、グリーン[129]で実質的に変更されたとみることができる。グリーンは、トロノをその事件の事実に狭く限定し、トロノは法律上の問題を扱ったものだとし、トロノを変更するとは判示しなかったが、「放棄」と考えるのはおかしいことを指摘しており、この意味で実質的には、上訴により二重危険禁止条項違反を争う権利を「放棄」したとみる考え方を先例とはしないとの立場を示したものと解することができるであろう。

一九五七年のグリーンは、二重危険禁止条項がいかなる視点から考えられなければならないかを示した点で重要であるとともに、その他にも、はじめの公判で起訴されたが有罪とされなかった罪について、被告人が有罪判決を上訴し成功した後の再度の公判で、はじめの公判で有罪とされなかった罪で公判に付し有罪とするのは二重危険禁止条項に違反するとの判断を示した点で重要である。

グリーン事件の事実の概要は次のようなものである。被告人グリーンは二つの訴因で大陪審に起訴された。第一訴因は放火で、第二訴因は放火の結果一婦人を死に至らしめたとの訴因であった。第二訴因は、真実であれば、第一級謀殺で死刑を科される犯罪であった。陪審による審理が行われた。公判裁判官は、両当事者が証拠を提出した後、陪審員に、第一の訴因による放火については有罪を認定でき、第二の訴因により、（一）第一級謀殺罪または（二）第二級謀殺罪のいずれかでグリーンの有罪を認定できると説示した。陪審はグリーンを放火と第二級謀殺で有罪であると認定したが、第一級謀殺で有罪と認定せず、第一級殺人の点については評決では何も述べられていなかった。この評決を公判裁判官は受理し、グリーンは、放火について三年、第二級殺人について五年から二〇年の拘禁刑の量刑を受けた。グリーンは第二級謀殺による有罪に対して上訴した。Court of Appeals はこの有罪を証拠不十分であるとして破棄し新たな公判を開くよう事件を差戻した。グリーンは差戻しに基づいて当初の訴因により第一級謀殺について審理され、第一級謀殺で有罪とされ命令的死刑（mandatory death sentence）の量刑を受けた。グリーンは再度上訴したが、Court of Appeals はトロノに従って前の危険の抗弁を却下し、この有罪を確認した。サーシオレイライが認められた。合衆国最高裁判所はブラック裁判官が法廷意見を執筆し、原審判断を破棄した。

法廷意見は、無罪の評決は終局的であり、無罪が誤ったものであることが明らかな場合でも、政府が再度の公判を求めることができない理由を、二重危険禁止条項の狙いに関するグリーンでの判示に求め、それに基づいて次のように判示した。

被告人が上訴して有罪の破棄を獲得した場合、同一犯罪で被告人を審理することができるとされるが、この理由を大抵の裁判所は、被告人が有罪判決の破棄を求めたことで前の無罪の抗弁を「放棄」したからだとした。危険が継続するからだとした裁判所もある。だが、本件はこの場合と異なる。グリーンは第一級謀殺について無罪とされている。その理由は、(一)第一級殺人について陪審は黙示的に無罪の評決を下したものとみることができること、(二)陪審はある評決を答申する完全な機会を与えられたのであり、これを阻止する例外的な情況は何らないという二点にある。前の危険の観点からは本件は陪審が第一級謀殺罪について無罪、第二級謀殺罪について有罪の評決をはっきりと回付した場合と何ら異ならない。被告人が上訴をしなければまたは上訴をしても成功しなければ第一級謀殺について被告人は再度公判に付されることはなかった。それにもかかわらず、政府は、被告人が第二級謀殺について上訴し成功したことで第一級謀殺についての前の無罪の抗弁を「放棄」したと主張する。だが、誤って下された有罪の破棄を獲得するため、有罪とされず、被告人の上訴にも含まれていない、異なった犯罪である第一級謀殺罪について前に危険に置かれたという憲法上の抗弁を「放棄」するとの選択をしたというのは全くのフィクションである。グリーンには意味のある選択権は全くなかった。憲法上保障されている権利を放棄しなければ収監者は致命的な誤りを矯正することができないというのが、被告人の上訴により有罪が破棄された後に再度の公判を認める法の立場であるとは思われない。さらに、危険が継続するとの主張は本件ではグリーンが第一級謀殺で有罪とされたのではなく、また、グリーンの上訴に第一級謀殺は含まれてはいなかったのであるから、この考え方は本件には適用されない。トロノはその事件の特定の事実を超えて適用されるべきものではなく、本件には適用されない。トロノは法律規定の解釈を扱ったものである。グリーンを第一級謀殺罪で再度公判に付したのは、第五修正の文言と精神に反する。

このように述べて Court of Appeals の判断を破棄した。

この法廷意見には、危険は継続するとの立場からのフランクファーター裁判官による、バートン、クラーク、ハーランの各裁判官の加わった反対意見がある。

次に、謀殺で大陪審により起訴され任意故殺と認定されて有罪判決を受け被告人が新たな公判を求め破棄を獲得した後の再度の公判で、謀殺罪で陪審により審理され有罪とされたのは二重危険禁止条項に違反しないと判示したブラントレイ対ジョージア(130)の変更を明言した、プライス対ジョージア(131)をみてみよう。事案はグリーン事件と少し異なる。

被告人は謀殺罪で大陪審により起訴され、謀殺に含まれる小さい方の犯罪である任意故殺で陪審は有罪を認定し、一〇年から一五年の収監刑が言い渡された。陪審の評決は謀殺に触れていなかった。州の上訴審は陪審への説示が誤っていたとの理由で有罪を破棄し、新たな公判を命じた。被告人は新たな公判で謀殺罪を理由に公判に付され、陪審は任意故殺で有罪を認定し一〇年の収監刑を定めた。第二の公判は二重危険禁止条項に触れるか否かが問題となった。

バーガ首席裁判官が法廷意見を執筆し次のように判示した。

二重危険禁止条項により禁ぜられるのは二度処罰することではなく被告人を二度公判に付すことである（ボール）。合衆国憲法の「二度危険に置かれる」(twice put in jeopardy) という文言は、被告人がはじめに審理された罪と同一の犯罪で第二回目に有罪とされる可能性、すなわち、危険（risk）をいっているのである。グリーン事件では、最初の公判で起訴されたが評決で触れられなかった第一級謀殺罪について、（一）黙示的に無罪とされている、（二）第一級謀殺罪についての危険は最初の陪審がある評決を答申する完全な機会を与えられ、第二級謀殺について評決を下したときに終わっているという二つの理由から、第一級謀殺についての審理は許されないとしたが、この構成が本件にも当て嵌まる。本件で申請人は大小関係にある大きい方の犯罪について再度の公判で有罪とされず、この点グリーン事件と異なっているが、両事件とも大きい方の罪で有罪とされる危険（risk）は同じであり、二重危険禁止条項は公判に付され有罪とされる可能性または危険（risk）という観点から書かれているのであって処罰（punishment）という観点から書かれているのではない。また、評決の究極的な法的結果という観点から書かれたものではない。第二の公判で謀殺で有罪とされる危険があることに照らせば、また、謀殺の公訴事実が陪審に及ぼす影響を考慮すると、第二の危険（jeopardy）は、判決結果に影響を与えないとはいえない。

こう判示して、謀殺による有罪を破棄した。そして、任意故殺で再度被告人を公判に付せるか否かは州法の解釈と州の裁判所が救済命令を発する権限により左右されるので、事件を州裁判所に差戻した。本件では右の判旨で触れた他に、上訴すると大きい方の犯罪について前の無罪の抗弁を放棄したことになるとの考え方はグリーンでトロノが法律解釈に関する事例だとしたことで制限されており、また危険が継続するとの立場を合衆国最高裁判所法廷意見は一貫して却けてきたことを指摘して、ブラントレイ対ジョージアを変更すると述べている。

このように、グリーン、プライスは、大小関係若しくは軽重関係にある、大きい方の罪について起訴され、陪審が小さい方または軽い方の罪について有罪を下し、この有罪に対して被告人が上訴し成功して再度の公判が開かれる場合、その再度の公判では大きい方若しくは重い方の罪について審理に付すことができないとの法理が示されたといえる。[132] プライスは、結果的に処罰されなければ足りるというのではなく、既に危険が終了した大きい方の罪、重い方の罪について審理することができないということをより一層明確にしたといえる。プライスの法廷意見は「二重危険禁止条項は公判に付され有罪とされる可能性または危険という観点から書かれているのであって処罰という観点から書かれているものではない。」と指摘して、再度第一級謀殺で告発され公判に付されることは軽く考えられるべき試練ではなく、公判に附すこと自体が阻止されると説いている。バーガ首席裁判官は、スティグマ（犯罪者であるとの烙印押しの効果）を指摘する。この点は、ランゲ[133]が、一度有罪とされた者を同一犯罪で再度審理できない理由を説明して、それは再度有罪と認定される危険があるからではなく、再度有罪とされるとその法的帰結として刑罰が科されるからであり、二重危険禁止条項はその現実の危険（real danger）から被告人を保護しているのだと判示していたが、それとは違った観点から考えることを明確にしたといえるであろう。

また、法廷意見は「処罰という観点から書かれたものではない」と述べているが、これは、二重危険禁止条項は同一の行為を理由に再度処罰するのを何ら阻止するものではない、という意味ではないと考えられる。ピアスにも示されているように、有罪に対し被告人が上訴し、有罪が破棄されその後の再度の公判で再度被告人が有罪と認定されて量刑を受けた場合、はじめの有罪後既に執行を受けた刑を再度の公判による有罪の量刑から差し引かないというのであれば、これはやはり二重危険禁止条項に違反しよう。法廷意見は再度の公判自体が阻止されるという意味で前述の判示をしていることに留意すべきであろう。

これまで最初の公判で訴追された罪について無罪が言い渡された場合を取上げてきた。二重危険禁止条項が無罪に与えている効果を要約してみると、

① 公訴事実に関して無罪が言い渡されると、陪審による評決の場合であれ、裁判官により下されたものであれ、またその無罪が誤ったものであれ、正しいものであれ、被告人を再度公判に付すことはできない[134]、

② 政府が上訴し成功すると（事実認定に関する）新たな公判を開かなければならない場合、無罪に対する政府による上訴は許されない[135]、

③ 有罪判決を下された被告人が新たな公判を求めた場合であっても、上訴審が証拠不十分を理由に破棄した場

合、新たな公判を開くことができないが、公判手続上の誤りを理由とする場合には開ける。(136)

④　大小関係にある罪の大きい方の罪で起訴されたが陪審の評決には小さい方の罪で有罪であるとしか触れられておらず、被告人がその有罪に対して上訴し破棄を獲得した場合、その後に差戻して再度の公判を開ける場合であっても、小さい方の罪についてしか再度の公判を開くことはできない。大きい方の罪については既に無罪とされて危険は終了しているからである。(グリーンでは、第一級謀殺と第二級謀殺は別罪であるとしているが、この場合でも、陪審の評決で触れられなかった罪については再度の公判に付することができないのは上の場合と同じである。(137))

前の有罪の場合について特に言及していないが、この場合も再訴が阻止されることに変りはない。(138)

無罪の場合も有罪の場合も、再度の公判が阻止される理由は、グリーンで示された二重危険禁止条項の狙いに求めることができる。バークスはグリーンで示された二重危険禁止条項の狙いに拠って、二重危険禁止条項は最初の公判で提出されなかった証拠を提出するもう一つの別の機会を検察官に与える目的で第二の公判を開くのを阻止しているとの立場を示し、証拠不十分を理由に公判裁判所の判断が破棄された場合、再度被告人を公判に付すことはできないとして、再度の公判が許される場合に制限を設けた。無罪に対する事実の点での政府の上訴が二重危険禁止条項に反するのは、陪審の場合に限られない。陪審制を採るから無罪に対する上訴を認めないというのではあるまい。裁判官による無罪に対して政府は破棄後再度の公判が求められない場合を除き上訴できないとされているし、(139)二重危険禁止条項については陪審による裁判と裁判官による裁判（bench trial）を区別して扱う理由はない。(140)グリーンで示された二重危険禁止条項の狙いはいずれの場合にも妥当するのである。

政府の上訴について厳格に制限する立場を採るのは、英米法が公判裁判所は対審構造・論争構造（adversary）であるのに対し、上訴審は事後審査審である（review）ということとも関係があろう。(141)

無罪がひどく誤った理由に基づく場合であっても政府の上訴を認めない（破棄後再度の公判が求められない場合は除く）との立場は幾つかの論文で批判されたが、合衆国最高裁判所はこの立場を変えていない。[142] だが、例えば、公判裁判所が誤って違法収集証拠だと判断しそれを排除したため無罪が下ったような場合、検察側は有罪を立証する一度限りの機会を奪われていることになるだろう。また、憲法に関する判断を上訴審がなしうるようにしておく必要は高い。

以上、無罪が下った場合の二重危険禁止条項に関する効果をみてきた。だが前述したところは再度の公判（上訴及び上訴で有罪が破棄された後の再度の公判も含む）が最初に起訴されたのと全く同じ罪について開かれた場合であった。次に、再度の後訴が最初の公判で問題とされた罪と完全に同じではない罪についてなされた場合、その後訴は遮断されるのか否かをみてみよう。

七　再訴遮断の範囲

合衆国憲法第五修正により再度危険に置くことを禁じられる「同一犯罪行為」（the same offense）とはどの範囲をいうのかを定めるに当たり、合衆国最高裁判所が採ってきた基準は同一証拠の原則（the same evidence test）といわれる基準である。[143] 合衆国最高裁判所の採った同一証拠の原則の内容は、一つの行為（an act or transaction）が二つの異なった刑罰法規に違反する場合、「それぞれの規定が他方の規定では要件とされていない別の事実の立証を要件としているかどうか（一方の規定で要証事実とされてはいない事実を他方の規定が要証事実としているか否か）」によって「同一の犯罪行為」か否かを決めるというものである。[144] この基準はイギリスのヴァンダーコウム事件[145]に由来し、合衆国ではマサチユセッツ州のモーレイ事件[146]がヴァンダーコウム事件の立てた同一証拠の原則に大きな変更を加えて右に述べた同一証拠の原則を採用した最初の事件であった。このモーレイ事件で示された同一証拠の原則を合衆国最高裁判所が採ったのである。[147] 同一証拠の原則には幾つかのヴァリエイションがあるが、[148] ここでは合衆国最高裁判所の採っている同一証拠の原則に目を向けてみよう。合衆国最高裁判所は右に述べた同一証拠の原則を再訴追が許されるかどうか判断する基準として用いるのみならず、[149]（一つの行為から生じた数個の罪が一つの公判に付された場合）刑を併科し異時執行してもよいかどうかを決める基準としても用いた。[150] 継続犯について分断して訴追することは禁じられており、[151] また、付随的禁反言によって再訴が阻止される場合を拡げてきているが、[152] 合衆国最高裁判所はまだ同一証拠の原則を捨ててはいない。[153] 合衆国最高裁判所は一つの公判に付された数個の罪を併科してよいかどうかについて二重危険禁止条項の適用があるといってはいるが、[154] どちらかといえば、議会の意思を考慮して併科するか否かを決めるとのアプローチを示してきているように思われる。[155]

以下では、再訴が許される範囲を中心に検討する。

再訴追が許されるか否かを扱ったヴァンダーコウム[156]で同一証拠の原則が採られ、再訴が遮断される範囲を狭く限定した背景には、訴因と立証のわずかな食い違いを理由に無罪が下り、訴因の変更が認められていなかったという当時の事情がある。[157] だが、かかる事情は今日では消失しているといえる。訴因の告知機能を害することがなければ被告人に不利益を与えることにはならないし、訴因の変更も訴因の告知機能を害しない範囲で認められるのである。[158] このような事情の変化に加え、刑罰法規の数が増大し、刑罰法規の重なりあいも生じた。[159] このような情況の下では一つの犯罪行為が数個の刑罰法規に触れるという事態は普通に生ずることになる。かかる事情の下で同一証拠の原則を適用し続けるのは一度で訴追できる犯罪を小刻みに細切れ訴追し、有罪立証が成功するのを試す訴追を認め、被告人にハラスメントを加える訴追を許し、検察官が望む量刑を得られるまで訴追を繰り返すのを許すことになるのである。かかる訴追は不当に被告人に財政的・心理的負担を課し生活の安定を欠かしめ、無辜が有罪とされる危険を高めることになる(160)。また、国の財源の浪費でもある(161)。同一証拠の原則が妥当した背景が消失し、逆に同一証拠の原則に従い続けると被告人にハラスメントを加え、苦痛を課すための訴追や圧政に亙る起訴を許すことになるので、同一証拠の原則を捨ててもっと広い原則を採るべきだとの主張が論文(162)や立法提案を通じてなされてきたのであった(163)。

かかる背景の下で合衆国最高裁判所は一九七〇年のアッシュ(164)で同一証拠の原則による再訴遮断の範囲の狭さを克服する判断を示したが、未だ完全に離脱するには至っていない(165)。一九七七年のブラウン(166)、ジェファーズ(167)では、同一証拠の原則によって再訴が阻止されると判示して、複数意見ではあるが同一証拠の原則を採ることを合衆国最高裁判所は示している。以下ではまずアッシュ、ブラウン、ジェファーズの順に検討する。

アッシュ事件(168)の概要は次のようなものであった。六人の者が地下室でポーカーをしていたところに突然三人または四人（三人か四人かは不明）のマスクをして武装した男が侵入してきて六人の金品財物を奪い、被害者の一人の車で逃走した。四人の者が逮捕された。申請人は六人のうちの一人に対する強盗で訴追されたが、申請人が強盗の一員であるとの点について国家の立証は弱く、陪審は、証拠不十分による無罪の評決を下した。この後、申請人は前訴の被害者とは別の被害者に対する強盗罪で訴追された。証人はほとんど同じであったが、今回は申請人が犯人であることについて証人たちの証言は前よりもかなり強くなっていた。今回は陪審は有罪の評決を下した。申請人は、前の危険の抗弁を理由に争ったが州では成功せず連邦人身保護手続でさらに争ったが、連邦下級審は申請人の申立てを却下した。これにサーシオレイライが認められた。

ステュワート裁判官が法廷意見を執筆し次のように判示した。

付随的禁反言（collateral estoppel）は第五修正の二重危険禁止条項の内容をなし第一四修正により州にも適用される。

附随的禁反言とは、「有効で終局性のある判決によって究極的な事実に関するある争点が一旦決せられたら、その争点を将来の如何なる訴訟においても同一の当事者間で再度争うことができない」ということを意味するにすぎない。前の訴追での無罪判決が一般評決に基づいている場合、附随的禁反言の適用をみるためには、裁判所は、答弁(pleading)、証拠、説示その他の重要な事柄を考慮して記録を検討し、陪審が合理的に思考したとすれば、被告人が考慮されるのを阻止しようとした争点以外の争点に評決を基づかせることができたか否かを結論しなければならない。この検討は実際的な枠組の中でなされなければならず、前訴の手続に関する全ての事情に目を向けて検討しなければならない。本件でははじめの陪審の前で争われた唯一の争点は、被告人が強盗の一員であったか否かであると考えるのが合理的である。最初の陪審はこの点について申請人は強盗の一員ではなかったと認定している。したがって、附随的禁反言を採る連邦法からすれば本件の再訴追は阻止される。この連邦法理は第五修正の二重危険禁止条項の内容をなし、第一四修正により州にも適用される。二重危険禁止条項は無罪とされた者が再度の裁判に付される(run the gantlet a second time) ことのないように保護している。本件では申請人は強盗の一員ではないと最初の陪審により判断されている。国家は最初の訴追での被害者に対する強盗を理由に、申請人が犯人であることを示す最初の訴追と同じまたは異なる証拠を、異なった陪審はその犯人識別証拠をもっと説得的だと認定するかもしれないと期待して、再度提出することはできない。このことは、最初の訴追での被害者とは別の被害者に対する罪で再訴がなされる場合も、被害者が異なるという点は申請人が強盗の一員かという争点とは何ら関係がないから、同じである。本件で国家の側は、申請人について無罪が下った後、最初の公判を第二の訴追のための予行演習 (dry run) として扱ったことを率直に認めている。検察官は最初の訴追で有罪を立証することができると感じ、失敗すると、彼は最初の公判の出来事に照らして立証を強化したのである。このことは疑いがない。だが、かかる事態こそ二重危険禁止条項が禁じているものである。

法廷意見はこのように述べたが、ブラック裁判官、ハーラン裁判官、ブレナン裁判官は、それぞれ、個別の意見を執筆し、ブレナン裁判官の個別意見にはダグラス裁判官、マーシャル裁判官が加わった。バーガ首席裁判官はブロックバーガの同一証拠の原則によれば本件は別個の犯罪であるから再訴追は許されるとの反対意見を執筆している。ここではブレナン裁判官の意見が重要と思われるので、この意見をみてみよう。

ブレナン裁判官の立場は、二重危険禁止条項は附随的禁反言を含むとの法廷意見に同意するが、附随的禁反言の法理が本件に適用されないとしても本件の公訴は犯罪に関する一つのエピソード（one criminal episode）から生じたのであり、同一エピソードの範囲で成立する罪については、訴追をするつもりであるならば、非常に限定された場合を除いて、その罪全体を一つの公判に併合（join）することを二重危険禁止条項が求めるものだというものである。一つの犯罪行為、出来事、エピソード、または社会的行為（a single criminal act, occurence, episode, or transaction）から生じた全ての告発を、非常に限定された場合を除いて併合することを求めるという基準（"the same transaction" test）は、再訴追により被告人を苦しめるのを禁止するという二重危険禁止条項の持つ古くからの狙いを実現するのみならず、正義、訴訟経済、便宜を最もよく促進する。本件は同一証拠の原則がもともと持っている濫用される危険を明白にし、同一の社会的行為のテスト（"the same transaction" test）が必要であることを証明している。同一証拠の原則は細切れ訴追を許し、また数個の訴追を一つの公判に併合する検察官の権限を厳格に制限していたかつてのイングランドのコモン・ローの時代にはこの原則を採る理由もあっただろうが、合衆国では一つの社会的行為（criminal transaction）から生じた犯罪を全て一つの公判で訴追する裁量を、裁判官の統制に服するが、検察官に与えているのであるから、同一証拠の原則を採る理由はない。附随的禁反言より本件では後訴が阻止されたが、陪審が判断した争点が幾つかある場合には、附随的禁反言が働くのかどうか疑わしく、刑事手続の濫用を矯正するには同一の社会的行為のテスト（"the same transaction" test）を採るのが最も効果的である。

ブレナン裁判官は大略以上のような内容の個別意見を展開した。

附随的禁反言は最初は民事訴訟で発展してきたのであり、これが刑事事件でも適用された。[169] 連邦では、オッペンハイマー[170]から附随的禁反言を刑事事件で採ったとされる。連邦では、附随的禁反言は確立されたものとなったが、アッシュで初めて第五修正の二重危険禁止条項の内容をなすとされた。附随的禁反言は再訴追が阻止される場合を同一証拠の原則より拡げるものであることは確かだが、十分ではないことはブレナン裁判官が個別意見で指摘しているところである。附随的禁反言の持つ難点は、主として次のような点にある。

まず、「実際に争われ判断された」のでなければならないため、一般評決の場合、理由が述べられるわけではないので、どのようにしてある争点が判断されたかを決めるのかにある。[171] 本件では「答弁、証拠、説示、その他の重要な事柄を考慮して記録を検討し、陪審が合理的に思考したとすれば被告人が考慮されるのを阻止しようとした争点以外の争点に評決を基づかせることができたか否か」という基準をあげている。だが、争点が幾つかある場合には、同一の社会的行為から生じた、前の訴追とは別の罪を理由とする訴追を阻止し得ないことになろう。したがって、再訴を阻止しようとすれば争点を一つにして、他にも争点があるときにそれを持ち出さないようにしなければならないが、そうすると、他の有効な抗弁を持ち出さないために有罪とされる危険が高まってしまい、逆に全ての抗弁を提出すれば有罪とされる危険はより少なくなるがこれらの抗弁を提出したことによって附随的禁反言の効果を受けることができなくなってしまうというディレンマに陥ってしまうことになるのではないか。[172]

第二に、被告人の側に不利益に附随的禁反言を使えるのかという問題がある。この問題は否定的に解さるべきであろう。被告人には陪審裁判を受ける権利、証人尋問権がある点からすれば否定さるべきである。[173]国側は被告人の生命・身体・自由・財産を奪う場合にはその理由と必要を証明しなければならないのであるから、前訴で証明があることを理由に証明を省くのは、この裁判を受ける権利を侵害すると思われる。[174]合衆国最高裁判所はシムプソン[175]で、附随的禁反言は被告人に不利益にも適用されることはないことを明らかにしている。

合衆国最高裁判所は、同一証拠の原則では、再訴遮断の範囲が狭すぎるとの指摘がなされていた事情の下で、アッシュで、附随的禁反言が第五修正の二重危険禁止条項の内容をなすと判示し、同一証拠の原則よりも再訴が阻止される範囲を広めた。だが、この法理は、前述のように適用上の難点を抱えており、ブレナン裁判官の個別意見に示された、同一エピソード、同一の社会的行為（the same transaction）の方向への展開が必要だと思料されるが、合衆国最高裁判所は、以下にみるように、ブラウン、[176]ジェファーズ[177]でこの方向に進まず、同一証拠の原則を、唯一の基準でないとしながらも、確認している。

ブラウン事件の概要は次のようなものであった。ブラウンは一九七三年一一月二九日頃自動車を窃取し、九日後の一二月八日に車を運転しているところを逮捕された。自動車所有者の同意無く面白半分で自動車を乗り回した（joyriding）として起訴され、ブラウンは有罪の答弁をし、量刑を受けた。監獄から釈放された後ブラウンは二つの訴因で起訴陪審により起訴を受けた。一つは一九七三年一一月二九日の自動車窃盗の訴因であり、他は一九七三年一二月八日に面白半分で自動車を乗り回したとの訴因であった。ブラウンは両訴因について前に危険に置かれたとの異議を申し立てたが、ブラウンは後にこの申立てを撤回する申立てで、以前に危険に置かれたという申立てを裁判所が審理することを条件に有罪の答弁をした。この申立てに基づいて裁判所は二重危険禁止を理由とする申立てを却下し、量刑を行った。州の上訴審によりブラウンの上訴は棄却され、合衆国最高裁判所はこの事件にサーシオレイライを認めた。
パウエル裁判官が複数意見[178]を執筆し次のように判示した。

本件での問題は州法上大小関係にある、自動車窃盗と所有者の同意無く面白半分で自動車を乗り回す罪（joyridinng）が、二重危険禁止条項にいう「同一の犯罪行為」（the same offense）か否かである。面白半分に乗り回す罪（joyriding）は所有者の同意無く乗り物（vehicle）に乗る（take）又は運転する（operate）ことを構成要件とし、自動車窃盗は自動車の所有者から永久的に所持（possession）を奪う意図で面白半分での自動車の乗り回しをすること（joyriding）を構成要件としている。したがって、前者は、後者に包含される関係にある。二重危険禁止条項は同一犯罪行為を理由とする再訴追から保護すると共に、同一の犯罪行為を理由に再度処罰されることから保護している。二つの犯罪行為が刑の併科を許すほど十分に区別されうるものか否かを決める確立された基準は、ブロックバーガの基準である。「同一の行為（act or transaction）が二つの異なった法律規定に違反する場合に犯罪が一つか二つかを決めるのに適用される基準は、それぞれの規定が他方の規定の要件とされていない別の事実の立証を要件としているか否か（一方の規定で要証事実されている事実が他方の規定で要証事実とされているか否か）である。」このブロックバーガ[179]の基準は二つの犯罪行為の成立要件を強調している。一つの公判に付された二つの犯罪行為について刑を併科するのを阻止するという趣旨からみてブロックバーガの基準により同一であるならば、この二つの犯罪行為は必然的に再訴を阻止する趣旨からも同一である。本件の、自動車窃盗と所有者の同意無く面白半分で自動車を乗り回す罪（joyriding）は大小の関係にあり、この二つの犯罪行為はブロックバーガの基準からすると同一犯罪行為である。大小関係にある犯罪の場合常にいえることだが、小さい方の犯罪行為――本件では所有者の同意無く面白半分で自動車を乗り回す罪（joyriding）――は、大きい方の犯罪行為――本件では自動車窃盗――を立証するために求められる証明以上の証明を求められることはない。したがって、大小の関係にある二つの犯罪行為は同一（犯罪行為）である。大小関係にある犯罪行為のいずれが先に有罪とされたかという順序は重要ではない。二つの告発で日付が違っているという点は、同一犯罪行為であるという事実を変化させるものではない。複数意見はこのように述べ、第五修正及び第一四修正違反により、第二回目の有罪を是認したCourt of Appealsの判断を破棄した。

ブレナン裁判官は複数意見に示された理由ではなく、極端に限定された状況がある場合を別にして——本件にはない——一つの行為（act）、出来事（occurrence）、エピソード（episode）、または社会的行為（transaction）から生じた被告人に対する全ての告発を一つの手続で訴追するよう、第一四修正を通して州に適用される第五修正の二重危険禁止条項は求めるものだとの、アッシュの補足意見でブレナン裁判官が示していた立場から同意意見を執筆した。この意見にマーシャル裁判官が加わった。

バーガ首席裁判官、レーンクェスト裁判官の加わったブラックマン裁判官の反対意見は、ブラウンが自動車を窃取した後に、自動車の運転を止めたときが到来したのに違いなく、再度運転を別の場所で再開したのであるから、一一月二九日の行為と一二月八日の行為は別個であり、本件の第二の訴追は認められるべきだとした。以上が複数意見、反対意見である。

本件は一つの公判に付された数個の罪の刑を併科するのは二重危険禁止条項に反しないか否かを定める基準であるブロックバーガの基準が、再訴を許すかどうかを決める基準としても働くとの立場を示した。ブレナン裁判官はアベイト[180]の個別意見で、再訴追の問題と刑の併科の問題とは異なることを示し、アッシュの補足意見でもこの立場を確認していた。

また、いくつかの論文は、二つの問題を項を分けて論じ、関係する問題が異なることを示唆していたのである。[181]

再訴追に関する問題は一回で手続を終わらせる要請をどのように考えるかという問題であるのに対し、一つの公判に付された数個の罪を併科してよいかという問題は、手続を一回で終わらせるという関心とは別個の、一つの行為で刑罰法規により保護されている幾つかの異なる利益を侵害した場合、別個の法益の侵害を理由に被告人を重たく処罰してよいかという関心から処理される実体法上の問題であり、議会の意思の解釈の問題であるといえるだろう。(182) この点を複数意見は十分考慮しておらず、問題を混乱させたように思われる。

本件で重要なのはブロックバーガの同一証拠の原則を確認している点であろう。大小関係にある犯罪は同一証拠の原則により、いずれが先に訴追されたかにかかわらず、一方の訴追後の他方の訴追は阻止されるとして、大小関係にある犯罪に同一証拠の原則の及ぶ範囲を明確にした。複数意見はブロックバーガの基準が再訴が阻止される唯一の基準ではなくアッシュの附随的禁反言により、前訴と後訴の罪がブロックバーガによれば別罪とされる場合であっても再訴が阻止される場合があり、また、継続する法律違反を分断して二つの部分に分けて分断訴追することを、ブロックバーガを厳格に適用すれば再度の訴追が許される場合に当たるが、阻止したニールセン(183)があることを註で指摘している。本件では同一証拠の原則は大小関係にある場合も及ぶことを明確にしたので、アッシュ、ニールセンの適用があるか否かを考える必要はないと複数意見は述べている。本件は、したがって、同一証拠の原則の立場を採ったのでは再訴が阻止されない場合ではなかった。だが、アッシュ及び本件でのブレナン裁判官の示した、同一エピソードの範囲内にある罪を訴追するつもりであるならば一括して訴追することを求めてその範囲で再訴を遮断するとの立場を合衆国最高裁判所は採用するに至ってはいない。(184)

次に、ジェファーズ(185)について触れよう。ジェファーズはブラウン法理に例外を設定した、ブラウンと同じ日に下された事件である。

申請人は大小の関係にある二つの犯罪[186]で連邦起訴陪審により起訴された[187]。この二つの犯罪は同一の社会的行為から生じたものである。政府は、大陪審による起訴が答申された後に、二つの起訴を併合するように申し立てた（連邦刑事訴訟規則八条[188]、一三条[189]による併合審理）。申請人はこの併合審理の申立てに異議を申し立てた。裁判所は、政府の併合審理の申立てを却下して、小さい方の犯罪を最初に審理し、申請人は有罪とされ量刑を受けた。上訴でも有罪が確認され、サーシオレイライが否定された。大きい方の犯罪による公判が差し迫ると、申請人は、小さい方の犯罪で同一の犯罪を理由に既に危険に置かれており、ブロックバーガの同一証拠の原則により後訴は阻止されるとの理由から、大きい方の犯罪を理由とする後訴を棄却するよう求めた。二つの犯罪は別個だという理由で申請人の申立てが却下された後、申請人は審理に付され有罪とされ量刑を受けた。Court of Appeals は二つの犯罪は大小の関係にあり、通常はブロックバーガにより後訴は阻止されるが、イアネリ[190]は連邦議会が別個に処罰する意図であれば、大小関係にある犯罪を別個に処罰できるとする新たな二重の危険に関する法理を立てたと解釈し、本件にこの法理が当てはまり、したがって後訴は阻止されないと判示した。申請人はイアネリの解釈に異議を唱え、また、二重危険禁止条項により小さい方の犯罪を理由とする後訴は阻止されると主張してサーシオレイライを求め、合衆国最高裁判所は一部を確認し、一部を破棄・差戻した。

ブラックマン裁判官が複数意見を執筆し[191]次のように判示した。

本件の二つの犯罪は大小関係にある。ブラウンは、二重危険禁止条項は州または連邦の裁判所が大小関係にある犯罪の小さい方の犯罪で被告人が有罪とされた後に、大きい方の犯罪でその被告人を公判に付すのを禁じているとの一般原則（general rule）を確立した。また、順序が逆の場合にも二つの犯罪はブロックバーガにより「同一の犯罪行為」とされるから、後訴は阻止されることを改めて確認した。順序は重要でない。だが、ブラウン法理が適用されない例外がある。普通に認められている一つの例外は、大きい方の犯罪を構成するのに必要な全ての出来事が小さい方の犯罪の訴追が開始された時に生じていなかった場合である。[192] この例外はまた、大きい方の犯罪を構成するために必要な事実が最初の公判が開かれる前に当然に行うべき勤勉さ（due diligence）をもってしても発見されなかった場合にも適用される。[193] もう一つの例外は、被告人が大きい方の犯罪と小さい方の犯罪について別々に公判を開くよう求めた場合または併合審理に反対するのに関連して二つの犯罪が大小関係にあるかもしれないという問題を提起しなかった場合である。本件では小さい方の犯罪で有罪とされた後、大きい方の犯罪で訴追されることになった責任は専ら被告人にある。複数意見はこう述べて、申請人を有罪とした Court of Appeals の判断を確認した。

ホワイト裁判官は本件にはイアネリの適用があるとの理由から右に述べた複数意見の決論に同意した。

スティーヴンス裁判官は反対意見を執筆し、この意見にブレナン裁判官、スティグマ、マーシャル裁判官の各裁判官が加わった。反対意見は、複数意見が、併合審理の申立てに異議を申し立てると、二重危険の抗弁を失うことになり、再訴を受けないという憲法上の権利を守るために二つの犯罪が大小関係にあり二重危険禁止条項により再訴が阻止される関係にあることを検察側に告げなければならないとした点に反対した。

以上がジェファーズ事件の複数意見、同意意見、少数意見の要旨である。

複数意見の示すブラウン法理の例外として本件では、右のようないくつかの例外を設定した。本件の事実は、申請人が、併合に異議を申し立てた場合の例外に当たる場合である。本件の二つの犯罪（公訴事実）は、同時に訴追がされて、併合に異議の申立てがあったために、その異議を容れて公判が分離された場合であり、後から別訴が提起された場合ではない。両者は、行為で共通する面はあるものの、一方は、薬物の頒布及び所持の共謀であり、他方は、薬物法違反の犯罪業体におけるリーダーシップを採ったことを理由とする犯罪業体運営の罪であり、別個の罪を構成し、後者は、継続的反覆的に犯罪行為を行う犯罪業体における指導的役割を果たす行為を訴追する内容であるので、別個の犯罪行為であると評価できるものであろう。両者は、大小関係にあると評価されたが、順次起訴された場合ではなく、同時に訴追され、申請人（被告人）からの併合に関する異議が示されて、公判が分離された場合であり、同時訴追をすべき事件を同時訴追せずに、一方が終了してから他方を訴追した場合ではない。したがって、二重危険禁止違反はないとする法廷意見の判断は適切であると解してよいだろう。

以上で、ブラウンまでの合衆国最高裁判所の主要な判例をみて、再訴遮断に関する考え方の変化をみてきた[194]。合衆国最高裁判所はアッシュで附随的禁反言が二重危険禁止条項の内容を成すとして、従来の同一証拠の原則では、再訴遮断の範囲が狭すぎる難点を補う判断を示したが、ブラウン、ジェファーズに示されるように、依然として同一証拠の原則が採られてきているが、同一エピソード・テスト、同一の社会的行為のテスト（the same transaction test）を支持する合衆国最高裁判所裁判官の数も増えてきており[195]、理由づけの説得力に照らせば、合理的例外を設けた、かかるテストが採用されていくことになるのではなかろうか[196]。

さて、今度は、立法提案で再訴遮断がどのように考えられているかをみてみよう。

注目すべきものとして強制併合（法定併合 compulsory joinder）の制度を提案するＡＬＩの立場と連邦刑法典の立場がある。

一九五六年の模範刑法典は一〇八条（２）[197]で、ある者が二つ以上の犯罪で告発されており、その告発を、権限のある警察又は検察官が知っており、かつ、単一の裁判所が持つ裁判を行う権限の範囲内にある場合、裁判所が正義により分離公判が求められると判断して公判の分離を命じた場合を除き、（ａ）それらの犯罪が同一の行為に基づく場合、又は（ｂ）それらの犯罪が単一の犯罪目的を達成する意図を動機とする一連の作為若しくは不作為に基づく場合、及びその目的を達成するのに必要な若しくは附随する一連の作為若しくは不作為に基づく場合、又は、（c）それらの犯罪が一つの共通の目的若しくは計画を動機とする一連の作為若しくは不作為に基づいており、その作為若しくは不作為が、同じ犯罪を反覆して実行し、若しくは同一人若しくは同一の人々、若しくはその者の財産に侵害を加えるものである場合には、それらの罪は一つの訴追で訴追されなければならない、と定め、一一〇条（一）では、前訴の罪について有罪又は無罪の言渡があった場合、後訴が……（b）最初の訴追で一〇八条の強制併合の規定により被告人を告発すべきであった全ての犯罪（但し、かかる犯罪の告発を分離して審判するよう裁判所が命じた場合、または、前の公判が始まった時に犯罪が完成していなかった場合または検察官若しくは検察官に知られていなかった場合を除く）……この後訴は、前訴の法律違反とは異なった法律違反に基づきまたは異なった事実に基づく場合でも、阻止される、と定めて、強制併合による再訴遮断の効果を規定していた。一九六二年の Proposed Official Draft では、強制併合の規定は、一〇七条（二）で、同条（三）により裁判所により分離公判が命ぜられた場合を除き、数個の犯罪（multiple offenses）が同一の行為（the same conduct）に基づき、または同一の犯罪エピソード・刑事事象（the same criminal episode）から生じたものであるときは、適切な検察官が最初の公判を開始する時にそれらの罪を知っており、それらの罪が単一の裁判所の裁判を行う権限の範囲内にある場合には、被告人はそれらの罪で別個の公判に付されることはない、と定める。そして、一〇九条で、前の訴追が有罪又は無罪で終了した場合、……一〇七条による最初の訴追で審理されるべきであった全ての罪（但し、裁判所がかかる犯罪の告発について分離公判を命じた場合は除く）についてさらに訴追することは阻止されると定めて強制併合規定の効果を規定している。

このように、強制併合を求めた範囲では広く再訴を阻止する規定を設けている。

次に、連邦刑法典草案(198)の立場をみてみよう。

一九七一年の草案七〇三条は、「正義を促進するために裁判所が特に命ずる場合を除き、被告人は、（a）同一の行為（the same conduct）に基づく複数の犯罪、（b）同一の犯罪エピソード・刑事事象（the same criminal episode）から生じた複数の犯罪、（c）共通の意図乃至計画に動機づけられた一連の作為・不作為で、同一の犯罪の反覆行為を構成し、若しくは、同一人乃至その財物に対する侵害を内容とする複数の犯罪については、それが裁判所の管轄区域内で発生し、最初の起訴乃至検察官による起訴により罪状認否手続が行われた際、連邦検察官に発覚していた場合に、分離公判に付されることはない。」と規定し、七〇五条では、「被告人に対する前の訴追が異なった制定法の違反を理由とし、異なった事実に基づくものであっても、以下の場合は訴追が禁止される。（a）前の訴追が七〇四条（a）及び（b）に規定された有罪又は無罪で終了し、又は七〇四条（d）によって再訴が禁止される形で終了し、再訴が七〇三条（二）により前の訴訟で審判されたであろう罪にかかるとき。（b）――省略」と規定し、七〇三条（二）の範囲で再訴が遮断されると定めている。

ＡＬＩの立場も連邦刑事法典草案も、別罪の場合であっても再訴が遮断される場合を明確に認めて、同一証拠の原則とははっきり訣別している。

ＡＢＡの最低基準 Minimum Standards[199]は、関連犯罪で被告人が告発されたことを最初の公判に先だって知っているときには併合を申し立てる責任を被告人に課している点で、ＡＬＩ、連邦刑事法典草案（一九七一）の立場と異なる。関連犯罪とは二つ以上の犯罪が、同一裁判所の管轄に属し、かつ同一の行為（the same conduct）に基づきまたは同一の刑事事象（the same criminal episode）から生じた場合をいう。そして、一・〇三条（c）では、関連犯罪の内の一罪で審判があったときに、併合請求が以前に却下されまたは放棄とされない限り、被告人は関連犯罪の訴追の棄却を申し立てることができるとされている。この申立てによって被告人は最初の公判時には被告人に判らなかった告発で後に訴追されたときに、関連犯罪の告発に基づく再度の公判から自らを守ることができるとされる。ＡＬＩでは、最初の公判の時に適切な検察官に判明していた関連犯罪による公判を阻止するために公訴棄却の申立てが用いられることを考えているのは明らかだとする。

ＡＢＡもこのように被告人側からの申立てを原則とする立場を採るとはいえ、再訴が阻止される範囲を拡げ、同一証拠の原則からははっきりと離脱している。同一刑事事象（the same criminal episode）の範囲で再訴が阻止されることを認めているのである。

以上、ＡＬＩ、連邦刑法典草案、ＡＢＡの法律提案をみたが、これらの立法提案では、同一証拠の原則から安全に離脱して、広く再訴遮断の範囲を考えており、刑事手続を一回で終了させる要請をますます強く示してきているといえる。

有罪・無罪が言い渡された場合を中心に、合衆国最高裁判所の判例、立法提案をみてきたが、公判が有罪・無罪で終了する以前に手続が終了した場合、再訴が遮断される範囲が立法提案でどのように考えられているのかをみておこう。

ＡＬＩの模範刑法典（一九六二年）(200)では、一・〇九条（三）で、前の訴追が一〇八条に定める意味で不当に終結させられた場合において、前の訴追が不当に終了させられなかったならば有罪の認定をすることができた罪について新たな訴追があったときには、この訴追は阻止されるとしている。この場合に被告人に与えられる保護は有罪・無罪が言い渡された場合よりも狭く規定されている。模範刑法典の解説によれば、違法（improper）に公判が終了するのは、ほとんど例外なく裁判官の誤ってはいるが善意な判断から生ずるものであり、かかる状況の下では前訴と同一の犯罪又は前訴で有罪とされ得た犯罪について再訴の負担を免れるのは正当だが、それを超えて、被告人の行為（conduct）

から生じた犯罪の全てについて免責するのは、被告人が受けた苦しみと比べて均衡を失していると思われる、との説明がなされている。

連邦刑法典草案[201]ではこれに対し、有罪・無罪が言い渡された場合と、有罪・無罪に至る前に再訴が許されない形で終了した場合（七〇四条（d））とを、再訴遮断の範囲の点で区別していない。（七〇五条（a）——七〇三条（二））。

ＡＬＩの立場と連邦刑法典ではこのように異なる立場が示されている。

再度の公判は被告人に財政的・心理的負担を課し、生活の安定を害し、無辜が有罪とされる危険を高めることにあるから、検察官は有罪を立証する一度限りの機会を与えられて、他方、被告人は手続を一回で終了してもらう権利がある。終局判断の前に公判が終了した場合、この被告人の権利が正当な理由なく侵害されていると判断されれば、検察官は再度立証を行うことはできないと解すべきであろう。社会的行為を同一とする別罪で再度起訴できるとしたのでは、一度だけで裁判を終了させるとの要請を実現することにはならない。検察官は選びうる罪の中からある犯罪行為を選んで起訴したのであり、手続を一度で終了して正義を実現することができるように配慮するべき義務は検察官側にあると解すべきであろう。公訴棄却とされた理由にもよるが、迅速裁判条項違反の場合[202]や起訴状の記載が十分でなく、補正ができないために公訴棄却となった場合[203]に、国側は同一の社会的行為に適用される数個の刑罰法規の中から成立しうる複数の犯罪行為から最初の公訴事実を選択したのであり、この公訴事実について、過失であれ、手続を途中で挫折させることのないように準備すべき責任は検察官側にあると解すべきであり、同一の社会的行為の範囲に属し同時に訴追することが可能であったが訴追しなかった別の犯罪で、後に訴追することができるとすると、国の側に周到な準備を求めて被告人の一度で裁判を終了させてもらう貴重な権利を十分に尊重するように求める二重危険禁止条項の要請にはそぐわないように思われる。違反が意図的ではなくとも、検察官側の選択や準備が適切ではなかった責任を被告人の負担で済ませるべきではなかろう。検察官、裁判官の側に訴追が無罪になりそうだから途中で打ち切ることになった場合や、意図的違反があった場合には、同一の社会的行為の範囲内にある別の犯罪による訴追が二重危険禁止条項違反に当たると解すべきなのはもちろんだが、起訴状の記載の瑕疵など、検察官の過失が関係する場合でも、一回で手続を終了してもらう被告人の権利に対する十分な尊重を欠くべきではなく、ここで公訴が棄却されその後の再訴は二重危険禁止条項により阻止されるとされても、同一の社会的行為に属する別罪での後訴が可能であれば、二重危険禁止効を認めた意味は失われることになりかねないことが懸念される。(204) 有罪・無罪の判断が示されれば社会的行為を同一とする範囲で再訴を受けることはないが、公判開始後、終局判断が示される以前に検察官の過失や裁判官の判断の誤りがあったために公訴が棄却されたときに、社会的行為を同一とする別罪でならば再度起訴できるとするのは、訴追側が正義の実現に失敗したと評価できる場合には、一回で手続を終了してもらう被告人の権利に対する尊重を欠き、均衡を失している」のではなかろうか。

なお、司法省は、連邦政府の政策として、一つの社会的行為(a single transaction)から生じた数個の犯罪を一緒に審理に付し、細切れ訴追をしない、とする立場を示していることを付言しておく。(205)

八　おわりに

以上、危険の発生時期、ミストライアルの場合、ディスミッサルの場合、前の無罪・前の有罪の場合、再訴が遮断される場合について、合衆国最高裁判所は二重危険禁止条項をどう考えてきているのかを中心においてみてきた。繰返し述べてきたことであるがこれらの問題を考えるに当たって出発点とされる基本的視点は、グリーンでの二重危険禁止条項の狙い・目的に関する判示[206]に求められるのであり、刑事手続をハラスメントや圧政のために利用させてはならないとする見方を基礎に再度の裁判の可否が論じられてきている。この基本的視点は、日本国憲法にも共通すると解することができる。

日本国憲法は、自由への干渉は正当根拠のあるときに、その正当根拠との関連で必要最小限度の範囲に止まるとする制限政府の視点に立つ捜索・押収法を採用し[207]、異なる価値を持つ人々からなる自由闊達な人々の連帯を想定し[208]、正当根拠に基づく必要最小限度の干渉が許されるとの観点から迅速裁判条項が定められ[209]、個人の価値を重視した正義の実現の立場から弾劾主義[210]と論争主義[211]の立場に立つ規定を置いている。二重危険禁止条項は、自由の保障を基礎とする視点から、正義の実現とのバランスを、正当根拠がある場合の必要最小限度の干渉に止める視点から、再訴追、再度の裁判を規律する規定であると解することができる。ミストライアルなど、我が国にはない法制を有するが、諸判例で展開されている二重危険に関する基本的視点と法理は、我が国における二重危険禁止条項の解釈に大いなる示唆を与えるものと解される。我が国において、再度の裁判を論ずる際に、既判力、一事不再理という訴訟法理論の観点から論じられる傾向が強いが、日本国憲法に示されている考え方を基礎に法解釈を展開することが求められる。

（1）　Benton v. Maryland, 395 U. S. 323 (1969) は、第五修正の二重危険禁止条項は第一四修正を通して州にも適用されると判示している。

（2）　合衆国憲法第五修正の二重危険禁止条項は、“. . . ; nor shall any person be subject for the same offense to be twice put in jeopardy of life or limb ;”（何人も同一の犯罪を理由として二度生命・四肢の危険に置かれることはない。）と規定する。日本国憲法三九条は、「何人も……既に無罪とされた行為については、刑事上の責任を問はれない。又、同一の犯罪について重ねて刑事上の責任を問はれない。」と定め、英文のテキストは、“No person shall be liable for an act. . . of which he has been acquitted, nor shall he be placed in doube jeopardy." と定める。"double jeopardy" という文言は、合衆国憲法の二重危険禁止条項に由来することを強く示唆するものである。

（3） 最（大）判昭二五年一一月二八日刑集四巻一一号二二一五頁

（4） 例えば、最（三小）判平一五年一〇月七日刑集五七巻九号一〇〇二頁（複数の常習特殊窃盗に問いうるともみることができる複数の行為を、単純一罪の複数の公訴事実で起訴し、その裁判の確定後に、後に発覚した前期の確定裁判の最終行為以前の同種行為の訴追が禁止されるか否かが争われた事例）。

（5） 日本国憲法の自由保障の規定は、プログラム規定ではなく、実効性を有する規定である。最（大）判昭四七年一二月二〇日刑集二六巻一〇号六三一頁。

（6） 二重危険禁止条項の歴史については。United States v. Scott, 437 U. S. 82 (1978); United States v. Wilson, 420 U. S. 332, 339-340 (1975); Burtkus v. Illinois, 359 U. S. 121 (1959), at 150 (Black J. dissenting); Green v. United States, 355 U. S. 184, 187-188 (1957); id., at 200 (Frankfurtar J., dissenting); Sigler, A History of Double Jeopardy, 7 Am. J. Legal History 283 (1963); SIGLER, DOUBLE JEOPARDY (1969), 1-37; FRIEDLAND, DOUBIE JEOPARDY (1969), 5-16, 等を参照。

（7） United States v. Scott, 437 U. S. 82 (1978). fn. 6.; United States v. Jenkins 420 U. S. 358 (1975), 369.

（8） United States v. Wilson, 420 U. S. 332, (1975); Kepner v. United States, 175 U. S. 100 (1905).

（9） United States v. Scott, 437 U. S. 82 (1978). Scott は、法律上の理由による公訴棄却と立証上の有利さを得ようとしてなされた公訴棄却のような、被告犯罪構成要件に関する事実要素の全部又は一部の存否を解決した判断との間に違いを認め、政府による上訴が阻止されるのは、後者の場合であると判示し、また、Burks. United States, 437 U. S. 1 (1978) 及び Greene v. Massey, 437 U. S. 19 (1978) は、証拠不十分を理由とする破棄後の再度の公判を、二重危険禁止条項違反を理由に禁止する。渥美東洋編『米国刑事判例の動向Ⅰ』（中央大学出版部）（一九八九年）二四八頁以下参照。

（10） Burks. United States, 437 U. S. 1 (1978). 渥美東洋編『米国刑事判例の動向Ⅰ』二四八頁。

（11） Blockburger v. United States, 284 U. S. 299, 304 (1932).

（12） Ashe v. Swenson, 397 U. S. 436 (1970).

（13） United States v. Dixon and Foster, 509 U. S. 688 (1993).「アメリカ合衆国憲法第五修正の二重危険禁止条項に関する最近の

動向」本書一三三頁。

(14) ALI, MODEL PENAL CODE, 1. 07 (P. O. D. 1962)；ABA, PROJECT ON STANDARDS FOR CRIMINAL JUSTICE, Joinder and Severence (App. Drat, 1968). 連邦刑法草案（一九七一年）これらの提案では“same criminal episode”という言葉が用いられている。

(15) 最（大）判昭二五年九月二七日刑集四巻九号一八〇五頁、最（大）判昭二五年一一月二八日刑集四巻一一号二二一五頁。

(16) 最（大）判昭二五年一一月二八日刑集四巻一一号二二一五頁。事実誤認を理由とする検察官上訴は、当然のごとくに行われてきており、近時の裁判員制度の導入との関係で、裁判員裁判の事実に関する判断を尊重するべきであるとする立場が示されてきているのに止まる。

(17) 団藤重光、憲法三九条と「二重の危険」法曹時報一巻二号三八頁、四七頁。もっとも団藤博士は、「かようにして私は同条は英米流の二重の危険の制度をそのまま採用したものではなく、かような制度をも念頭におきながら大陸法系の一事不再理を強化したに過ぎないものと解するのである。」と述べる。

(18) 田宮裕『一事不再理の原則』（有斐閣）（一九七八年）。

(19) ここでは、具体的法規説などを基礎とするドイツ流の民事訴訟法理論を指している。刑事事件の場合には、既判力論に関しても、一事不再理論になると、同じ判断を下せばよいということではなく、再度審理すること自体が阻止されることになる。民事訴訟の理論においては、一度争われ判断された事柄についても、具体的法規説に立って後訴への判断の拘束力を説き、再度同じ問題を審理してもよく、ただ同じ判断を下さねばならないとする考え方も展開されたが、アメリカ合衆国にあっては、民事訴訟にあっても、二重取りの禁止、訴訟経済、ハラスメントを目的とする訴訟の禁止などの実質的理由から、既判力（res judicata）が論じられてきており、争点についても争われ判断されれば、後訴でその点を再度争うことが「阻止・遮断」される。(issue preclusion, deirect estoppel, collateral estoppel). ALI, RESTATEMENT, JUDGEMENT, 1942.

(20) 平野龍一『刑事訴訟法』（有斐閣）（一九五八年）一三九、二八六頁。二重危険と一事不再理に基本的相違を認めない立場も、基本的には、大陸法型の思考の影響を受けていると評価すべきであろう。

(21) 田宮裕『刑事訴訟法入門（第一版）』（有信堂高文社）（一九七三年）一二三—一三二、二四四—二四五頁。

(22) 実体関係的形式裁判説は団藤重光博士、新二分説は小野慶二氏の示されたところである。小野氏の説は「免訴判決についての試論」司法研修所創立一〇周年記念論文集（下）に掲載されている。

（23） 本文を参照。

（24） 正義とはいっても、飽くなきまでの正義の追求は、刑事裁判を圧政の手段と化してしまう。正義の実現と自由の保障との適切なバランスが考えられなければならない。正義論について、Lucas, On Justice, Oxford University Press, 1980 を参照。渥美東洋教授は、正義論の「相互性」の観点から二重危険禁止効を捉え、「二重危険禁止効は、検察官に、原則として一回の公正に訴追し、立証する機会を保障し、その見返りに、被告人には、検察官から十分且つ止むを得ない事情がない場合には、再度の訴追を受けない地位を保障するという、相互主義に基づく本来的正義の要求に由来する」と指摘する（渥美東洋『刑事訴訟法（全訂版）』（有斐閣）（二〇〇六年）四八八頁）。

（25） 渥美東洋編『米国刑事判例の動向Ⅰ』二一七頁―四五二頁。この書物では、一九七七年から一九八五年までのアメリカ合衆国最高裁判所の二重危険関係の判例を、再訴追、再度の裁判のみならず、量刑、罪数まで含めて扱っている。

（26） 本章は、筆者が修士論文（未公刊）として纏めたものを基礎に、大幅に加筆補正したものであり、それと同一ではない。理論的検討の進化に伴い、判例に対する評価を変えた部分も当然ながらあり、判例の動向の意義を新たに見いだしているところもある。本章は、一九七〇年代の判例を考察の中心対象とし、最近のものまで網羅的にレヴューしていないが、それでも、アメリカ合衆国憲法第一四修正を通して各州にも適用されるアメリカ合衆国憲法第五修正の二重危険禁止条項に関する考え方が集中的に示された時期のアメリカ合衆国最高裁判所の判断を中心とする展開をフォローしているので、依然として意義があると思われる。本書で紹介している諸判例の多くを、渥美東洋編『米国刑事判例の動向Ⅰ』においても、集中的に取りあげて紹介し検討しているが、そこでは、個々の判例の事案と合衆国最高裁判所の判断の紹介と分析の中で先例の動向を分析するという形で論述しているのに対し、本書では、設定した項目別に主要判例の動向を追う形で米国法の判例の動向と意義を論じているので、二重危険の領域におけるアメリカ合衆国最高裁判所の判例を中心とする米国法の考え方を項目別に纏めて論述した本章は、二重危険禁止に関するアメリカ合衆国における法理論・法実務の全体像を把握するうえで資するところがあろうと思う。最新の判例まで網羅的にカバーしていないが、二重危険に関する骨格を成す判断が示されたのは、一九七〇年代であり、基本的な考え方を把握する意義が依然としてあろう。

（27） 本章では、主権（sovereign）が異なる場合の問題は取り扱わない。これについては次の判例を参照。Bartkus v. Illinois,

359 U. S. 121 (1959) ; Abbate v. United States, 359 U. S. 187 (1959) ; Waller v. Florida, 397 U. S. 387 (1970) ; United States v. Wheeler, 435 U. S. 313 (1978).

(28) Benton v. Maryland, 395 U. S. 323 (1969).

(29) Palko v. Connecticut, 302 U. S. 319 (1937).

(30) Benton v. Maryland, 395 U. S. 323 (1969) ; Price v. Georgia, 398 U. S. 323 (1970) ; Crist v., Bretz, 437 U. S. 28 (1978) ; Arizona v. Washington, 434 U. S. 497 (1978) ; Illinois. Sommerville, 410 U. S. 458 (1973) ; Greene v. Massey, 437 U. S. 19 (1978) ; North Carolina v. Pearce, 395 U. S. 711 (1969) ; Brown v. Ohio, 432 U. S. 161 (1977) ; Ashe v. Swenson, 397 U. S. 436 (1970) ; Breed v. Jones, 421 U. S. 519 (1975) ; Swisher v. Brady, 438 U. S. 204 (1978) ; Waller v. Florida, 397 U. S. 387 (1970).

(31) なお、政府上訴に関して、量刑不当を理由とする上訴は二重危険に反さないとする判断が示されており（United States v. DiFrancesco, 449 U. S. 117 (1980)）、また、法律上の理由による上訴についても政府上訴は禁じられていない、と解することができる。United States v. Scott, 437 U. S. 82 (1978).

(32) 罰金刑についてはNorth Carolina v. Pearce, 395 U. S. 711 fn. 12 (1969) ; Jeffers v. United States, 432 U. S. 1374 (1977).

(33) Breed v. Jones, 421 U. S. 519 (1975) ; Swisher v. Brady, 438 U. S. 204 (1978). 少年の場合でも、収容などによる自由の剝奪やスティグマは成人の場合と異ならないため、二重危険禁止も働く（Breed v. Jones, 421 U. S. 519 (1975)）。アメリカ合衆国最高裁判所は、In re Gault, 387 U. S. 1 (1967) をはじめ、少年事件における憲法上の保護を強めてきている。

　我が国の最高裁判所は、保護処分に関して、審判不開始の決定については、二重危険禁止が及ばないとする考え方を取っている。

　少年事件は、逆送により刑罰を科す場合もあるが、少年法の目的は「保護」に置かれており、成人の場合とは異なるといわれる。だが、少年といえども、保護処分に付されれば、自由を拘束され、犯罪者であるとの烙印押しがされることにもなる審判手続が開かれ、施設への収容処分などがされれば、自由の剝奪も生じ、烙印押しの効果も生ずるので、刑罰が科される場合と目的が異なるからということでこれを成人に刑罰が科される場合と区別することはできないであろう。審判手続が開始されれば一定限度でスティグマ（烙印押し・レッテル貼りの効果）が伴うとも解される。

　だが、審判不開始の決定がされた場合、審判不開始の決定それ自体には、施設への収容処分などの場合と同じ自由の剝奪が生ずるわけではなく、また、烙印押しの効果があるというわけでもなかろう。審判手続が始まらない場合である。その点で、審判開始の決定がされて少年審判に付された場合とは異なっている。この場合にも、審判それ自体は非公開であり、成人の場合と手続が異なるが、一定のレベルでの自由の制約と烙印押しの効果は生ずるであろう。

最高裁判所は、少年法四六条は同法二四条一項の保護処分があったときを前提とし、それはその保護処分が身体の自由を制約する場合がある点で刑罰類似の性質を有することや、対象となった犯罪事実が特定されていること等を考慮して設けられた規定であり、その他の少年法上の、審判不開始の処分に同様の効力があるとはいえないとする判断を示している。最高裁昭和四〇年四月二八日 大法廷判決刑集一九巻三号二四〇頁。この最高裁の判断は、目的のみならず、効果の点も考慮に入れており、処分の実態に鑑みて、二重危険にいう危険が発生したか否か（――もっとも、この最高裁判所の判例では、「既判力」という言葉を使っているが――）を検討すべきであるとする立場に立っているものと解することができる。少年手続と二重危険にいう危険の発生との関係を検討するには、目的のみならず、効果の点からも、検討することが必要とされるであろう。

（34） Green v. United States, 355 U. S. 184 (1957).

（35） Green v. United States, 355 U. S. 184, 117-118 (1957).

（36） Comment, Statutory Implementation of Double Jeopardy Clauses : New Life for a Moribund Constitutional Guarantee, 65 Yale L. J. 339, 340 (1956).

（37） 特に、Arisona v. Washington, supra.

（38） Burks v. United States, 437 U. S. 1 (1978) ; Arizona v. Washington, 434 U. S. 497 (1978).

（39） Arisona v. Washington, supra. 本文三以下参照。

（40） Ashe v. Swenson, 397 U. S. 436 (1970).

（41） ALI, MODEL PENAL CODE, 1. 07 (P. O. D. 1962) ; ABA, PROJECT ON STANDARDS FOR CRIMINAL JUSTICE, Joinder and Severence (App. Drat, 1968). 連邦刑法草案（一九七一年）これらの提案では"same criminal episode"という言葉が用いられている。

（42） Serfass v. United States, 420 U. S. 377 (1975).

（43）Winsor v. Queen, L. R. 1 Q. B. 289 (1866)；Queen v. Charlesworth, 12 E. R. 786 (Q. B. 1861)；FRIEDLAND, DOUBLE JEOPARDY.

（44）本文四及びの諸判例参照。

（45）Winsor v. Queen, L. R. 1 Q. B. 289 (1866).

（46）SIGLER, DOUBLE JEOPARDY, at 87；FRIEDLAND, DOUBLE JEOPARDY, 13–14, 21–25；Arizona v. Washington, 434 U. S. 497 (1978)；Whitehead v. Fenwick, 7 How. St. Tr. 311 (1679).

（47）Downum v. United States, 372 U. S. 734 (1963).

（48）Crist v., Bretz, 437 U. S. 28 (1978). 陪審が選ばれ宣誓したときに危険が発生するとの法理を採る理由を、「一旦選ばれた陪審に審理してもらう被告人の権利を守る必要があるからだ」、と説明している。

（49）MaCarthy v. Zerbst, 85 F. 2d 640, 642, CA10 (1936).

（50）United States v. Jorn, 400 U. S. 470 (1971).

（51）Illinois v. Sommerville, 410 U. S. 458 (1973).

（52）Serfass v. United States, 420 U. S. 377 (1975).

（53）United States v. Jerry, 487 F. 2d 600, 606 (3d Cir. 1973)；United States v. Vaughan, 715 F. 2d 1373, 1378 n. 2 (9th Cir. 1983)

（54）Bassing v. Cady, 208 U. S. 386 (1908).

（55）United States v. Jorn, 400 U. S. 470 (1971)；Illinois v. Sommerville, 410 U. S. 458 (1973)；Lee v. United States, 432U. S. 23 (1977)；United States v. Dinitz, 424 U. S. 600 (1976)；United States v. Jenkins, 420 U. S. 358 (1975)；United States v. Scott, 437 U. S. 82 (1978)；Oregon v. Kennedy, 456 U, S, 667 (1982). なお、渥美東洋編『米国刑事判例の動向Ⅰ』二二七頁以下参照。

（56）本章で取りあげる諸判例の他、See, S. Schulhofer, Jeopardy and Mistrials, 125 U. Pa. L. R. 449 (1977).

（57）United States v. Perez, 9 Wheat. 579 (1824).

（58）Simmons v. United States, 142 U. S. 148 (1891).

（59）Thompson v. United States, 155 U. S. 2721 (1894).

（60）Wade v. Hunter, 336 U. S. 684 (1949).

(61) Gori v. united States, 367 U. S. 364 (1961).

(62) Downum v. United States, 372 U. S. 734 (1963).

(63) Notes, 77 Harv. L. R. 1272, 1277, n. 48 (1964).

(64) Illinois v. Sommerville, 410 U. S. 458 (1973).

(65) United States v. Jorn, 400 U. S. 470 (1971).

(66) この事件で、ハーラン裁判官が執筆した意見には、バーガ主席裁判官、ダグラス裁判官、マーシャル裁判官が加わっている。ブラック裁判官とブレナン裁判官は、18 U. S. C. §3831 により上訴を受理する権限（jurisdiction）がないとしたが、複数意見が事件の内容について判断していることに鑑み多数意見の判断に加わると判示しているので、実質的には、法廷意見と言ってよいであろう。

(67) Illinois v. Sommerville, 410 U. S. 458 (1973).

(68) United States v. Dinitz, 424 U. S. 600 (1976).

(69) Arizona v. Washington, 434 U. S. 497 (1978). 渥美東洋編『米国刑事判例の動向Ⅰ』二二五頁。ブレナン裁判官の加わったマーシャル裁判官の反対意見があるが、以下に述べる基準自体を争っていないので省略する。ホワイト裁判官の反対意見も重要でないので省略する。

(70) 三七三一条は次のように定める。「合衆国は、全ての刑事事件において、一つ以上の訴因に対し大陪審起訴又は検察官による起訴を棄却する District Court の判決（a decision, judgement, or order）に対し上訴をする場合、Court of Appeals に上訴しなければならない。但し、合衆国憲法の二重危険禁止条項がさらに訴追するのを禁じている場合には上訴をしてはならない。」

(71) この歴史については、United States v. Wilson, 420 U. S. 335 (1975)；United States v. Scott, 437 U. S. 82 (1978) を参照。合衆国の上訴は明文の規定がなければ認められないとの立場を合衆国最高裁判所は初期に示していた。United States v. Sanges, 144 U. S. 310 (1892).

(72) United States v. Jenkins, 420 U. S. 358 (1975).

(73) United States v. Scott, 437 U. S. 82 (1978). 渥美東洋編『米国刑事判例の動向Ⅰ』二六一頁。

(74) United States v. Lee, 432 U. S. 23 (1970).
(75) United States v. Gearey, 368 F. 2D 144 (CA2 1966).
(76) Elert v. United States, 402 U. S. 99 (1971).
(77) United States v. Wilson, 420 U. S. 335 (1975).
(78) Fong Foo v. United States, 369 U. S. 141 (1962).
(79) United States v. Scott, 437 U. S. 82 (1978).
(80) United States v. Lee, 432 U. S. 23 (1977).
(81) the Assimilative Crimes Act, 18 U. S. C. 13and the applicable Indiana statute, Burns Ind. Stat. Amm. 10-3030 (1971) 違反の罪
(82) United States v. Jenkins, 420 U. S. 358 (1975).
(83) United States v. Jorn, 400 U. S. 470 (1971).
(84) United States v. Dinitz, 424 U. S. 600 (1976).
(85) United States v. Jenkins, 420 U. S. 358 (1975).
(86) United States v. Wilson, 420 U. S. 332 (1975).
(87) United States v. Martin Linen Supply Cmpany et al., 430 U. S. 564 (1977). この事件は、有罪判決後の、新公判又は再訴追を認めない、迅速裁判違反に関する法律上の判断の誤りを是正するための上訴は二重危険禁止条項に違反しないと判示した事例。レーンクィスト裁判官のような整理が妥当かは問われるところであろう。
(88) ミストライアルでのサマヴィルと類似する。Illinois v. Sommerville, 410 U. S. 458 (1973).
(89) United States v. Scott, 437 U. S. 82 (1978). 渥美東洋編『米国刑事判例の動向Ⅰ』二六一頁。
(90) Green v. United States, 355 U. S. 184 (1957).
(91) Wilson, 420 U. S. 348 を引用。
(92) Lee, 432 U. S. at 432 U. S. 30 を引用。起訴状に治癒不可能な瑕疵のあった事例。
(93) 罠が構成要件の問題だとする把握については、Hampton v. United States, 425 U. S. 484 (1976); Sherman v. United States, 356 U. S. 369 (1958); Sorrels v. United States, 287 U. S. 435 (1932) を参照。

(94) ディスミッサルは公訴棄却の場合もあり、他方、検察官による公訴の取り下げの場合もある。ミストライアルは、裁判の途中で、陪審審理を打ち切らなければならない場合が中心である。ディスミッサルは、迅速裁判条項違反を理由とする場合などに示されるように、ミストライアルと申立て理由は同じではない。

(95) Green Green v. United States, 355 U. S. 184 (1957).

(96) Downum v. United States, 372 U. S. 734 (1963).

(97) 渥美東洋編『米国刑事判例の動向Ⅰ』に掲載されている諸判例を参照。

(98) United States v. Scott, 437 U. S. 82 (1978).

(99) 公訴棄却に関する上訴ではないが、量刑不当を理由とする上訴が二重危険禁止条項に違反しないという判断が示されている（United States v. DiFrancesco, 449 U. S. 117 (1980)）ことを併せて考えると、政府の上訴に関しては、事実誤認と、法令違背及び量刑の場合との相違を意識した判断がここに示されてきているといえるであろう。法律上の理由による公訴棄却の裁判に対する政府上訴の場合についてはさらに、United States v. Scott, 437 U. S. 82 (1978) を参照。また、Burks v. United States, 437 U. S. 1 (1978) では、上訴審での証拠不十分を理由とする破棄の場合には再度の公判は許されないが、法律上の理由による破棄の場合には再度の公判を開くことができるとする判断を示している。

(100) States v. Scott, 437 U. S. 82 (1978), Justice Brennan dissenting. 正当根拠のある場合の必要最小限度の干渉が認められるに止まるという観点からすれば、過失を問うアプローチの方がより説得力があると思料される。

(101) Downum v. United States, 372 U. S. 734 (1963).

(102) United States v. Ball, 163 U. S. 662 (1896).

(103) Burks v. United States, 437 U. S. 1 (1978).

(104) Kepner v. United States, 195 U. S. 100 (1904).

(105) E. g., Price v. Georgia, 398 U. S. 323 (1970).

(106) United States v. Scott, 437 U. S. 82 (1978) fn. 6；United States Jenkins, 420 U. S. 3581 (1975).

(107) United States v. Wilson, 420 U. S. 335 (1975). ウィルソン事件の概略は次のようなものである。被告人は横領で起訴されたが、起訴が迅速に行われなかったため、無罪を立証する証人が利用不可能になったとして公訴棄却の申立てを公判前にしたが、公判裁判所はこれを却下し、陪審は有罪評決を下した。この後、公判裁判所ははじめの判断を覆し、本件の起訴前の遅滞は被告人の公正な公判を受ける権利を不合理にかつかなりの程度害したとして公訴を棄却した。この判断に対する政府（合衆国）の上訴は三七三一条により認められるのか否か（つまり二重危険禁止条項により禁止される場合に当たるのか否か）が問われた。

合衆国最高裁判所法廷意見はこの判断が上訴審により破棄され差戻されても、差戻し審は陪審の評決を述べれば足り、再度の公判を開く必要がないから、政府の上訴は許されると判断した。（Court of Appeals は公判裁判所の公訴棄却を無罪ととらえ、陪審が有罪の評決を答申した後 District Court により下されたものであっても、無罪に対する政府の上訴は許されないとした。）

(108) なお、ディスミッサルに関する判例である、スコット（United States v. Scott, 437 U. S. 82 (1978)）（渥美東洋編『米国刑事判例の動向Ⅰ』二六一頁）は、ジェンキンス（United States v. Jenkins, 420 U. S. 23 (1975)）を変更した。ジェンキンスは、破棄後の再度の公判が必要とされる場合には、二重危険禁止条項により政府の上訴が阻止されるとして、公訴棄却の理由を区別せずに一律に論じたが、スコットでは、公訴事実に関する理由ではなく、法律上の理由に関する場合には、ディスミッサル（公訴棄却）に関して、被告人が、構成要件に関する事実の点からみて被告人が有罪である又は無辜であるという理由以外の理由から公訴棄却を求めた場合、公判裁判所の公訴棄却の裁判（dismissal）に対する政府の上訴は、三七三一条により阻止されない、つまり二重危険禁止条項により阻止されない旨判示して、法律上理由による上訴の場合を、構成要件に関する事実の点から被告人が有罪か否かという理由による場合から区別している。

(109) Fong Foo v. United States, 369 U. S. 141 (1962).

(110) Sanabria v. United States, 437 U. S. 54 (1978).

(111) Fong Foo v. United States, 369 U. S. 141 (1962).

(112) United States v. Wilson, 420 U. S. 335 (1975). 註（95）を併せて参照。

(113) United States Jenkins, 420 U. S. 358, at366 (1975).

(114) United States v. Martin Linen Supply Co., 430 U. S. 564 (1977).

(115) United Sttes v. Sanges, 144 U. S. 310 (1982).

(116) United States v. Martin Linen Supply Co., 430 U. S. 564 (1977).

(117) United States v. Wilson, 420 U. S. 335 (1975).

(118) United States v. Martin Linen Supply Co., 430 U. S. 564 (1977).

(119) Green v. United States, 355 U. S. 184 (1957).

(120) Bryan v. United States, 338 U. S. 552 (1950). ブライアンが引用する先例はボールを先例に引く。

(121) Sapia. United States, 348 U. S. 373 (1955).

(122) Yates v. United States, 354 U. S. 298 (1957).

(123) Forman v. United States, 361 U. S. 416 (1960).

(124) Burks v. United States, 437 U. S. 1 (1978).

(125) 次のように定める。合衆国最高裁判所又は上訴につき裁判権（jurisdiction）を有する他の裁判所は、審査のために合法に上訴された、裁判所の判決（any judgement, decree, or order）を確認し、変更し、無効とし、覆しまたは破棄することができる。また、事件（the cause）を差戻してその事情の下で正当とされるような適切な判決（judgement, decree or order）を指示し又はその事情の下で正当とされる手続をさらに行うよう命ずることができる。

(126) Francis v. Resweber, 329 U. S. 459 (1947).

(127) Trono v. United States, 199 U. S. 521 (1905).

(128) Trono v. United States, 199 U. S. 521 (1905).

(129) Green v. United Sttes, 355 U. S. 184 (1957). Benton v. Maryland, 395 U. S. 784 (1969) はグリーンの法理が州にも適用されると判示した。

(130) Bradley v. Georgia, 217 U. S. 284 (1910).

(131) Price v. Georgia, 398 U. S. 323 (1970). 審理に加わらなかったブラックマン裁判官を除く全員一致の判断である。

(132) 有罪破棄後再度の公判を開いた場合に、刑の点がどうかについて触れておこう。

（一）前の刑で既に執行を受けた部分は、再度の公判で有罪となり刑が科された場合、その刑から差し引かなければならず、これをしないのは同一の行為を二度処罰することになり二重危険禁止条項に違反する。（二）再度の公判で有罪とされた場合、前の公判よりも重い刑を科すことはどうか。重い刑を科すことは二重危険禁止条項によって禁じられていない。だが最初の有罪を被告人が攻撃し成功したのに対し報復を加えられるという虞れを生ぜしめるのはデュー・プロセスに違反する。North Carolina v. Pearce, 395 U. S. 711 (1969). なお、（二）についてのこの後の判例の展開は、Moon v. Maryland, 398 U. S. 319 (1970)；Colton v. Kentucky, 407 U. S. 104 (1972)；Chaffin v. Stynchcombe, 412 U. S. 17 (1973)；Michigan v. Payne, 412 U. S. 47 (1973)；Blacklege v. Perry, 417 U. S. 21 (1974) を参照せよ。なお、Stroud v. United States, 251 U. S. 15 (1919) もみよ。日本語の文献として、原田國男「アメリカ合衆国における刑の不利益変更に関する判例の動向について」警察研究四四巻一二号（一九七三年）一九頁。

(133) Ex parte Lange, 85 U. S. (18 Wall) 167 (1873).

(134) United States v. Ball, 163 U. S. 711 (1985)；Fong Foo v. v. United States, 369 U. S. 141 (1962)；Sanabria v. United States, 437 U. S. 54 (1978).

(135) Kepner v. United States, supra note (102) も参照。なお、政府上訴は、Burks v. United States, 437 U. S. 1 (1978), United States v. Scott, 437 U. S. 82 (1978), 及び United States v. DiFrancesco, 449 U. S. 117 (1980) に照らすと、公訴事実に関する再度の裁判、上訴の場合と、法律上の理由による上訴及び量刑不当の場合とを区別して扱ってきているといえる。United States v. Wilson, 420 U. S. 332 (1975) supra note (103) は、上訴審により破棄され差戻されても、差戻し審は陪審の評決を述べれば足り、再度の公判を開く必要がないから、政府の上訴は許されると判断し、再度の裁判で、公訴事実に関する判断が必要とされるか否かを区別していないが、事件の事実自体は、迅速裁判違反を理由とするものであり、法律上の理由に関する上訴の場合であった。バークスは、証拠不十分の場合と公判手続上の誤りの場合を区別して論じている。

(136) Burks v. United States, 437 U. S. 1 (1978).

(137) Green v. United States, supra note (130)；B enton v. Maryland, 395 U. S. 784 (1969)；Price v. Georgia, 398 U. S. 323 (1970).

(138) Notes and Comments, Twice in Jeopardy, 75 YUale L. J. 262, 265 (1969)；North Carolina v. Pearce, supra note (133). 有罪後の再審理はコモン・ローでは前の有罪の抗弁（auterfois acquit）と auterfois attaint の抗弁により有罪後の審理が阻止されていた。但し、本文でも述べてきたように、有罪に対し被告人が上訴をした場合上訴での破棄理由が証拠不十分か公判手続上の誤り（trial error）かによって再訴が阻止されるか否かが決められるというのが現在の合衆国で採られている基準である。

(139) United States v. Martin Linen Supply Co., 430 U. S. 564 (1977).

(140) United States v. Jenkins, 420 U. S. 358, 365-366 (1975).

(141) 上訴ついての文献にはやや古いが、ORFIELD, CRIMINAL APPEALS IN AMERICA がある。(144) Kirhiheimer, The Act, the Offense and Double Jeopardy, 58 Yale L. J. 513, 542-43 (1949); Note, 65 Yale L. J. 339, 362-63 (1956); Mayers and Yarbrough, BisVexari: New Trials and Successive Prosecutions, 74 Harv. L. ARev. 1, at 13-16; Jones, What Constitute Double Jeopardy, 38 J. Crim. L. C. & P. S. 379, 387 (1947).

(142) Sanabria v. United States, 437 U. S. 54 (1978).

(143) Blockburger v. United States, 284 U. S. 299, 304 (1932)

(144) Brown v. Ohio, 432 U. S. 161 (1977); Jeffers v. United States, 432 U. S. 137 (1977); Blockburger v. United States, 284 U. S. 299, 304 (1932). 合衆国での再訴遮断の範囲を扱った我が国の文献として次のものが最近の発展で扱った詳しいものであろう。田宮裕「英米における二重の危険の原則」立教法学一六号一六二頁（後に、『一事不再理の原則』に所収）。高田昭正「一事不再理の客観的範囲（一）（二）」大阪市立大学法学雑誌三二巻一号二号、田口守一「アメリカ合衆国における副次的禁反言の原則」早大大学院法研論集一〇号六一頁（後に、『刑事裁判の拘束力』に所収）。

(145) The King v. Vandercomb & Abbott, 2 Leach 707, Eng. Rep. 455 (1976). この事件では次のような基準を示した。「第二の起訴陪審による起訴に含まれている事実を証明すれば第一の起訴陪審による起訴で被告人が有罪とされ得たというのでなければ、第一の起訴陪審による起訴で無罪とされたということは第二の起訴陪審による起訴を阻止するものとはなり得ない。」

(146) Morey v. Commonwealth, 108 Mass. (12 Brown) 433 (1871). モーレイ事件では次のようにいった。「一つの起訴陪審による起訴状で有罪とされまたは無罪とされたということは、別の起訴陪審による起訴を、それらの起訴のうちの一つに基づき有罪を下すために求められる証拠が他方の起訴に基づき有罪を十分に保証したという場合でなければ阻止されない。」「一つの行為が二つの刑罰法規に違反し、各規定が他方の規定で要件とされていない別の事実の立証を要件としているならば、いずれか一方の規定により有罪または無罪とされても他方の規定による訴追を免れしむるものではない。」

(147) Gavieres v. United States, 220 U. S. 338; Blockburger v. United States, supra note (149). ただ、ブロックバーガは再訴追が問題になった場合ではなく、一所為数法の各罪の刑を併科できるかが問題になった事案である。

(148) Notes and Comments, Twice in Jeopardy, 75 Yale L. Ja. 262, 272 (1965). このノートは各州にまで亙って分析した詳しいものである。 See, also, Lugar, Crimina Law, Double Jeopardy and Res Judicata, 39 Iowa L. Rev. 317, at321–22 (1954).

(149) Brown v. Ohio, supra ; Jeffers v. United States, 432 U. S. 137 (1977) ; Gavieres v. United Sttes, supra. ガビエレスについては法律規定に基づく判断か憲法に基づく判断かの問題がある。 ; Abbate v. United States, 359 U. S. 187 (1959) (Brennan J.).

(150) Blockburger v. United States, supra.

(151) In re Nielsen, 131 U. S. 176 (1889).

(152) Ashe v. Swenson, 397 U. S. 436 (1970).

(153) United States v. Dixon and Foster, 509 U. S. 688 (1993) ; Brown v. Ohio, 432 U. S. 161 (1977) ; Jeffers v. United States, 432 U. S. 137 (1977).「アメリカ合衆国憲法第五修正の二重危険禁止条項に関する最近の動向」本書一三三頁。

(154) Jeffers v. United States, supura.

(155) E. g., Ianelli v. United States, 40 U. S. 770 (1975).

(156) King v. Vandercomb & Abbott, 2 Leach 707, Eng. Rep. 455 (1976).

(157) Kirchheimer, The Act, the Offense and Double Jeopardy : Note, New Life for a Moribund Constitutional Gurantee, 65 Yale L. J. 339, 343 (1956).

(158) Notes and Comments : Twice in Jeopardy, 75 Yale L. J. 262, 274 (1968) ; Goldstein, The State and the accused : Balance of advantage in Criminal Procedure, 69 Yale L. J. 1149, 1175–78 nn. 82–93 (1960).

(159) See, Note and Comments : Twice in Jeopardy, supra.

(160) Green v. United States, supra note (130).

(161) Kirchheimer, The Act, the Offense and Double Jeopardy (1949) ; Note, New Life for a Moribund Constitutional Gurantee, 65 Yale L. J. 339, 343 (1956) ; 65 Yale L. J. 339 (1956) は、再訴を制限する理由として被告人と公衆の双方にとり時間と経費の節約が計られることをあげる。

(162) Kirchheimer, The Act, the Offense and Double Jeopardy (1949) ; Note, New Life for a Moribund Constitutional Gurantee, 65 Yale L. J. 339, 343 (1956) ; Notes and Comments : Twice in Jeopardy, 75 Yale L. J. 262, 274 (1968) ; Goldstein, The State and

the accused : Balance of advantage in Criminal Procedure, 69 Yale L. J. 1149, 1175–78 nn. 82–93 (1960).

(163) ALI, MODEL PENAL CODE, §1.07 (P. O. D.) ; ABA, STANDARDS, Joinder and Severence (App. Draft 1968). ; 連邦刑法典草案 NATIONAL COMMISSION ON REFORM OF FEDERAL CRIMINAL LAWS, PROPOSED NEW FEDERAL CRIMINAL CODE, §§703–9 (1971) ; NAT. CON. OF COMMISSION ON UNIFORM STATE LAWS, UNIFORM RULES OF CRIMINAL PROCEDURE, RULE471–3. これらについては田宮前掲論文に邦訳が掲載されている。

(164) Ashe v. Swenson, 397 U. S. 436 (1970).

(165) Supra, note 149.

(166) Brown v. Ohio, 432 U. S. 161 (1977).

(167) Jeffers v. United States, 432 U. S. 137 (1977).

(168) Ashe v. Swenson, 397 U. S. 436 (1970).

(169) Ashe v. Swenson, supra の中で指摘されている。

(170) United States v. Oppenheimer, 242 U. S. 85 (1916).

(171) Hoag v. New Jersey, 365 U. S. 464 (1958) はアッシュ事件と同様の事案であったが、州の裁判所は被告人が犯人であるか否かという問題以外の問題もあったから、どの問題に基づいて無罪の評決を下したのか判らないから附随的禁反言を生じないとしている。

(172) Recent Developments, Constitutional Law — Double Jeopardy — 69 Mich. L. Rev. 1762 (1971).

(173) Comments : The Use of Collateral Estoppel against the Accused, 69 Colum. L. Rev. 519 (1969).

(174) Cf. United States v. DeAngelo, 138 F. 2d 466, at 468 (3d Cir. 1943).

(175) Simpson v. Florida, 403 U. S. 384 (1971).

(176) Brown v. Ohio, 432 U. S. 161 (1977).

(177) Jeffers v. United States, 432 U. S. 137 (1977).

(178) マーシャル裁判官の加わったブレナン裁判官の補足意見は、本件の多数意見に加わるとしているが、理由が全く異なるので、こういえるだろう。

（179）Blockburger v. United States, 284 U. S. 299, 304 (1932).

（180）Abbate v. United States, 359 U. S. 187 (1959).

（181）Note, New Life for a Moribund Constitutional Gurantee, 65 Yale L. J. 339, 343 (1956) ; Notes and Comments : Twice in Jeopardy, 75 Yale L. J. 262, 274 (1968).

（182）Supra, note 177.

（183）In re Nielsen, supra note (154).

（184）この点について、本書の「アメリカ合衆国憲法第五修正の二重危険禁止条項に関する最近の動向」を併せて参照。

（185）Jeffers v. United States, 432 U. S. 137 (1977).

（186）厳密にいえば、大小関係にある場合として捉えるのが適切かどうかには疑問も残るが、法廷意見が大小関係の例外に当たる場合として検討しているので、ここでは、大小関係にある場合として、記載した。事実の概要は次のようなものである。

訴追された二つの行為は、同一期間内の犯罪行為を対象とし、一つの公訴事実は、コケインとヘロインの頒布及び所持の他の者との共謀を、他は、薬物法違反の犯罪業体におけるリーダーとしての役割を果たしたことを理由とする継続的犯罪業体の運営に関する公訴事実を内容とする。大陪審起訴された公訴事実の一つは、21 U. S. C. §846 違反の、ヘロインとコケインを一定期間内に頒布することを共謀した罪であり、とりわけ、申請人が禁制品の頒布とその頒布からの収益金の取得にリーダーシップをとっていたことを理由とし、申請人と他の九名を起訴したものであり、他の公訴事実は、同じ期間内に、§841 (a) (1) に違反して、ヘロインとコケインを、頒布する意図で、頒布及び所持して、薬物法違反の継続的犯罪業体（continuing criminal enterprise）を営むことを禁じた §848 に違反したことを理由とするものであり、申請人のみを訴追した。後者の公訴事実では、申請人が、五名以上の者と共同して（in concert）頒布行為を行い、申請人は、その中で組織者、監督者としての地位を占め、頒布の結果得た収益金から相当多額の収益金を得ていたことが公訴事実として示されていた。公判裁判所は、この二つの大陪審起訴の併合を求める政府側の申請を却下した。申請人側の異議があったからである。申請人側は、当事者も公訴事実も別であり、明白な行為（overt act- 共謀の存在を示す明白な行為）は、大部分が申請人が刑事責任を負うものではなく、したがって、§846 違反の証拠として申請人に不利益に用いることはできないという理由で異議を申し立てた。申請人及び五名の共同被告人は §848 違反で有罪と認定され、申請人は一五年の収監刑、一二五、〇〇〇ドルの罰金及び三年の特別パロール期間の刑を言い渡され、この有罪は上訴でも確認された。その後に、申請人は、§848違反を理由とする大陪審起訴にかかる公訴事実について、§846違反の公判に付されたことで、同一犯罪を理由とする危険（jeopardy）に置かれているという理由で、棄却するように求めた。

(187) 合衆国最高裁判所とCourt of Appealsはこのように大小関係としたが、一審は別罪とした。

(188) 犯罪の併合（a）及び被告人の併合（b）に関する規定。（起訴する側が併合起訴することを許した規定）。

(189) 犯罪の併合、被告人の併合を裁判所が命ずることができることを定めた規定。

(190) Ianelli v. United States, 420 U. S. 770 (1975).

(191) ここではブラウン法理との関係だけを採りあげる。

(192) Diaz v. United States, 223 U. S. 442 (1912). 被告人が暴行で起訴された後に被害者が死亡したという事例。

(193) 我が国においては、周到な捜査をして発見されたか否かを問うと、捜査の状況をはじめ、無数の要素を考慮しなければならなくなり、既判力・一事不再理の画一的効果を害し、被告人の地位の安定を害するという議論がなされる。だが、周到な捜査をして発見できなかったことの立証責任は訴追側にあり、被告人が黙秘していたために発見できなかったなどの事情を示すことは不可能ではなく、実際上、発見するのに支障があり同時訴追できなかった事実を理由とする後訴を、既判力制度の画一性を害するから許されないとするのは、現実を無視した議論でもあり、実際的智恵を欠いていると思われる。訴追裁量権の規律の視点を入れれば、訴追し得たか否かは問題とされざるを得ない。

(194) これ以降の合衆国最高裁判所の先例として、Illinois v. Viale, 447 U. S. 410 (1980)（紹介・中野目善則、渥美東洋編『米国刑事判例の動向Ⅰ』三一八頁、Garrett v. United States, 471 U. S. 773 (1985)（紹介・中野目善則、同『米国刑事判例の動向Ⅰ』三二九頁、United States v. Dixon and Foster, 509 U. S. 688 (1993)；「アメリカ合衆国憲法第五修正の二重危険禁止条項に関する最近の動向」本書一三三頁等を参照。

(195) United States v. Dixon and Foster, 509 U. S. 688 (1993)；「アメリカ合衆国憲法第五修正の二重危険禁止条項に関する最近の動向」参照。

(196) なお、訴追の併合に関して、悪性立証の危険がスティーヴンス裁判官からよく指摘されるが、分断した数度にわたる訴追の弊害の方が、悪性立証を避ける観点から訴追の併合を求めないことによる細切れ訴追や再訴追から受ける不利益よりも遙かに大きいと思われる。

(197) ALI, MODEL PENAL CODE (Tentative Draft No. 5).

(198) Federal Code of Criminal Law, Draft.

(199) ABA Minimum Standard for Criminal Justice.

(200) ALI, MODEL PENAL CODE (Tentative Draft No. 5).

(201) Federal Criminal Code, Draft.

(202) 我が国では、迅速裁判条項違反は免訴の事項の完成に準じた処理がなされた。免訴には、実体関係的事項であるとして、一事不再理効を肯定する見解が一般的であるのに対し、公訴棄却は実体に関係しないとして既判力はあるが、一事不再理効は認めないとする見解が多い。米国法の場合と、議論の基礎が異なるので、同列に論ずることはできないが、迅速裁判条項違反があるとの判断が示された場合には、一度与えられた有罪立証の機会の利用に失敗した場合と評価することができる場合であり、二重危険禁止条項により、公訴棄却であっても、前の有罪・前の無罪の場合と同じ範囲で最初遮断の効果が肯定されるべきであろう。意図的違反がある場合だけを二重危険違反に問うのは、正当根拠のある場合の最小限度の自由への干渉に止めるべきであるとする合衆国憲法の基調に合致するのか疑問が残る。

(203) Illinois v. Sommerville, 410 U. S. 458 (1971); United States v. Lee, 432 U. S. 23 (1970). 我が国の判例として、最（大）判昭二八年一二月九日刑集七巻一二号二四一五頁（起訴状に公訴事実の記載を欠き公訴提起の手続が刑訴法二五六条二項に違反するとして、刑訴法三三八条四号による公訴が棄却された後の、同一事件の再度の公訴提起について、憲法三九条はこの後訴を禁止していない、と判示した事例）。この判例の解説として、『基本判例解説刑事訴訟法（第三版）』（三嶺書房）（一九九六年）三三八—三三九頁（渥美東洋解説）を参照。

(204) 米国法においては、既にみたように、起訴状記載の瑕疵を理由とする公訴棄却後の再度の裁判に関しては、二重危険禁止条項に違反しないとする法廷意見が示されているので、かかる問題は起きないことになる。少数意見のように、検察官の過失の場合でも、二重危険禁止条項違反を認めることができるとする場合には、その禁止効の範囲がさらに問われることになる。

(205) Petite v. United States, 361 U. S. 52, 9 (1960).

(206) Green v. United States, supra note (130).
(207) 憲法三五条。憲法三三条の逮捕の規定もこのような考え方を基礎とする。
(208) 憲法二一条（表現の自由）、思想及び良心の自由（憲法一九条）、信教の自由（憲法二〇条）。
(209) 憲法三七条。
(210) 憲法三八条一項。
(211) 憲法三七条一項、二項及び三項。

第三章　アメリカ合衆国憲法第五修正の二重危険禁止条項に関する最近の動向
――再訴遮断の範囲をめぐって――

一　はじめに

従来、再訴遮断の範囲は、実体法上の一罪の範囲と一致するとの前提で論じられる傾向が強い[1]。職権主義の下では、裁判の審理の権限が広く及んだ背景があり、ここでは裁判官の審理の及ぶ範囲を罪数（事件）と関連づけて再訴遮断の問題を論ずることで（被告人への防禦対象の告知の点では重大な問題を残すが）、ある程度広く被告人の地位の安定を確保することができた。

だが、現在では、憲法上、刑訴法上の裁判の構造は、職権主義から、弾劾主義（accusatorial system）、論争主義（当事者主義 Adversary system）へと大きく変化しており、被告人に告知された範囲で裁判が行われるべきものとされ、裁判所の権限の及ぶ範囲は限定され、職権主義のように、広く審理を及ぼすことはできなくなった[2]。訴追をするか否か、どの範囲で訴追するかについて、広範な裁量権を検察官に与えている現行法の環境下で、裁判所の審理権限と関連させて再訴が遮断される範囲を論ずると、告知の要請との関係で裁判所の審理が及びうる範囲は狭く限定されるために、被告人の地位を不安定なものにしてしまうという難点を伴うことになる。(3)

現行法では、戦前の職権主義の立場に立つ刑事訴訟法とは裁判についての考え方が大きく異なり、再訴遮断を廻る争点は、裁判官の審理権限が及ぶ範囲から、検察官の訴追裁量の規律の問題へと大きく変化した。(4) 細分化された多数の構成要件を有し、検察官に広範な訴追裁量権が与えられている状況下で、細切れ訴追による検察官の訴追裁量権の濫用を生まないようにするというのが、再訴遮断の関心であり、この関心は二重危険禁止条項に体現されている。(5) この観点からは、従来の、罪数と実体法の一罪の範囲を一致させる考え方では、一方では狭すぎ、他方では、広すぎるのではないかが問われなければならず、細切れ訴追の阻止の観点から、罪数と再訴禁止の範囲を一致させる論議には抜本的検討が加えられる必要があろう。(6)

このことに関連して、アメリカ合衆国憲法第五修正の二重危険禁止条項(7)の下での、いわゆる the same offence（同一犯罪行為）を理由とする再訴遮断の範囲は、狭く限定されており、二重危険禁止条項の考え方によると、かえって、再訴遮断の範囲が狭くなりすぎ、被告人の地位を不安定なものとするので、妥当ではないとする疑問が示されてきた。(8) だが、このように言われた状況から今日の合衆国最高裁判所は、離脱する方向が示されてきているように思われる。確かに、合衆国憲法の二重危険禁止条項の下で、再訴遮断の範囲と罪数を一致させて考える考え方もあり、広狭種々の立場が展開されてきているが、(9) 近時のアメリカ合衆国最高裁判所の判例の動向をみると、「同一犯罪」を、罪数の観点からではなく、訴追裁量の濫用を生まないようにする観点から、罪数と切り離して理解すべきだとする考え方が、数名の裁判官により表明されてきている。(10)

本稿では、罪数と再訴遮断の範囲を異なる視点から考察し、再訴追について、訴追の一回性を求める二重危険の基本的視点から訴追裁量の合理的規律を目指そうとする合衆国最高裁判所の判例における近時の動向を素描して、二重危険の考え方をレヴューしてみようと思う。[11] このアメリカ合衆国憲法の第五修正の二重危険禁止条項の解釈を廻る動向は、合衆国憲法第五修正の二重危険禁止条項の考え方を継承した日本国憲法三九条の二重危険禁止条項[12]の解釈上、重要な意味があろう。

二　二重危険禁止条項の狙い

合衆国憲法第五修正の二重危険禁止条項は、「同一犯罪行為」を理由とする二重危険を禁止するが、この二重危険には、「同一犯罪行為」を理由とする「再訴追」と「再度の処罰」が含まれると解されてきた。[13] 英米でも、訴追裁量の濫用を規律することよりも、同一犯罪行為を理由とする再度の「処罰」の阻止に関心が寄せられたが[14]、次第に、二重危険の関心は、再度の「裁判」に被告人が巻き込まれることによる不利益に向けられるようになり、そのような不利益を課す刑事手続の利用を規律することに向けられていった。[15]

再訴追との関連での二重危険禁止条項の狙いを明確に判示した先例としてしばしば引用されるのがグリーン[16]である。グリーンは、同一犯罪を理由とする再訴追が遮断される理由を、国家によるかかる訴追は、無辜を有罪とする危険を高め、裁判に巻き込まれる個人被告人を困惑させ、出費を余儀なくさせ、犠牲を強い、試練に立たせ、不安と安全の喪失が引き続く中で生きることを余儀なくさせるからだと判示し[17]、二重危険禁止条項が、刑事訴追を、迫害、嫌がらせ、ハラスメント、圧政のために利用することを禁ずることをその狙いとしていることを示している。

この理解は、同一犯罪行為を理由とする再度の裁判自体が被告人に重大な不利益を課すことに注目し、同一犯罪行為を理由とする再度の「訴追」を規律しようとするものである。

合衆国憲法では、自由への干渉は正当理由のある場合に限定され、必要最小限度に止めなければならないとの制限政府論の考え方が採られている。正義の実現に際し、自由への干渉をできるだけ最小限度に止めるべき立場が二重危険禁止条項にも示されていると解することができる。人民の信託を受けた政府は、正義を実現する観点から、裁判に付す根拠のある被告人を一度は裁判に付すことができるが、裁判自体が被告人を試練に立たせる性質を持つことに鑑み、必要最小限度の負担で済ませるように求めるのがこの制限政府の視点である。グリーンで判示された二重危険禁止条項の基本的考え方は、再度の裁判は、心理的、経済的、社会的に多大の負担を被告人に課すものであることに鑑み、刑事手続が、再度の裁判による不利益を不当に課し、圧政目的、迫害目的に利用されることがないように、訴追の利益と刑事裁判に巻き込まれる者の利益とを、被告人が裁判に巻き込まれることにより受ける不利益を最小限度に止める視点に立って、調整しバランスをはかることを求めるものである。この観点から、一度で訴追できるものを分断訴追して被告人に費用の負担を課し、ハラスメントを加えることは許されないことになる。この視点が、再訴追の禁止を考える場合の基礎である。再度裁判に巻き込むことによって、刑事裁判に付される期間を長引かせ、生活の安定を害し、スティグマを押される期間を長引かせるなどの、最小限度の必要を超える負担と不利益を被告人に課し、圧政がもたらされることを阻止することを狙う点で、迅速裁判条項とその狙いを同じくする。[18]

三　先例の変化

合衆国最高裁判所が再訴追の規律に関してしばしば用いてきている基準はブロックバーガ・テスト[19]である。ブロックバーガ事件自体は一度に訴追を受けた犯行を一罪として処罰すべきか二罪として処罰すべきかが問題とされた事案であり、「一方の刑罰法規で要証事実とされる事項が他方の刑罰法規でも要証事実とされる関係にあるか否か」を問い、この関係になければ、双方を別個に処罰することを許すテストが示された。

一罪として処罰すべきか二罪とすべきかを扱った多くの判例は、ブロックバーガを議会の処罰意図の解釈に関する判例として位置づけ、議会の意図が明確でない場合の補充的解釈原則としてとらえてきている。(20) 刑罰法規の制定権限は三権分立上議会にあり、刑罰法規は議会の処罰意図を前提に解釈されるべきことになるので、一罪として処罰すべきか二罪として処罰すべきかは、基本的に議会の意図の解釈の問題であり、議会が保護しようとした利益が双方の刑罰法規で相違すれば、別個の処罰が許される。別個の処罰を認める議会の意図が明らかであるときには、ブロックバーガは働かないとされ、議会の処罰意図が明確ではない「曖昧な場合」に働く「補充的解釈原則」であるに止まる。この理解は、現在では、判例上、確固としたものであるといってよいだろう。(21)

他方、再訴追に関する規律は、前述したグリーンで示された二重危険禁止条項の趣旨・狙いから理解されてきているが、再訴追の問題を、未だブロックバーガ・テストにより判断すべきであるとする立場もとられてきており、(22) 混乱もみられるが、近時の判例における数名の裁判官の意見は、この両者が異なる観点から考察されるべき問題であり、個別のものであることを指摘している。(23)

以下で、合衆国最高裁判所における混乱と、次第に議論が整理され、グリーンで示された二重危険禁止条項の趣旨・狙いから再訴追の規律を考察する必要が明示されるに至ってきている様子を、近時の合衆国最高裁判所の判例の動向を素描して示してみようと思う。

合衆国最高裁判所において、再訴追の可否を決める基準と罪数を決める基準を同一の基準で決める立場が採られてきた理由は、ブロックバーガ[24]を、無反省に双方に共通する基準として用いてきたことによるものと思われる。ブロックバーガは、再訴追が問題とされた事例ではなく、同時訴追を受けた複数の犯罪行為を二罪として処罰することが許されるか否かという法律解釈の問題を扱った事例であるという、ブロックバーガの事実類型に留意することなく、再訴追に関する基準としても用いられてきている。[25]ブロックバーガは、かつてイングランドでヴァンダーコゥム[26]で再度の裁判の可否を決するために用いられた基準と共通するとの理解もブロックバーガを再訴追の先例とみる基礎にあろう。[27]

ブロックバーガ・テストは文字どおりに解すれば、双方の刑罰法規が全く同じ場合にしか再訴追の禁止が働かないことになりそうだが、[28]判例上そのように厳格に解されてはおらず、「大小関係にある犯罪行為（lesser included offense）」の場合、前訴と後訴の犯罪行為が「大小（greater-lesser）の関係」にある場合には、ブロックバーガの定義に当てはまると判示されてきている。[29]だが、この大小関係にある場合とは、いかなる場合を指すのかを廻って解釈が対立することになる。一九九三年度開廷期に合衆国最高裁判所が下したディクスン及びフォスター[30]はこのことをよく示している。ディクスン及びフォスターの先例の検討に入る前に、これ以前の先例が前提となるので、それらの先例をレヴューしてみよう。ブロックバーガ・テストの「大小関係」にあるか否かが問題とされたいくつかの重要な先例には、ハリス、[31]ブラウン、[32]ヴィタール、[33]グレィディ[34]等があり、ブロックバーガによらずに再訴追遮断の範囲を論じた先例には、アッシュ[35]やニールセン[36]がある。

(1)　まず、ブロックバーガに関連するいくつかの先例について触れよう。

重要な先例に、ブラウン[37]がある。ブラウンは、最初に有罪とされたジョイライディング（joyriding）（一種の使用窃盗）

と窃盗は大小関係にあり、ブロックバーガによればジョイライディングで訴追され有罪とされた後の、窃盗を理由とする後訴は阻止されると判示した先例であり、二個の犯罪行為は別個であり、刑の異時執行が許されるとしても、前訴で既に解決されている事実に関する争点を後訴で再度争うことが必要である場合には、この後訴は阻止されると判示した。

ブラウンは、双方の犯罪を大小関係にあるととらえて、ブロックバーガによって判断しているが、実質は、前訴で訴追された行為を再度訴追することを許すべきではないとみる立場に立っているものと解される(38)。

次に、ハリス(39)は、被告人は最初、共犯者が強盗行為の過程で被害者クラークを射殺し重罪遂行中の謀殺（felony murder）で有罪とされ、その後に火器を用いた強盗行為で大陪審起訴され有罪とされた事例だが、この武装強盗遂行中の謀殺（felony murder）で有罪とされた後の、武装強盗を理由とする訴追は許されないと判示した。

この事件では、構成要件を比較すると、重罪遂行中の謀殺（felony murder）は、強盗に限定されておらず、いかなる重罪を証明しても立証することができ、また、火器による強盗は死亡事実の証明を要件とはしていないので、ブロックバーガによれば、この二つの訴追は「同一犯罪行為」ではないと解されるが、全員一致の法廷意見は、この二つの犯罪は大小関係にあり、大きな方の、重罪遂行中の謀殺（felony murder）を理由とする有罪は、小さな方の犯行である、火器を用いた強盗行為による有罪がなければ、あり得ない関係にあるので、後訴は阻止されると判示した。この事件では、重罪行為遂行中の謀殺罪（felony murder）という抽象的構成要件と、後訴の構成要件との関係を問題にしているのではなく、実質的に前訴で訴追を受けた行為が後訴で訴追を受けたことに着目して、再訴追の弊害の観点から、判断した事例であると解することができよう(40)。ハリスの法廷意見はブロックバーガを引用しておらず、ニールセン(41)とブラウン(42)を先例として引用している(43)。

ブロックバーガによった判断として、次に重要な先例に、ヴィタール[44]がある。

ヴィタールでは、死亡交通事故を起こし、現場警察官の発付した減速義務違反の交通犯則切符（traffic citation）により、右犯行で有罪とされ一五ドルの罰金刑を科された後の、無謀運転を理由とする過失致死罪（involuntary manslaughter）訴追が、二重危険禁止条項に違反するか否かが問われた。

法廷意見は、死亡の結果を惹起した減速義務違反の証明が過失致死の証明となるという関係にあり、また、減速義務違反による過失致死の証明は減速義務違反を証明する関係にあるが、減速義務違反行為以外の行為を証明して、過失致死を証明できるとする主張に州最高裁判所が答えておらず、減速義務違反以外の行為を用いて過失致死を証明しうる可能性もあるとして、破棄差戻した。過失致死の証明に減速義務違反またはそれに関係する行為の証明が必要である場合には、既に、後訴たる過失致死の必須要素を成す行為で既に有罪とされているので、ブラウン[45]、ハリス及び[46]ニールセン[47]によれば、後訴は阻止されるとの主張には相当説得力があると判示している[48]。

ヴィタールでの、前訴で有罪とされた行為が後訴で訴追されている関係にあるか否かを問う立場は、犯罪構成要件の同一性を問う判断とは個別のものであり、この事件もブロックバーガからの離脱を示唆するものであろう[49]。

さらに、グレイディ[50]は、前訴で追訴の対象となった行為を後訴で訴追の対象とした場合には、二重危険禁止条項違反が生ずるとする判断が示された（後述のようにこのグレイディの判断は、その後の先例で変更されることとなった）。

被上告人コービンは追越禁止道路の車線をはみだし、対向車輌に衝突し、この事故で被害者夫婦が重傷を負い、被害者の一人が死亡した。この事故に関し被告人は、飲酒運転による軽罪を理由とする告発と、通行区分遵守義務違反を理由とする告発を内容とする二枚の交通反則切符に関し、有罪答弁し、罰金刑が言い渡された。この事故死を理由とするホミサイド（人の死を惹起する犯罪）の訴追の証拠収集活動を行った別の検事は、右交通違反切符による被告人の裁判所への出頭期日を確認しなかったか担当検事にホミサイドで調査中であることを知らせなかったため、交通切符による訴追だけで手続が進められ、検察官、裁判官、共に、有罪答弁受理の段階でも、量刑段階でも被害者の死亡に気づかなかった。この後、被告人は、右事故に関し、無謀運転による過失致死罪、車輌による第二級過失致死罪、及び、死亡を理由とする過失のホミサイド罪、第三級の無謀な（無謀運転による）暴行（assault）、並びに飲酒運転（酒酔い運転）を理由に起訴された。ホミサイドまたは暴行の訴因は、①飲酒運転、②通行区分遵守義務違反、③ひどい雨の中での約四五マイルか五〇マイルの速度での運転による安全運転義務違反を内容とする。この後訴の二重危険禁止条項違反の有無が争われた。

Court of Appeals は、州法上、飲酒運転は、車輌による第二級過失致死の犯行に含まれる、より小さな犯行だから、ブロックバーガによれば、後訴の二つの過失致死の訴因は第五修正の二重危険禁止条項に反すると判示し、ヴィタール(51)での法廷意見の「傍論(52)」に依拠し、既に訴追を受けた交通犯罪行為を、ホミサイドと暴行の告発の証明に必要な行為として用いる意図であることが起訴状の明細表により示されているので、その余の訴因による訴追は阻止されると判示した。

ブレナン裁判官執筆の合衆国最高裁判所法廷意見は、後訴の公訴事実の必須要素の証明に、被告人が既に訴追を受けた犯罪行為を構成する行為の証明が要る場合には、この後訴は二重危険禁止条項により遮断されると判示した。

ブレナン裁判官は、この基準は、「現実の証拠」または「同一証拠」のテストと同じではなく、国が証明する行為が同じか否かに焦点を当てるものであり、用いられる証拠が同じか否かに焦点を当てるものではない、と判示し、次のようにいう。「ある公判で特定の証拠を提出するとその後の手続で同一の証拠を提出することができなくなるものではなく、他方、同一の行為の証明に、提出する証拠を変えて二重危険禁止条項の再訴追の禁止を免れることはできない。例えば、二名の証人がコービンの事故を目撃した場合、通行区分遵守義務違反の最初の公判で証言した証人とは異なる他の証人を後訴で召喚し、第一の公判と同一行為を証言させたとしても、二重危険禁止条項違反の帰結に差異は生じない。」

法廷意見は、この基準を本件に適用して、国は、コービンが既に有罪とされた行為、つまり、飲酒運転と通行区分遵守義務違反を、ホミサイドと暴行の必須要素の証明に用いることを認めており、したがって、二重危険禁止条項によればこの後訴は阻止されるが、既に有罪とされた行為の証明に後訴が依拠しない場合、例えば、無謀さまたは過失の証明が、ひどい雨の中での速度の出し過ぎだけに依拠する場合には、ホミサイドと暴行の公訴事実を理由とする後訴は阻止されないことになる、と判示した。

グレィディは、訴追の重複に焦点を当てており、構成要件が大小関係になくとも、行為の重複があれば、後訴は阻止されるという判断は、「構成要件」の比較を基礎とするブロックバーガによるものでないことは明らかであると思われる。(53)

以上の諸先例から判明するように、ブロックバーガによる再訴遮断の範囲の解釈はさまざまであり、先例の解釈に広狭がある。ブロックバーガを厳格に解せば、大小関係にある場合でさえ、構成要件に相違があることになろうが、(54)そのように形式的に解されてはいない。(55)ブロックバーガの「大小関係」を、「法律上の構成要件のレヴェル」で比較し、しかもその際に、例えばヴィタールのレーンクェスト裁判官の意見のように、後訴の対象である過失致死の「過失」の内容を成す行為は種々あり、構成要件上、前訴の行為に限定されていなければ、「大小関係」にあるとはいえないとする立場(56)から、抽象的に構成要件だけを比較するのではなく、構成要件と関連させながらも、前訴と後訴の「実質的重なり」を考慮に入れて（前訴で訴追の対象となった行為が後訴の対象とされているかを考慮して）大小関係を判断する立場[57]に至るまで、種々あり、構成要件の比較に中心をおいて大小関係を理解するのか、それとも、再訴追による弊害を考慮して大小関係を理解するのかにより、先例の理解にも相違が生ずることになる。だが、ブロックバーガを基礎に「大小関係」を要件とする限りは、構成要件との関係を離れることができない限界があろう。

(2)　ところで、以上のブロックバーガを基礎とする先例とは異なる、別の先例がある。

ニールセン[58]とアッシュ[59]がそれである。ニールセンはブロックバーガ以前の先例であり、アッシュは、ブロックバーガによらない先例である。

ニールセン[60]は、二人の婦人との二年半の「同棲（cohabitation）」を理由とする有罪後、前訴の期間終了日の翌日からの、最初の起訴で問題とされた女性との「姦通（adultery）」目的での同棲を理由に起訴されたが、ニールセンの法廷意見は、ブロックバーガに相当するモーレィ[61]の適用を拒み、既に有罪とされた継続犯の一部の犯行を理由とする、「姦通（adultery）」による後訴は阻止されると判示した。モーレィでは、「未婚女性との淫らな関係（"lewdly and lasciviously associating" with an unmarried woman）」を理由とする前訴と「姦通」の後訴で、同一の性交事実が証拠に提出されたが、両者は法律上の要証事実を異にし、再訴が許されると判示した。ニールセンの法廷意見は、モーレィの「淫らな関係」を理由とする犯罪は、性交を要件としないが、ニールセンで関係した継続犯である「同棲」は、性交を黙示的要件とするからモーレィとは事案を異にしており、また、仮に、モーレィの前訴、後訴ともに性交を要証事実とすると解しても、後訴の犯行の「主たる構成要素」たる行為が前訴の対象であれば再訴は禁止されると解すべきであり、「同棲」を理由とする有罪は姦通の「重要」部分（性交）を含む関係にあるから、姦通を理由とする後訴は阻止されると判示して、モーレィを適用しない旨判示した。さらに、ニールセンは、構成要件上、「姦通」は一方当事者が婚姻関係にあることを要件とし、他方、「同棲」は婚姻関係を要件としないことを指摘して、ブロックバーガにいう大小関係にある場合ではないことを示唆している。

ニールセンの理解に関しては、ディクスン、及びフォスター[62]での法廷意見と少数意見とで、ブロックバーガによる先例とみるべきか否かに関して見解が対立するが、ニールセンの法廷意見は、ブロックバーガによる立場ではなく、前訴で対象とされた行為を訴追の対象とする後訴は阻止されるとする法理を採用したものだと解される。

ニールセン以外に、ブロックバーガによらずに、再訴追の可否について判断した重要な先例にアッシュ[63]がある。アッシュは、ポーカー・ゲームをしていた数名のうちの一名の被害者に対する強盗行為で訴追され、強盗の一員か否かが争点となり、陪審の無罪評決が下った事例で、無罪評決は、合理的に考えてみて、強盗の共犯者の一人か否かという争点について否定的判断を下したために下されたと解するのが合理的であり、その後に別の被害者に対する強盗行為を理由に訴追し、その訴追で同一争点を争うことは許されないと判示した。前訴の無罪で被告人が強盗の現場にいなかったことが説得的に立証されており、前訴で解決されたとみるのが合理的な争点を後訴で争うことはできないとする、「附随的禁反言・争点阻止効（collateral estoppel）」の原則が第五修正の二重危険禁止条項の内容をなし、後訴は二重危険禁止条項により阻止されると判示した。

この二先例は、構成要件を比較して再訴の可否を決するブロックバーガの立場ではなく、一度で解決することができる事柄を分断訴追することによって生ずる再訴追の弊害を阻止する観点から、再訴遮断の範囲を検討した先例であると解される[64]。

ブロックバーガこそが二重危険禁止条項の下での再訴追の可否を決める基調をなすと解するか、それとも、ブロックバーガから離れて、再訴追による弊害を阻止する観点を中心に二重危険禁止条項を理解するかが、先例の理解に大きく影響を及ぼすことになる。ニールセンやアッシュを、ブロックバーガの基調からはずれる「例外的な」先例とみるべきか、それともこれらの先例こそが、二重危険禁止条項の全体的基調に合致するものとみるかが問われよう。

(3)　ディクスン及びフォスター(65)

さて、グレィディ(66)は再訴遮断の範囲を考察するに当たり、従来用いられてきたブロックバーガ・テストではなく、前訴で訴追を受けたのと同一犯罪行為を訴追しているか否かという、「行為の同一性」に焦点を当てて検討するテストを採用したが、一九九三年度開廷期、合衆国最高裁判所は、ディクスン及びフォスター(67)で、グレィディを変更して、ブロックバーガが再訴遮断の基準だと判示した。

ディクスン及びフォスターの法廷意見は、ブロックバーガを基礎に構成要件を比較して、後訴の可否を判断する立場に立ったが、この判断は、これまでの先例で展開されてきた判断と整合性を有するのか、後退ではないのかが問われる。この法廷意見には、罪数と再訴追の問題は別個であり、再訴追に焦点を当てた検討がなされるべきであり、再訴追の可否を決める基準はブロックバーガではなく、グレィディによるべきだとする反対意見も示されており、この立場に組する裁判官は、四名に達し(68)、相当説得的な意見が展開されるに至っている。両事件の事実の概要は次のとおりである。

ディクスン事件

ディクスンは第二級謀殺罪で逮捕され保釈されたが、「一切の犯行」を犯さないことを条件に保釈され、この条件違反は保釈取消事由となり、裁判所侮辱罪による訴追の理由となることが保釈の条件とされていたところ、保釈中にディクスンは頒布目的でのコケイン所持で逮捕され、大陪審起訴され、刑事の裁判所侮辱罪で有罪と認定され、ジェイルでの一八〇日の収監刑を言い渡され、この後に、このコケインの所持を理由とする大陪審起訴がなされ、この後訴の二重危険禁止条項違反の有無が争われた。

フォスター事件

フォスター事件では、フォスターの妻アナへの家庭内での暴力を理由に、裁判所により「陵虐、暴行、又はその他の脅迫若しくは身体への虐待行為」を禁止する行政保護命令が発せられたが、この命令違反を理由とする、妻の三個の申立て（complaint）と二個の暴行を訴因とする裁判所侮辱罪を理由とする訴追がなされ、裁判所は、右申立については無罪と認定し、暴行の二訴因に関しては有罪と認定したが、合衆国はこの後に、単純暴行、傷害の脅迫、及び殺人の意図での暴行でフォスターを起訴した。この後訴が、既に裁判所侮辱罪による処罰申立手続の対象とされた行為との関係で二重危険禁止条項違反により阻止されるか否かが争われた。

公判裁判所はディクスンでは二重危険禁止条項違反の主張を認め、フォスターでは、全訴因に関し二重危険禁止条項違反の主張を却下した。この判断に対し、前者では政府側から、後者では被告人から上訴がなされ、Court of Appeals はこの二事件を併合し、グレィディ[69]に拠って、両事件の後訴は二重危険禁止条項により阻止されると判示した。刑事の裁判所侮辱罪により処罰対象となったのと同一行為を、その裁判所侮辱の内容たる犯罪でさらに訴追することが二重危険禁止条項により禁止されるのか否かを審理するために、サーシオレイライが認容された。

スキャーリア裁判官執筆の法廷意見（一部複数意見）

スキャーリア裁判官執筆の法廷意見（一部複数意見）[70]は、簡略手続によらない刑事裁判所侮辱罪は、通常の意味での犯罪であり、二重危険禁止条項が適用されるとの前提に立ち、二重処罰及び再訴追のいずれの場合も、二重危険違反の有無を判断する基準として合衆国最高裁判所が用いてきた基準は、ブロックバーガだとして、まず、ブロックバーガにより後訴が禁止されるか否かを検討し、ディクスンでは後訴が阻止されるが、フォスターでの後訴の一部は阻止されないと判示し、次に、グレィディを変更すると、判示した。

法廷意見は、ディクスンでは、コケイン所持が刑事裁判所侮辱罪による処罰理由とされ、同時に後訴の根拠とされており、ハリスに類似するとみた。(71)

スキャーリア裁判官は、火器を用いた強盗による後訴は、同一の重罪に基づく重罪遂行中の謀殺（felony murder）による公判後のものであり二重危険禁止条項に違反すると判示したハリスを、前訴と後訴の「犯罪構成要素が」別個のものではないと判示した先例と解し、ディクスンも、ハリスと同様、刑事裁判所侮辱罪の内容を成す犯行と後訴の対象たる犯行は、「大小関係にある」犯罪であり、後訴が阻止され、また、フォスターに関する、暴行を内容とする第一訴因は、既に有罪とされた行政命令違反と同一の出来事を内容とするから、二重危険禁止条項により後訴が阻止されるが、その余の、殺人目的での暴行、及び傷害又は誘拐の脅迫の訴因による後訴は、ブロックバーガによれば同一犯罪ではないので、阻止されない、と判示した。(72)(73)

殺害意図での暴行に関する第五訴因による後訴及び、傷害又は誘拐の脅迫に関する第二、第三、第四訴因による後訴は阻止されないと判示した。行政命令では、「陵虐、暴行又はその他の方法での脅迫若しくは身体への虐待行為」が禁止されており、この条件違反を理由とする裁判所侮辱罪の訴追では、第一に、この行政命令を知っていたこと、第二に、その条件への意図的違反が要件であるのに対し、殺害意図での暴行では、殺害の具体的意図の証明が要件とされ、単純暴行では足りず、また、行政命令を知っていたことはその要件ではないので、前訴と後訴では犯罪が異なり、第五訴因による後訴に二重危険禁止条項違反はないと判示し、第二、第三、第四訴因に関しても同様に、裁判所侮辱を理由とする訴追は、妻に対する脅迫を禁止した行政命令違反を理由とするが、後訴では行政命令の意図的違反は要件ではなく、また、後訴の脅迫は、誘拐、障害、他人の財産毀損の脅迫でなければならないのに対し、裁判所侮辱罪の脅迫は、この脅迫を要件としておらず、脅迫一般（in any manner threaten）を禁止するに止まり、両犯罪は異なる要素を含んでおり、ブロックバーガによれば後訴は阻止されないと判示した。

次に、法廷意見は、前訴で訴追された犯行を後訴での犯罪の必須要素の証明に用いる場合には後訴は阻止されると判示したグレィディ(74)を変更すると判示した。グレィディは、長きに亙る歴史を有し、数多くの先例で受け入れられてきているブロックバーガと異なり、憲法上の根拠を欠き、このグレィディの「同一行為」の法理は、先例と全く一貫性がなく、二重危険禁止に関するコモン・ロー上の理解にも全く合致しないという(75)。

法廷意見はこのように、基本的には、構成要件上の要証事実の比較に焦点を当てる、ブロックバーガを基本として後訴の可否を判断する立場に立ち、ブロックバーガによれば、ディクスンの後訴及びフォスターの第一訴因による後訴は二重危険禁止条項に反し阻止されるが、その余の、第二、第三、及び第五訴因による後訴は阻止されないと判示した。

レーンクエスト裁判官の補足意見

レーンクエスト裁判官は、ブロックバーガを「法律上の構成要件」の比較に焦点を当てた判断であるとする見解をより徹底し、本件ではいずれの後訴も阻止されないと解すべきだとの意見を展開している(76)。

レーンクエスト裁判官は、スキャーリア裁判官のブロックバーガを適用して後訴が阻止されると判示した部分(77)に反対し、裁判所侮辱罪と、その裁判所侮辱罪成立の条件となっている犯罪の要素（犯罪成立要件）は異なり、したがって、ブロックバーガによれば個別の犯罪と考えるべきであり、本件は大小関係にある犯罪の場合ではない、という。裁判所侮辱罪の「規定」は、①裁判所の命令が発せられ、その命令を被告人が知っていること、及び②被告人の、この命令への意図的違反を要件とし、この両要件は、被告人が裁判所侮辱罪成立の条件たる犯罪である暴行又は薬物頒布の犯罪行為の証明があっても証明される関係にはなく、同様に、裁判所侮辱罪の証明があっても裁判所侮辱罪の成立条件である犯罪の成立要件の証明はない。

ブロックバーガを適用してきた二重危険禁止に関する先例は、被告犯罪の「法律上の成立要件（statutory elements）」に焦点を当てているのであり、特定の大陪審起訴で証明すべき事実に焦点を当てているのではないのであり、スキャーリア裁判官は、裁判所の命令違反の証明に必要な事実に焦点を当てている点で、変更するとしたはずのグレィディと類似している、と判示して、ブロックバーガを徹底させる立場に立った。ハリスは、「法律上の」犯罪構成要素に焦点を当てており、前訴の対象となった重罪遂行中の謀殺（felony murder）は武装強盗の証明を要件としてはいないが、被告人が「何らかの」重罪遂行中であったことを要件としており、したがってさまざまの重罪を含む関係にあったが、本件では、刑事裁判所侮辱罪の規定は、暴行又は薬物頒布を含むことが犯罪構成要件の定義上言及されておらず、大小関係のある犯罪とはいえない場合であり、コケインの頒布目的での所持罪は、重大重罪であり、比較的軽微な犯罪である刑事の裁判所侮辱罪に含まれるより小さな犯罪であるとはいえず、したがって、グレィディ以前の先例によれば本件後訴は阻止されない、と解すべきであると判示した。

ソーター裁判官の補足・反対意見

これに対し、ソーター、スティーヴンス、ホワイト、ブラックマンの各裁判官は、罪数の問題と、再訴追の問題は別個の視点から考えるべきだとの意見を展開して、本件では、後訴は全て阻止され、また、先例の変更は不要だと判示した。(78) ソーター裁判官の意見が最もよく争点を明確にしていると思われるので、ソーター裁判官の一部補足、一部反対意見の大略をみてみよう。(79) ソーター裁判官の意見の骨子は次のようなものである。

① 二重危険禁止条項は同一犯罪行為を理由とする二重処罰と再訴追の双方を禁止するが、二重処罰禁止と再訴追の禁止とではその目的、機能が異なり、異なる基準が適用される。

② 刑の併科が許されるか否かは議会の意図の解釈に関係し、裁判所は議会の意図する範囲を超えた同一犯行に関する刑の併科は許されない。二つの犯罪の要素に注目するブロックバーガは別罪として処罰が許されるか否かの基準であり、議会の意図の解釈に関係し、議会が複数の処罰を認める意図が明らかな場合には、ブロックバーガは刑の併科を阻止しない。

③ 再訴追の禁止は、これとは異なる。再訴追を禁止するのは、再訴追により、困惑させられ、犠牲を強いられ、試練に立たされ、不安と安全喪失の引き続く中で生活することを強いられ、政府側が立証を改善して無辜が有罪とされる危険を高める、等の弊害を阻止するためである。[80] 同一の行為から生じた犯行全部について別訴追が許されることになると、政府は犯罪の定義を操作し、本質的に同一の犯罪行為に関し再度被告人を公判に付す細切れ訴追が可能となる。犯罪成立要件が異なり、刑の併科が許される場合でも、再訴追は許されない。ブロックバーガは再訴追が許されるか否かを決める唯一の基準ではない。二つの犯罪が個別で刑の併科が許される場合でも、後訴が前訴で既に解決された事実上の争点を再度争うことが必要な場合には、再訴は阻止される。[81]

法廷意見と少数意見との先例の理解の相違

このような補足・反対意見と、法定意見との対立は、先例の理解の相違に如実に示されている。

スキャーリア裁判官は、再訴追と刑の併科、二重処罰では二重危険禁止条項の意味が異なるというソーター裁判官の意見に対し、確かにいずれも二重危険禁止条項の内容だが、グレィディを除き、この二つの場合に異なる基準が適用されるという立場の根拠となる先例はなく、付随的禁反言により政府が敗訴したのと同一事実を理由とする後訴が阻止されることはあるが、[82] これは、別罪の同時訴追義務を課したものではないと判示し、ソーター裁判官が「同一行為」の法理の根拠とするニールセン、[83] ブラウン、[84] ハリス、[85] ヴィタール[86] はその根拠にならないという。

スキャーリア裁判官は、ニールセン[87] は、大小関係にある大きな方の犯罪を訴追すれば、小さな方の犯罪を理由とする後訴は阻止されるとの、ブロックバーガに完全に合致する普通の基準を適用したものであり、ブラウンの、[88] ブロックバーガは再訴追の可否を決める唯一の基準ではないという註は、ニールセンのみを根拠としており、全くの傍論であるのみならず、ニールセンをブロックバーガを認めた最初の先例だと判示するブラウンの本文と明らかに矛盾すると判示して、ブラウンはニールセン同様、大小関係にある犯罪の場合を扱った先例だという。

さらに、スキャーリア裁判官は、ハリスも、その議論は全て、二つの犯罪の「要素（element）」が同一か否かに焦点を当てて、重罪遂行中の謀殺（felony murder）の立証には、その基礎となる重罪の構成要素（ingridients）全部の証明が必要だと判示しており、ハリスは犯罪構成要素に焦点を当てて大小関係に或る犯罪行為（offense included）を扱った先例であり、行為の同一性を問う先例ではない、という。

また、ヴィタールがハリスを、大小関係にある犯罪の場合に二重危険禁止条項により後訴が阻止されるという先例だと解していることは明らかであり、ヴィタールをグレィディの「同一行為」の基準を採用したものだと解すべき根拠はないと判示する。

グレィディ以前の先例でありニールセン後の先例である、ガヴィエレス[89] とバートン[90] は、後訴はブロックバーガに反されないことを理由に許されると判示しており、これらの先例に照らせば、ニールセンは犯罪構成要件要素の比較による先例と解すべきだと判示した。

スキャーリア裁判官は、ハリスの事実にグレィディを適用したと想定すると混乱が生ずるので、グレィディ[91] は変更すべきだという。

最初に被告人を強盗を理由とする重罪遂行中の謀殺（felony murder）を理由に訴追し、次に、被告人を同一の出来事を理由とする火器を利用した強盗で大陪審起訴した場合を想定すると、グレィディがなければ、ブロックバーガによれば後訴は阻止されないのであり、コモン・ローではこの場合後訴は阻止されない、として、ヴァンダーコゥム[92]を引く。ヴァンダーコゥムは、住居侵入窃盗を理由とする公判の途中で、その住居侵入盗の期日に財物が窃取されていないことが判明したために公訴が取下げられ、次に、窃盗意図での住居侵入で訴追した事案であり、後訴は、この二つの犯罪行為がその性質上明らかに異なっており、一方の証拠が他方の起訴の有罪を立証する関係にないから、許されると判示された。スキャーリア裁判官はコモン・ローと同じ理解に立って第五修正の二重危険禁止条項を理解し、この立場からグレィディは「混乱」を生むと評し、変更すると判示する[93]。

これに対し、ソーター裁判官の先例の理解は法廷意見とは大きく異なっている。

ソーター裁判官は、ニールセン[94]は、ブロックバーガ法理によらない立場に立つ先例であると判示し、法廷意見は、先例を狭く解釈し、二重危険禁止条項の保護を意味のないものにしてしまっている、と批判し、グレィディを変更すべきではなく、本件では、二重危険禁止条項により、全訴因に関し後訴が阻止されると解すべきだと判示した。

ソーター裁判官は、ニールセンを次のように説明する。

ニールセンは、前訴で被告人が複数の女性との「同棲（cohabitation）」を理由に有罪とされた後に、前訴の行為の翌日の「姦通（adultery）」を理由に起訴された事例だが、これを一連の継続犯だとしたうえで、ブロックバーガと同様の立場をとるモーレィ[95]は適用されないと判示した。ニールセンは、未婚の女性との「淫らな関係（"lewdly and lasciviously associating" with an unmarried woman）」を理由とする前訴と「姦通（adultery）」を理由とする後訴で同一の性交が証明に用いられたが、双方の犯罪の証明要件が異なるので後訴は阻止されないとした先例であるモーレィは適用されないと判示し、その理由を、「淫らな関係」は性交を要件としないが、同棲（cohabitation）は性交を黙示的要件とする点でモーレィと異なり、次に、仮にモーレィでも、性交が「淫らな関係」の要件だと解しても、前訴の対象たる継続犯の内容を成すさまざまの行為のうちの一つの行為を理由とする後訴は、二重危険禁止条項に違反すると判示して、ブロックバーガによらないことを明らかにしている。ニールセンは、前訴で訴追された行為が後訴の「主たる構成要素」である場合には、後訴は許されず、「姦通（adultery）」を理由とする後訴の重要部分（必須部分）は性交であり、この行為は既に「同棲（cohabitation）」を理由に有罪とされているので、後訴は許されないと判示している。ニールセンがブロックバーガによっていないことは、「同棲（cohabitation）」は法律上の婚姻関係を要件としないのに対し、「姦通（adultery）」は婚姻関係を要件とし、法律上の要件事実を異にする点に示されている。

ソーター裁判官は、ニールセンの判示内容をこのように説明し、ニールセンは、前訴の対象たる行為を内容（重要部分）とする後訴は阻止されるとの、ブロックバーガと全く異なる先例ととらえ、ニールセンをブロックバーガと同様に解する法廷意見を批判した。

次にソーター裁判官は、このニールセンが現代の先例にも継承されていると判示し、ブラウン、[96] ハリス、[97] ヴィタール、[98] グレィディ[99]について次のように判示する。

ブラウンでは、ブロックバーガは再訴追の可否を決める唯一のテストではなく、二つの犯罪が別個であり刑の併科が許される場合でも、前訴で既に解決された事実上の争点を後訴で再度争うことが必要な場合には、再訴は阻止されると判示している。このブラウンの判示はニールセンに拠っている。

ハリスでは、火器を利用した強盗による重罪遂行中の謀殺（felony murder）で有罪とされた後のその武装強盗を理由とする訴追は、二重危険禁止条項に違反すると判示したが、この二罪は、前者は、重罪遂行中の謀殺を要件とし、他方、後者は強盗中の火器の使用を要件とするのでブロックバーガによれば刑の併科が許される別罪だが、前訴に含まれる犯罪の再訴追の場合だとして二重危険禁止条項違反を認定し、ブロックバーガでは再訴追の可否を決める基準として不十分であると判示したニールセンを先例に引いている。ハリスはニールセン同様、実際に訴追を受けた行為の観点から前の有罪を考える立場に立った先例であり、ブロックバーガが再訴追の可否を決める唯一の基準であるのではないことを明らかにした先例と解することができる。

ヴィタールでも、ブロックバーガによれば同一犯罪でなくとも二重危険禁止条項違反が生ずることを明示した。減速義務違反による訴追後の、過失致死を理由とする後訴の可否が問われ、ブロックバーガによりこの二罪が大小関係にあるとされる場合だけが再訴禁止となるのではなく、前訴で有罪とされた行為が、後訴の対象である、より重大な犯罪の必須要素であればブラウンとハリスにより後訴は阻止される旨判示している。

ニールセン、ハリス、ヴィタールは、ブロックバーガが充足されていても、前訴で訴追の対象となった犯罪行為を理由とする後訴は許されないとする立場を明らかにした先例であり、この立場がニールセン以来明らかでなかったとしても、グレィディでは、被告人が既に訴追を受けた犯罪行為が、後訴の対象である犯罪行為の証明の必須部分を成する場合には、後訴は二重危険禁止条項により阻止されると判示しており、この立場は、ニールセンを適用したものにすぎない。

ソーター裁判官は、大略以上のように、ブロックバーガの基準で再訴追の可否を決める立場は細切れ訴追の弊害を生むのであり、二重処罰の問題と再訴追の問題を区別して二重危険禁止条項を解釈すべきで、グレィディを変更すべきではなく、ニールセンから、ハリス、ヴィタール、グレィディまでの先例を適用すれば本件の後訴は全て二重危険禁止条項により阻止されると判示し、ディクスン事件では、裁判所侮辱罪を理由とする有罪は、彼が何らかの犯罪を犯したことと裁判所の命令を知っていたことを要件とし、他方、後訴では、頒布意図でのコケインの所持を要件とするが、前訴と後訴では、同一のコケインの所持が争点となっており後訴は阻止され、フォスター事件の場合も、前訴と後訴では同一の行為が争点となっており、後訴は二重危険禁止条項に違反する、と判示した。

以上のように、法廷意見と反対意見との間には、先例の解釈を廻り、鋭い対立がある。ブロックバーガを基礎とすべきであるとする意見は、依然法廷意見ではあるものの、ブロックバーガを再訴追に関する先例とする立場から離脱すべきであろうとする重要な動向がディクスン及びフォスターでの四名の裁判官の意見に示されている点が注目される。(100)先例をどのように解するかは、二重危険禁止条項のねらいをどのように理解するかにより大きく異なるであろう。先例それ自体は、法廷意見のように解することができる要素も、反対意見のように解することができる要素のいずれも持つが、先例の意味をどのように解するかは、過去の時点で決まるというよりも、むしろ、法原理についての理解と、あるべき法運用についての理解の相違に由来しているといえるだろう。

四　展　望

再訴遮断の範囲に関して、罪数と再訴遮断の範囲を同一の基準で考察するという立場は、スキャーリア裁判官の意見に説得的に示されているが、この立場は、説得的なものとはいえない。(101)

コモン・ローでは、ヴァンダーコゥムのような理解がとられたが、この法理を今現在も墨守すべき必然性は失われている。

犯罪の数が少なかった状況の下では、犯罪構成要件が異なれば、再度の訴追は、禁止されないという立場をとることもできないではないが、数多くの刑罰法規を有するに至り、検察官に広範な訴追裁量権が与えられている状況では、検察官が訴追裁量権を濫用することで、被告人が再度刑事裁判に巻き込まれることによる圧政、迫害の危険が生ずる虞があり、このような状況の変化を前提とするならば、かつてのコモン・ロー法理を墨守することではおよそ十分ではないとみる、二重危険の原理的視点を基礎とする判断がソーター裁判官の意見の基礎にあろう。(102)

スキャーリア裁判官の意見は、コモン・ローを墨守する姿勢が顕著だが、コモン・ロー自体が、変化する状況に照らして、原理を基礎に生成発展するという特長を持つ。先例は確かに重視されるべきだが、その先例に示された原理こそが重視されるべきであろう。圧政を阻止する視点を踏まえて生み出された二重危険の原理が、かつてとは異なる状況の下で実現されるように、法理を発展させることこそがコモン・ローの本来のあり方に適うというべきであろう。

出発点とされるブロックバーガは、既に指摘したように、罪数が問題となった先例であって、再訴追の規律が問題となった事例ではない。それにもかかわらず、これを、再訴追の可否を考える際の出発点に捉えたために、それ以降の判例の展開に混乱と歪みが生ずることになったということができるのではなかろうか。ハリス、(103)ブラウン(104)などの、ブロックバーガ以降の先例は、ブロックバーガに拠りつつも、再訴追の規律に向けて歩を進めてきたものと解するべきであろう。単に先例の文言をとらえて解釈するのではなく、先例を支えるフィロソフィーを踏まえ、将来の方向を展望した解釈が必要とされるだろう。また、先例でとらえた考え方を支える社会的背景と、その変化に留意した解釈が必要とされるであろう。

ソーター裁判官の意見に示されるように、罪数の問題と再訴追の問題とでは、関係する利益が異なり、それぞれに関係する法理はその機能を異にすると理解されるべきものである。ブロックバーガは、議会の処罰意図の解釈の問題であり、他方、再訴追は、グリーンに示されたように、再度の訴追による不利益を利用する圧政や迫害目的、嫌がらせ目的の刑事手続の利用の阻止の問題なのであり、両者を同一の基準で規律することは合理的解決をもたらさない。一度に訴追された数罪を一罪として処罰するのではなく、併合罪（数罪）として処罰することが、議会の意見解釈からみて、許されると解しても、一度で訴追できる犯行を数度に亙って再訴追することが許されることになれば、被告人の生活の安定は害され、無辜を有罪とする事態をもたらし、圧政に亙る法運用に道を開くことになる。アッシュで「付随的禁反言、（争点阻止効）」が二重危険禁止条項の内容を成すとして、再度の訴追を遮断する判断を示したのは、このような考慮が働いていたからこそであろう。

構成要件の比較に狭く焦点を当てる、スキャーリア裁判官の法廷意見やレーンクェスト裁判官の立場は、数多くの刑罰法規を有する状況下で検察官に広範な訴追裁量権が与えられているという法状況に照らしてみると、訴追の利益と刑事裁判に巻き込まれる者の利益との妥当なバランスを樹立しているといえるのか疑問であり、ソーター裁判官の示す方向にこそ、妥当なバランスを見いだす道があると思われる(105)。

五　おわりに

以上みたように、自由保障の観点から圧政を阻止し、訴追（prosecution）が迫害（persecution）となることを阻止することに二重危険禁止条項の狙いがあることを踏まえて、その狙いとの関連で、検察官の訴追裁量の規律に焦点を当てて再訴遮断の範囲を検討する議論が合衆国最高裁判所の四名の裁判官の意見で展開されてきている動向に留意する必要があろう。ブロックバーガによるべきであるとする法廷意見と僅差の少数意見にはかなりの説得力がある。

我が国では、職権主義の影響もあって、裁判官の権限の観点から一事不再理や二重危険に関する議論が展開される傾向が強いが、問題の中心はそこにではなく、政府の訴追裁量権の規律にある。捜査、訴追活動を、必要最小限度の干渉で済ませる必要を強調する制限政府の視点に立つのが二重危険禁止条項であり、再訴追の問題は、この視点からの政府の裁量の法的規律の問題として考察されるべきである。訴追裁量権の規律を中心に据えて議論を展開するソーター裁判官の意見に代表されるアメリカ合衆国最高裁判所裁判官の二重危険についての理解は、二重危険に関する基本的フィロソフィーを同じくする我が国にとっても重要な意義があると思われる。コモン・ローを基礎とする国では先例の解釈が、制定法国といわれる国では制定法の「解釈」が重視されるが、いずれの場合も、法の狙いと関連させて法の機能する状況を踏まえて法解釈がなされるべき点で共通している。本来の法の狙いを、現在の法状況を踏まえて実現するという、ソーター裁判官の意見に代表される法解釈のアプローチは、我が国の法運用にとっても重要な示唆を与えるものであろう。

（1） 団藤重光『刑事訴訟法綱要（七訂版）』（創文社）（一九六七年）、高田卓爾『刑事訴訟法』（青林書院）（一九八四年）、田宮裕『一事不再理の原則』（有斐閣）（一九七八年）、白鳥祐司『一事不再理の研究』（日本評論社）（一九八六年）。なお、中野目善則「常習罪と後訴遮断の範囲」法学新報九二巻一〇・一一・一二号（一九八六年）本書一七三頁、「検察官の裁量と二重危険禁止条項」法学新報九六巻一・二号（一九八九年）本書二一一頁、「二重危険の原理――罪数と二重危険禁止条項の「関係」を中心に」刑法雑誌三一巻四号（一九九一年）本書二四九頁を参照。

（2） 憲法三七条一項、憲法三八条一項、刑訴法二五六条。最高裁判所判例（第三者没収事件）最大判昭三七年一一月二八日刑集一六巻一一号一五九三頁は、「告知を受ける権利」の重要性を指摘する。最高裁判所の判例の基調は、被告人の防禦の充実という観点から、訴因に関する争点を判示してきているということができる。渥美東洋『基本判例解説刑事訴訟法（第三版）』（一九九六年）参照。論争主義、弾劾主義については、渥美東洋『刑事訴訟法（新版）』（有斐閣）他を参照。

（3）刑訴法二四八条。最高裁判所はチッソ川本事件で、職務犯罪を構成するような例外的場合をのぞいては、検察官の裁量は尊重されなければならない旨判示している。（最決昭五五年一二月一七日刑集三四巻七号六七二）。

（4）渥美東洋『刑事訴訟法要諦』（中央大学出版部）（一九七四年）、渥美東洋『刑事訴訟法（新版）』（有斐閣）、渥美東洋「いわゆる余罪と二重危険禁止の原則」『刑事訴訟における自由と正義』（有斐閣）（一九九四年）所収（一九九四年）三一六頁、などにおいてこの点を前提にして検討を加えてきている。検察官の訴因は「最大限主張」であるとする渥美教授の見解や「手続単位説」は、訴追における検察官の裁量の規律をも目指すものである。中野目善則「検察官の裁量と二重危険禁止条項」も併せて参照。

職権主義の考え方と政府の権限の発動を必要最小限度のものにとどめるという考え方は大きく異なっており、現行法では、後者の立場に立つ。この点について、渥美東洋『刑事訴訟法（新版）』（有斐閣）、中野目善則「ミルジャン・ダマシュカ『裁判と国家の権威の諸様相――法過程への比較的アプローチ（比較による法過程へのアプローチ）』DAMAŠKA, FACES OF JUSTICE AND STATE AUTHORITY — A COMPARATIVE APPROACH TO LEGAL PROCESS (1986) YALE UNIVERSITY PRESS」法学新報九七巻五号（一九九一年）本書二九九頁所収。

（5）この点に関して、前註の文献の他、渥美東洋編『米国刑事判例の動向Ⅰ』（中央大学出版部）（一九八九年）掲載の二重危険関係の判例の紹介及び解説を参照。

この基本的視点は、共通の理解が得られなければならない。

（6）罪数と訴因（及び訴因変更）と二重危険との関係について、早くから、それぞれを別個の観点から考察すべきことを説いてきたのは、渥美東洋教授である。渥美東洋「いわゆる余罪と二重危険禁止の原則」『刑事訴訟における自由と正義』所収（一九九四年）三一六頁及びそこに引用された文献を参照。なお、中野目善則「常習罪と後訴遮断の範囲」法学新報九二巻一〇・一一・一二号（一九八六年）本書一七三頁所収、中野目善則「検察官の裁量と二重危険禁止条項」法学新報九六巻一・二号（一九八九年）本書二二一頁所収、中野目善則「二重危険の原理――罪数と二重危険禁止条項の「関係」を中心に」刑法雑誌三一巻四号（一九九一年）本書二四九頁所収参照。

本章では、米国における二重危険禁止条項を廻る法状況について検討し、この検討を通して、究極的には、米国法と我が国の法に共通する問題を考察することを狙いとするものである。

（7） 何人も同一犯罪行為を理由に生命又は四肢を二度危険に晒されることはない、と定める。Nor shall any person be subject for the same offence to be twice put in jeopardy of life or limb... 第五修正の二重危険禁止条項は、第一四修正を通し州にも適用される。Benton v .Maryland, 395 U. S. 784 (1969).

（8） たとえば、臼井滋夫『刑事訴訟法判例百選（第四版）』（一九八一年）二〇三頁90事件（一連不再理の範囲）。

（9） 後述の本文及び渥美東洋編『米国刑事判例の動向Ⅰ』の二重危険に関する諸判例参照。

（10） United States v. Dixson and Foster, 509 U. S. 688 (1993) での、ソーター、ホワイト、スティーヴンス、ブラックマンの各裁判官である。

（11） 米国法の動向に関するこれまでの文献として、高田昭正「一事不再理の客観的範囲——英米法を中心として」大阪市立大学法学雑誌二三巻二号（一九七六年）二四九頁、田宮裕『一事不再理の原則』（一九七八年）、田口守一『刑事裁判の拘束力』（成文堂）（一九八〇年）一七一頁以下、渥美東洋「いわゆる余罪と二重危険禁止の原則」『刑事訴訟における自由と正義』所収（一九九四年）三一六頁、渥美東洋編『米国刑事判例の動向Ⅰ』、北側佳世子「アメリカ合衆国憲法修正五条の「同一犯罪」の判断基準について」『アメリカ刑事法の諸相・鈴木義男先生古稀祝賀』（成文堂）（一九七六年）二〇五頁、などを参照。

（12） 日本国憲法は、個人主義を基調に、自由の保障に関して政府の権限の発動を必要最小限度にとどめる、英米の法思想、法の考え方を継受していることは、表現の自由を保障する憲法二一条、プライヴァシーの保障の観点から捜索・押収について定める憲法三五条、弾劾主義を定めた憲法三八条などに明確に示されている。二重危険禁止条項も、これらの自由保障の規定と同様の考え方によるものである。三権分立のあり方を含め、憲法の基本構造は、英米流の法の考え方を継受したものだといってよいだろう。憲法三九条だけを、憲法の基調から切り離して、大陸法の考え方を採用したものと解すべき合理的根拠はない。

（13） Notes and Comments, Twice in Jeopardy, 75 Yale L. J. 262, 272 (1965).

（14） ランゲ（Lange）事件。Ex parte Lange, 85 U. S. (18 Wall) 167 (1873). ランゲ（Lange）は、一度有罪とされた者を同一犯罪で再度審理できないのは、再度有罪と認定される危険があるからではなく再度有罪とされるとその法的帰結として刑罰が科されるからであり、二重危険禁止条項はその現実の危険（real danger）から被告人を保護しているのだと判示したが、プライス対ジョージア Price v. Georgia, 398 U. S. 323 (1970) は、「謀殺」で大陪審により起訴され「任意故殺」と認定され有罪判決を受け被告人が新たな公判を求め破棄を得た後の「謀殺罪」による再度の公判は、二重危険禁止条項に違反すると判示し、再度の公判自体に伴うスティグマなどを指摘して、再度の公判それ自体が阻止されることを強調している。

プライス事件の事実の概要は次のようなものである。

被告人は謀殺罪で大陪審により起訴され謀殺に含まれる小さい方の犯罪である任意故殺で陪審は有罪を認定し、被告人は一〇年から一五年の収監刑を言い渡された。陪審の評決は謀殺に触れていなかった。州の上訴審は陪審説示の誤りを理由に有罪を破棄し新公判を命じた。被告人は謀殺罪を理由に新公判に付され、陪審は任意故殺で有罪を認定し、被告人は一〇年の収監刑を言い渡された。この第二の公判は二重危険禁止条項に違反するか否かが争点となった。

バーガ首席裁判官が執筆の法廷意見は、謀殺を理由とする再度の公判それ自体が阻止されると判示した。二重危険禁止条項により禁ぜられるのは二度の処罰ではなく被告人を二度公判に付すことである（United States v. Ball, 163 U. S. 662 (1895)）。合衆国憲法の「二度危険に置かれる」（twice put in jeopardy）とは、被告人がはじめに審理された罪と同一犯罪で再度有罪とされる可能性、すなわち、危険（risk）をいう。グリーンは、最初の公判で起訴されたが評決で触れられなかった第一級謀殺罪について、①黙示的に無罪とされている、②第一級謀殺罪についての危険は最初の陪審がある評決を答申する完全な機会を与えられ、第二級謀殺について評決を下したときに終わっている、という二つの理由から、第一級謀殺についての審理は許されないとしたが、この構成が本件にも当てはまる。本件で申請人は大小関係にある大きい方の犯罪について再度の公判で有罪とされない点でグリーン事件と異なるが、両事件とも大きい方の罪で有罪とされる危険（risk）は同じであり、二重危険禁止条項は公判に付され有罪とされる可能性または危険（risk）という観点から書かれているのであって、処罰（punishment）という観点から書かれているのではない。また、評決の究極的な法的結果という観点から書かれたものではない。こう述べて、謀殺による有罪を破棄し、任意故殺で再度被告人を公判に付せるか否かは州法の解釈と州の裁判所が救済命令を発する権限により左右されるので、事件を州裁判所に差戻した。

なお、法廷意見は「処罰という観点から書かれたものではない」と述べているが、ピアス（North Carolina v. Pearce, 395 U. S. 711 (1969)）にも示されているように、有罪に対し被告人が上訴し、有罪が破棄されその後の再度の公判で再度被告人が有罪と認定されて量刑を言い渡された場合、はじめの有罪後既に執行を受けた刑を再度の公判による有罪の量刑から差し引くことが二重危険禁止条項との関係で求められるので、この判示は、二重危険は、再度の公判自体を阻止するとの趣旨を強調する趣旨であろう。

(15) 以下で取り上げる諸事件はこの関心に関係する。渥美東洋編『米国刑事判例の動向Ⅰ』所収の二重危険に関する判例を参照。

(16) Green v. United States, 355 U. S. 184 (1957).

ちなみに、グリーン事件 Green v. United States, 355 U. S. 184 (1957) の事実の概要は次のようなものである。被告人グリーンは、放火、及び放火により一婦人を死に至らしめたとの二訴因で大陪審起訴され、第二訴因は、第一級謀殺で死刑を科されうる犯罪であった。公判裁判官は、陪審員に、第一訴因の放火については有罪を認定でき、第二訴因ついて、①第一級謀殺罪または②第二級謀殺罪のいずれかでグリーンの有罪を認定できると説示し、陪審はグリーンを放火と第二級謀殺で有罪と認定したが、第一級謀殺で有罪と認定せず、第一級謀殺については評決には何も述べられていなかった。この評決を公判裁判官は受理し、グリーンは、放火について三年、第二級謀殺について五年から二〇年の拘禁刑の量刑を言い渡された。グリーンは、第二級謀殺による有罪について上訴し、Court of Appeals はこの有罪を証拠不十分だとして破棄し新公判を開くよう事件を差戻した。グリーンは差戻に基づき、当初の訴因により第一級謀殺について審理され、第一級謀殺で有罪とされ、命令的死刑（mandatory death sentence）の量刑を受けた。グリーンは再度上訴したが、Court of Appeals はトロノ(Trono v. United States, 199 U. S. 521 (1905)) に従って前の危険の抗弁を却下し、この有罪を確認した。合衆国最高裁判所は、サーシオレイライを認容し、原審判断を破棄した。

ブラック裁判官執筆の法廷意見は、無罪評決は終局的であり、無罪が誤ったものであることが明らかな場合でも、政府が再度の公判を求めることができない理由を、再度の公判に伴う種々の不利益を指摘して訴追の一回性を強調する、本稿の本分で述べるグリーンの原理に求め、①被告人が上訴して有罪破棄を獲得後同一犯罪で被告人を審理できると解する大抵の裁判所は、被告人が有罪判決の破棄を求めたことで前の無罪の抗弁を「放棄」したとみるが、本件では、第一級殺人について陪審は黙示的に無罪の評決を下したものとみることができ、また、②陪審はある評決を答申する完全な機会を与えられ、これを阻止する例外的な状況は何らなく、危険は終了しており、したがって、グリーンは第一級謀殺について無罪とされたと解すべきであり、本件は、前の危険の観点からは陪審が第一級謀殺について無罪、第二級謀殺罪について有罪の評決を明確に答申した場合と何ら異ならない、と判示した。被告人が上訴しなければまたは上訴しても成功しなければ第一級謀殺について被告人は再度公判に付されることはなかったのに、誤って下された有罪の破棄を得るため、有罪とされず被告人の上訴にも含まれていない異なる犯罪である第一級謀殺罪について、憲法上の前の危険の抗弁を「放棄」する選択をしたと解するのは不合理である旨指摘し、危険継続論の主張も却けた。

(17) Green v. United States, 355 U. S. 184, 187–88 (1957).

(18) 迅速裁判条項との共通性については、United States v. Marion, 404 U. S. 307, 320 (1971) を参照。「検察官上訴と二重危険」比較法雑誌一七巻一号（一九八二年）四九、五六頁。

(19) Blockburger v. United States, 284 U. S. 299, 304 (1932). 以下、本文及び註で、ブロックバーガとは、このブロックバーガ事件を指す。

(20) Rutledge v. United States, 517 U. S. 292 (1996)；Ball v. United States, 470 U. S. 856 (1985)；Missouri v. Hunter, 459 U. S. 359 (1983)；Albernaz v. United States, 450 U. S. 333 (1981)；Whalen v. United States, 445 U. S. 684.

(21) 後述の本文参照。ブロックバーガが出発点とされるが、この事件は、罪数に関する事件であり、再訴追が問題となった事件ではない。ブラウンでは、一つの公判で刑の併科がブロックバーガの大小関係にあり禁止されるのであれば、後訴は許されない関係にある旨判示しており、刑の併科と再訴追の禁止が十分に区別されていない。もっとも、一個の社会的行為に、形式的には複数の犯罪が成立しても、罪数論上、一個の犯罪でしか処罰することができない場合には、後訴が許されないという関係にあるといえる。だが、これは、事後的な裁判所の罪数に関する判断によって判明することであり、訴追時に明らかであるとは一般的にはいえない。ブロックバーガは議会の意図の補充的解釈原則に止まるので、ブロックバーガにより、大小関係にあるといえても、刑の併科が許される場合も生ずる。

なお、この事件では補足意見で、同一エピソードの範囲にある場合には後訴が阻止されるとする考え方を示している。

渥美東洋編『米国刑事判例の動向Ⅰ』での、Ball v. United States, 470 U. S. 856 (1985)；Missouri v. Hunter, 459 U. S. 359 (1983)；Albernaz v. United States, 450 U. S. 333 (1981)；Whalen v. United States, 445 U. S. 684 の紹介及び解説（中野目善則担当）を参照。See also, Rutledge v. United States, (517 U. S. 292 (1996).

(22) レーンクェスト、スキャーリア裁判官などがこの立場をとる。現在のところ、この立場がアメリカ合衆国最高裁判所の法廷意見である。ブロックバーガによるとはいっても、その理解は一様ではない。

(23) このことを如実に示しているのは、ディクスン及びフォスター事件 United States v. Dixson and Foster, 509 U. S. 688 (1993) のソーター裁判官の意見である。

(24) Blockburger v. United States, 284 U. S. 299, 304 (1932).

(25) Brown v. Ohio, 432 U. S. 161 (1977)；Harris v. Oklahoma, 433 U. S. 682 (1977)；Illinois. v Vitale, 447 U. S. 410 (1980)；Blockburger v. United States, 284 U. S. 299, 304 (1932).

(26) The King v. Vandercomb & Abbott, 2 Leach 707, Eng. 455 (1976).

(27) The King v. Vandercomb & Abbott, 2 Leach 707, Eng. Rep. 455 (1976) は次のような基準を示した。「第二の起訴陪審による起訴に含まれている事実を証明すれば第一の起訴陪審による起訴で被告人を有罪とできた関係になければ、第一の起訴陪審による起訴での無罪は第二の起訴陪審による起訴を阻止しない。」ブロックバーガ以前にブロックバーガと同内容の判示をしたモーレィ（Morey v. Commonwealth, 108 Mass. (12 Brown) 433 (1871)）は次のようにいう。「一方の起訴で有罪を下すために求められる証拠が、他方の起訴で有罪を十分に保証する場合でなければ、別の起訴は阻止されない。」「一つの行為が二つの刑罰法規に違反し、各規定が他方の規定で要件とされていない別の事実の立証を要件としているならば、いずれか一方の規定により有罪または無罪とされても他方の規定による訴追を免れない。」See also, Gavieres v. United States, 220 U. S. 338 (1911). ブロックバーガは再訴追が問題になった場合ではなく、一所為数法の各罪の刑を併科できるかが問題になった事案である。

(28) The King v. Vandercomb & Abbott, 2 Leach 707, Eng. Rep. 455 (1976).

(29) Brown v. Ohio, 32 U. S. 161 (1977)；Harris v. Oklahoma, 433 U. S. 682 (1977).

(30) United States v. Dixson and Foster, 61 U. S. L. W. 4835 (1993).

(31) Harris v. Oklahoma, 433 161 (1977).

(32) Brown v. Ohio, 32 U. S. L. W. 161 (1977).

(33) Illinois. v Vitale, 447 U. S. 410 (1980).

(34) Grady v. Crobin, 495 U. S. 508 (1990).
(35) Ashe v. Swenson, 397 U. S. 436 (1970).
(36) In re Nielsen, 131 U. S. 176 (1889).
(37) Brown v. Ohio, 432 U. S. 161 (1977).
(38) なお、ブラウンの註は、ブロックバーガが再訴追の可否を判断する唯一の基準ではないと判示している。Brown v. Ohio, 432 U. S. 161, (1977).
(39) Harris v. Oklahoma, 433 U. S. 682 (1977).
(40) レーンクェスト裁判官は、ハリスは構成要件を比較した先例だという。
(41) In re Nielsen, 131 U. S. 176 (1889).
(42) Brown v. Ohio, 432 U. S. 161 (1977).
(43) なお、ハリスの補足意見で、ブレナン裁判官は、一個の犯罪行為、出来事、エピソード、または社会的行為 transaction から生じた被告人に対する訴追を全て一個の手続で進めることを原則とすべきだとする、同一エピソードの立場を、アッシュ Ashe v. Swenson, 397 U. S. 436 (1970) での同裁判官の補足意見を引いて、判示している。
(44) Illinois. v Vitale, 447 U. S. 410 (1980).
(45) Brown v. Ohio, 432 U. S. 161 (1977).
(46) Harris v. Oklahoma, 433 U. S. 682 (1977).
(47) In re Nielsen, 131 U. S. 176 (1889).
(48) この判示部分を法廷意見の要となすとみるか否かで、この先例の見方は分かれよう。
(49) レーンクェスト裁判官は、ヴィタールで、要証事実の相違を理由に後訴は阻止されないとの立場を主張している。
(50) Grady v. Crobin, 495 U. S. 508 (1990).
(51) Illinois. v Vitale, 447 U. S. 410 (1980).
(52) 過失致死の証明に減速義務違反又はそれに関係する行為の証明が必要である場合には、既に、後訴たる過失致死の必須要素を成す行為で既に有罪とされているので、後訴は阻止されるとの主張には相当説得力があると判示した部分を指す。

(53) レーンクェスト裁判官は、グレィディを「同一証拠」の原則によったものだというが、上述のようにそう解すべき根拠はない。
(54) The King v. Vandercomb & Abbott, 2 Leach 707, Eng. Rep. 455 (1976).
(55) Brown v. Ohio, 432 U. S. 161 (1977) は、大小関係にあれば再度の訴追が阻止され、いずれが先に訴追されたかという訴追の前後関係は問わないとする。
(56) レーンクェスト裁判官の立場。
(57) ブラウン Brown v. Ohio, 432 U. S. 161 (1977) やハリス Harris v. Oklahoma, 433 U. S. 682 (1977) などの諸判例をこれに入れて考えることができる。
(58) In re Nielsen, 131 U. S. 176 (1889).
(59) Ashe v. Swenson, 397 U. S. 436 (1970). この事例の紹介として、田口守一『刑事裁判の拘束力』一六五頁。
(60) In re Nielsen, 131 U. S. 176 (1889).
(61) Morey v. Commonwealth, 108 Mass. (12 Brown) 433 (1871).
(62) United States v. Dixson and Foster, 509 U. S. 688, 113 S. Ct. 2849 (1993).
(63) Ashe v. Swenson, 397 U. S. 436 (1970).
(64) なお、ブレナン裁判官は、同一エピソードのテストを提唱している。合衆国最高裁判所の法廷意見にはなっていないが、アッシュの法廷意見の基調は、細切れ訴追を許すべきではないとするところにあると解されるから、かなりの共通性があろう。
(65) United States v. Dixson and Foster, 509 U. S. 688 (1993).
(66) Grady v. Crobin, 495 U. S. 508 (1990). この事件の紹介として、アメリカ法一号（一九九二年）一六〇頁。
(67) この事件の紹介として、北側佳世子「アメリカ法」一九五五年一号一五二頁がある。
(68) ソーター、スティーヴンス、ホワイト、ブラックマンの各裁判官はこのような立場に立つ。
(69) Grady v. Crobin, 495 U. S. 508 (1990).
(70) part III の部分。ブロックバーガを適用して、後訴が阻止されると判示した部分は、レーンクェスト裁判官が後訴が阻止されないという立場を採っているため、複数意見に止まる。

(71) Harris v. Oklahoma, 433 U. S. 682 (1977).

(72) Harris v. Oklahoma, 433 U. S. 682 (1977).

(73) この部分は法廷意見を構成する。

(74) Grady v. Crobin, 495 U. S. 508 (1990).

(75) コモン・ローとして、King v. Vandercomb, 2 Leach. 708, 717, 168 Eng. Rep. 455, 460 (K. B. 1976) を引用する。

(76) 再訴追の可否を決する基準としてブロックバーガを適用すべきであるとする見解は法廷意見を構成するが、ブロックバーガの適用に関しては意見が分かれており、この点に関するスキャーリア裁判官の意見は複数意見であるに止まる。

(77) パート三の部分。

(78) 罪数の問題と再訴追の問題を異なる視点から考察すべきであり、グレィディを変更する必要はないとする点でこの四名の意見は一致している。ブロックバーガによるべきだとする法廷意見とは僅差になっている。

(79) スティーヴンス裁判官参加。ホワイト各裁判官参加は、罪数と再訴追を分けて考えるべきであるとする点は全く同じであり、本件の前訴と後訴は「大小関係にある」とする点で、ソーター裁判官と異なる。ブラックマン裁判官は、罪数と再訴追の問題を分けて考えるべきだとする点で、ソーター裁判官の意見に賛成するが、裁判所侮辱罪は、通常の犯罪とは異なり、裁判所の命令の権威の確保を目的とするものであり、処罰を目的とするものではないので、裁判所侮辱罪は二重危険禁止条項にいう同一犯罪に当たらない、と判示した。

(80) Green v. United Sttes, 355 U. S. 184 (1957) を引く。

(81) Brown v. Ohio, 432 U. S. 161 (1977) を引く。

(82) Ashe v. Swenson, 397 U. S. 436 (1970) を引く。

(83) In re Nielsen, 131 U. S. 176 (1889).

(84) Brown v. Ohio, 432 U. S. 161 (1977).

(85) Harris v. Oklahoma, 433 U. S. 682 (1977).

(86) Illinois. v Vitale, 447 U. S. 410 (1980).

(87) In re Nielsen, 131 U. S. 176 (1889).

(88) Brown v. Ohio, 432 U. S. 161 (1977).
(89) Gavieres v. United States, 220 U. S. 338, at 343 (1911).
(90) Burton v. United States, 202 U. S. 344, 379-381 (1906).
(91) Grady v. Crobin, 495 U. S. 508 (1990).
(92) King v. Vandercomb, 2 Leach. 708, 717, 168 Eng. Rep. 455, 460 (K. B. 1976).
(93) このような、スキャーリア裁判官の意見も、構成要件の比較を求めるのがブロックバーガであることに照らしてみれば、不徹底であるというのがレーンクェスト裁判官の意見である。
(94) In re Nielsen, 131 U. S. 176 (1889).
(95) Morey v. Commonwealth, 108 Mass. (12 Brown) 433 (1871).
(96) Brown v. Ohio, 432 U. S. 161 (1977).
(97) Harris v. Oklahoma, 433 U. S. 682 (1977).
(98) Illinois. v Vitale, 447 U. S. 410 (1980).
(99) Grady v. Crobin, 495 U. S. 508 (1990).
(100) 法廷意見との差は僅差である。
(101) King v. Vandercomb, 2 Leach. 708, 717, 168 Eng. Rep. 455, 460 (K. B. 1976).
(102) この点に関して、Comment, Statutory Implementation of Double Jeopardy Clause : New Life for a Moribund Constitutional Guarantee, 65 Yale L. J. 339 (1956) を併せて参照。
(103) Harris v. Oklahoma, 433 U. S. 682 (1977).
(104) Brown v. Ohio, 432 U. S. 161 (1977).
(105) なお、この立場とＲＩＣＯやＣＣＥでの「前提犯罪」による訴追との関連での問題がある。

法廷意見のグレィディを変更すべきであるとした判断は、訴追対象に重複があると後訴が阻止されることになるとする立場に立てば、ＲＩＣＯ法やＣＣＥなどによる訴追の場合、前提犯罪として、既に訴追を受けた犯行を利用する関係に立つことになり、二重危険の問題を避けることができないので、それを避けるために下された判断ではないかと、とする憶測もある（see e.g., J. L. Nagel, Double Jeopardy, Conspiracy and Continuing Criminal Enterprises (Must the Section 846 Conviction Be Vacated ?), 1994 ANNUAL SURVEY OF AMERICAN LAW 125, 139.; The Need for Greater Double Jeopardy and Due Process Safeguards in RICO Criminal and Civil Actions, 70 Calif. L. Rev. 724, 753 (1982)）が、ＲＩＣＯのような、多数の時ところにまたがり、個々の犯罪行為とは異なる犯罪業体（criminal enterprise）を対象とする訴追は、結論的にいえば、これとは別個に考えられるべきものであろう。先例では、前訴で訴追を受けた行為が、後訴で訴追を受けた場合が多く問題とされてきてはいるが、問題は、実際に訴追を受けた行為が、後訴の一部をなしているか否かではなく、前訴時に検察官が起訴できたものを、検察官が訴追しないで、後訴をする点にある。したがって、この観点からは、検察官の訴追裁量権の規律が問題とされているのであって、事実上の、単なる訴追の重複が問題とされているのではないことに留意する必要があろう。

今や、ブロックバーガから離れて、グリーンで示された二重危険禁止の基本的考え方を基礎に、再訴が遮断される範囲を考察すべきときにきているといえるであろう。グリーンの考え方によれば、大小関係にある場合や、前訴と後訴で「重複」があり、実質的に前訴の行為が後訴でも訴追を受けているとみることができる関係にある場合には、後訴が阻止されるとする考え方には、十分な基礎があるとみるべきであろう。さらには、大小関係にある場合を超えて、同一エピソードの範囲まで、再訴遮断の範囲は広がるべき性質のものであろう。

再訴追の規律の観点からは、立法例の状況について若干付言しておくと、ＡＬＩ及び連邦刑法典は、強制併合（法定併合 compulsory joinder）の制度を提唱している。

一九五六年の模範刑法典は§1.08（2）で、ある者が二つ以上の犯罪で告発されており、その告発を、権限のある警察官又は検察官が知っており、かつ、単一の裁判所の裁判権の範囲内にある場合、裁判所が正義により分離公判が求められると判断して分離公判を命じた場合を除き、（ａ）それらの犯罪が同一の行為に基づいている場合、（ｂ）それらの犯罪が単一の犯罪目的を達成する意図を動機とする一連の作為又は不作為に基づく場合、及びその目的を達成するのに必要な若しくは付随する一連の作為又は不作為に基づく場合、又は、（ｃ）それらの犯罪が一つの共通の目的又は計画を動機とする一連の作為又は不作為に基づいており、その作為又は不作為が同じ犯罪を反復して実行し、又は同一人若しくは同一の人々若しくはその者の財産に侵害を加えるものである場合には、それらの罪は一つの訴追で訴追されなければならない、と定め、§1.10（2）では、前訴の罪について有罪または無罪の言渡があった場合、後訴が……（ｂ）最初の訴追で§1.08の強制併合の規定により被告人を告発すべきであった全ての犯罪に関し（但し、かかる犯罪の告発を分離して審判するよう裁判所が命じた場合、または、前の公判が始まった時に犯罪が完成していなかった場合又は検察官若しくは検察官に知られていなかった場合を除く）……この後訴は、前訴の法律違反とは異なった法律違反に基づき又は異なった事実に基づく場合でも、阻止される、と定めて、強制併合による再訴遮断の効果を規定していた。一九六二年のProposed Official Draftでは、強制併合の規定は、§1.07 (2) で、§1.07 (3) により裁判所により分離公判が命ぜられた場合を除き、数個の犯罪（multiple offenses）が同一の行為（the same conduct）に基づき、または同一の犯罪エピソード（the same criminal episode）から生じたものであるときは、適切な検察官が最初の公判を開始する時にそれらの罪を知っており、それらの罪が単一の裁判所の裁判権の範囲内にある場合には、被告人はそれらの罪で別個の公判に付されることはない、と定める。そして、§1.09で、前の訴追が有罪または無罪に終わった場合、……§1.07による最初の訴追で審理されるべきであった全ての罪、（但し、裁判所がかかる犯罪の告発について分離公判を命じた場合は除く）についてさらに訴追することは阻止されると定めて強制併合規定の効果を想定している。

連邦刑法典草案の立場を次にみてみよう。一九七一年の草案§703 (2) は、「正義を促進するために裁判所が特に命ずる場合を除き、被告人は（a）同一の行為（the same conduct）に基づく複数の犯罪、（b）同一の犯罪エピソード（the same criminal episode）から生じた複数の犯罪、（c）共通の意図ないし計画に動機づけられた一連の作為・不作為で、同一の犯罪の反覆累行を構成し、若しくは、同一人ないしその財物に対する侵害を内容とする複数の犯罪については、それが裁判所の管轄権（jurisdiction）内で発生し、最初の起訴又は検察官による起訴により起訴認否手続が行われた際、連邦検察官に発覚していた場合に、分離公判に付されることはない。」と規定し、§70では、「被告人に対する前の訴追が異なった制定法の違反を理由とし、異なった事実に基づくものであっても、以下の場合は訴追が禁止される。（a）前の訴追が§704 (3) (a) 及び（b）に規定された有罪又は無罪で終了し、又は§704（d）によって再訴が禁止される形で終了し、再訴が§703 (2) により前の訴訟で審判されたであろうような罪にかかるとき。（b）――省略」と規定し、§703 (2) の範囲で再訴が遮断されると定めている。

ＡＬＩの立場も連邦刑事法典草案も、別罪の場合であっても再訴が遮断される場合を認めており、ブロックバーガからは訣別した立場がとられている。

ＡＢＡの最低基準 Minimum Standards は、被告人が関連犯罪で告発されたことを最初の公判に先だって知っているときには、併合申立ての責任を被告人に課す点でＡＬＩ、連邦刑事法典草案（一九七一）の立場と異なる。関連犯罪とは二つ以上の犯罪が、同一裁判所の管轄権（jurisdiction）に属し、かつ同一の行為（the same conduct）に基づきまたは同一の犯罪エピソード（the same criminal episode）から生じた場合をいう。そして、§1.03（c）では、関連犯罪の内の一つの犯罪で審判があったときに、併合請求が以前に却下されまたは放棄されない限り、被告人は関連犯罪の訴追の棄却を申し立てることができるとされている。この併合請求の申立てにより、被告人は最初の公判時に被告人に判らなかった告発が後に持ち出されたときに、関連犯罪の告発に基づく再度の公判から自らを守ることができるとされる。ＡＬＩでは、ＡＢＡの基準は最初の公判の時に適切な検察官に判明していた関連犯罪による公判を阻止するために、公訴棄却の申立てが用いられることを考えているのは明らかだとする。

ＡＢＡもこのように被告人側からの申立てを原則とする立場を採るとはいえ、再訴が阻止される範囲を拡げ、同一証拠の原則からは明確に離脱している。同一犯罪エピソード（the same criminal episode）の範囲で再訴が阻止されることを認めているのである。

以上、ＡＬＩ、連邦刑法典草案、ＡＢＡの法律提案をみたが、これらの立法提案では、同一証拠の原則から安全に離脱して、広く再訴遮断の範囲を考えており、刑事手続を一回で終了させる要請をますます強く出してきているといえる。

強制併合を求める理論的根拠を考察した文献として、Comment, Statutory Implementation of Double Jeopardy Clause: New Life for a Moribund Constitutional Guarantee, 65 Yale L.J. 339 (1956) を参照。

ソーター裁判官やスティーヴンス裁判官の意見に示された、罪数と区別して再訴追それ自体の問題に焦点を当ててグリーンの原理の観点から再訴追の是非を検討する立場は、説得力があり、今後、主流を形成する考え方となるであろう。

第四章　常習罪と後訴遮断の範囲

一　はじめに

常習罪は、被告人の行為が個々の刑罰法規に機会を異にして数度違反する場合であっても、それが被告人の「常習性」の発露であるとみられるときには、それらを一つに纏めて処罰することを定める構成要件である(1)。常習一罪は、このように、広い範囲に亘る犯罪行為を一つの単位として扱っているために、起訴時に数個の犯行が常習一罪の関係にあることが判明せず、それぞれ個別に、（常習一罪としてあるいは単純一罪として）起訴されたり、事後的に評価すれば常習一罪の一部を構成するとみられる被告人の犯行が起訴時には判明せず後に発見されたり、さらには被告人の犯行を常習一罪あるいは単純一罪として起訴した後に事後的に評価すればその犯行と常習一罪の関係にある犯行が行われたりすることがある。かかる場合であっても、我が国では旧法からの伝統で、いわゆる「公訴不可分の原則」(2)を理由に、「一罪」の分断訴追を認めないという考え方が採られてきているために、常習一罪の一部を構成「すべき」犯行について判決が下りそれが確定すると、その確定裁判より前の犯行についての訴追は、いわゆる「既判力」により遮断され、免訴とする、という判断が裁判所により示されてきている(3)。裁判所は、被告人が黙秘していた等の事情のために「残部」を同時に訴追することが事実上困難であったという事情のあるときでも、かかる残部についての訴追は「既判力の画一性」を害し、被告人の立場を不安定なものにするから許されない、というのである。[4] この判断に対しては、特に検察官の側から、起訴しえぬもの（同時審判の可能性のないもの）について「既判力」を及ぼすのは、合理的な法執行まで阻止する結果を招き、社会的正義感情や常識に反しているとする疑問が提起され、[5] また、実体法の理論は手続法によって認定された事実を前提として適用されるものであることを理由に、常習一罪と既判力の関係についての裁判所の判断に対し疑問が述べられてきている。[6] かかる不合理は、同時訴追の可能性（同時審判の可能性）のあった範囲でのみ再訴が遮断されるとする立場を採ることで解消すべきであるとする提案がなされてきている。[7] また、常習一罪の既判力が及ぶ範囲が広すぎ法執行がかえって妨げられてしまうことを理由に、常習一罪を廃止して単純一罪の構成要件に代えることも行われている。[8]

このように、現在、常習一罪と「既判力」との関係は解決されるべき一つの争点となっている。本稿はこの問題を扱う。本稿は、事後的にみれば常習一罪の一部を構成すべき犯行が起訴時に判明せず、あるいは発生していなかったという場合でも、常習一罪の一部を構成すべき犯行を理由とする確定裁判があれば、「残部」を理由とする訴追は阻止されることになるのか否かを、訴追における被告人側と訴追側の利益の妥当なバランスをはかるという観点を中心に考察するものである。[9] その際、「単純一罪」を理由とする確定裁判を事後的に「常習一罪」についての判決と評価することの是非や、「既判力」の効果を避けるためには常習罪を廃止して単純一罪に代えることが不可欠なのか、また、代えてしまえば問題は解消するのか、手続上の事実の判明が実体法適用の前提となるという原理を常に貫くことができるのか、といった諸問題にも付随的に検討を加える。

二　具体的法規説の検討

一旦、常習一罪の一部——それが事後的にみた場合にそういえる場合でも——について裁判が下され、それが確定すると、その確定裁判よりも前の犯行を理由とする訴追は、たとえその犯行が起訴時には判明しないために常習一罪として同時訴追を受けず、あるいは、起訴後に発生したために後から訴追されたという場合でも、阻止されることになるとする立場は、いわゆる「公訴不可分の原則」に由来する。そしてこの公訴不可分の原則の基礎はいわゆる具体的法規説にある。(10)(11) そこで、まず、従来の、後訴遮断の考え方の基礎になっている具体的法規説に検討を加えよう。(12)

旧法での伝統的・支配的考え方である具体的法規説は、現行憲法が制定され、憲法三九条が定められた後も、裁判の効力を考える基礎とされてきている。具体的法規説は、裁判所がある法規を具体的事実に適用した結果形成された裁判所の意思内容が確定すると、その意思内容が後訴裁判所に対して基準を示すものとなり、後訴裁判所はそれに反する意思表示をしえなくなる、という構成をその内容とする。

だがこの考え方には種々の欠点・難点がある。

(1)　具体的法規説は再訴・後訴の可否を「裁判所の意思内容の形成」の有無という観点から考察するのであるが、後述するように、再訴・後訴が許されるか否かは、「同一犯罪行為」を理由に再度被告人を刑事裁判に巻き込み被告人に種々の不利益を課す政府の活動を生まないようにするという観点から考察されるべきなのである。(13) この意味で具体的法規説は分析の焦点を正しくとらえているとはおよそいえない。

具体的法規説は、ドイツ民事訴訟法での理論が、十分な考察をめぐらされることなく、刑事訴訟での問題を考察するために持ち込まれたものであり、その中心を「判断の基準性」、「不可変更性」に置いている。[14] そこでの中心は矛盾した判断の防止にあるとみることができる。だが、刑事裁判では、前訴での具体的法規に反する判断をしないことに、再訴・後訴をめぐる問題の中心があるのではなく、後にみるように、国家が一度で訴追できたはずの事項を再度争うこと自体を阻止することにこの問題の中心がある。具体的法規説を、その論理に沿って忠実に展開すれば、再訴はできるが、矛盾した判断をなし得ないに止まるという考え方さえ採れることになろう。しかし、再訴に巻き込まれることそれ自体が被告人の重大な不利益となる刑事裁判では、このような立場を採ることに合理性はなく、再訴「遮断」こそが考えられなければならない。憲法三九条の狙いは、後にも述べるように、国が「同一犯罪行為」を理由に被告人を再度刑事裁判（手続）に巻き込み、被告人に嫌がらせを加え（harass）、心理的・経済的不利益を課し、無罪の者を有罪とする危険を高めるのを阻止することにある。憲法三九条の二重危険禁止条項の基本的目的は、刑事裁判手続を圧政、迫害、嫌がらせ、ハラスメントのために利用することを禁止・阻止することにある。この意味で、具体的法規説を憲法三九条の内容とし、再訴追の問題を考える出発点とするのには無理がある。[15]

(2)　右の観点からは、実体に関する裁判所の判断の有無とかかわりなく、再訴が禁止される場合を考えることが可能となるのであるが、[16] 具体的法規説は、「実体」に関する裁判所の判断の有無を問題にするために、例えば、免訴は形式裁判だから一事不再理の効力はないという見解に示されるように、[17]「同一犯罪行為」を理由に訴追側が再度争う機会を得られるとする見解に行きついたり、あるいは、具体的法規説に忠実に論理を展開して実体についての審理の有無によって一事不再理の有無を決しようとして、免訴が訴訟条件であるという前提に正面から反する帰結を生んでしまったりしている、[18] というように、妥当とは思われない法運用を生ぜしめる原因ともなるのである。[19]

(3)　具体的法規説は、裁判所の実体に関する判断の「形式的確定」を再訴禁止の効力が発生するための前提要件とするのであるが、右に述べた憲法三九条のねらいからは、むしろ、これとは異なった帰結が生ずるのである。私も既に別の論稿で指摘したように[20]、「形式的確定」があるまで再訴遮断効が発生しないとする見方は十分な根拠があるものか疑問であり、とりわけ、事実誤認を理由とする検察官上訴が関係する場合には、政府と被告人の側の合利的な利益のバランスをはかったものとはいえないのである。

(4)　具体的法規説は、前訴裁判所の形成・定立した具体的法規が後訴裁判所を拘束するというのであるが、何ゆえに、後訴裁判所が自ら具体的法規を定立してはならないのかは、具体的法規の定立それ自体からは導き出せない[21]。かかる効果を附与するのは、具体的法規定立以外の何らかの実質的考慮——矛盾した判断の防止、訴訟経済、被告人の地位の安定、行き過ぎた訴追の阻止等——からである。この意味で具体的法規説は、論理的にも説明として成功しておらず、欠陥をはらんでいる。

(5)　具体的法規説を採用する者は、全く具体的法規が形成されていない部分についてまで再訴が遮断されるとし、その理由を内容的確定力（実体的確定力）の「外部的効力」として説明するのであるが、なぜ「外部的に」再訴遮断の効力がそこまで及ぶのかは具体的法規の定立それ自体からは導き出せないといわなければならない[22]。これも、具体的法規の論理的展開ではなく、それとは無関係の実質的考慮——矛盾した判断の防止、訴訟経済、被告人の地位の安定——が真の理由であろう。

(6)　具体的法規説に忠実に論理を展開すると、現行法の下では、およそ不合理と思われる程再訴追を許す結果となる[23]。現行法の下で具体的法規が形成される（されうる）範囲は、旧法程広くはない。旧法の、裁判官が一件書類を受理して予審判事からの心証を引きついで、それを前提に被告人の罪責を判断するという構造を廃し、訴因という制度を導入して、公判のために検察官が提出した主張（訴因＝公訴事実 the offense charged）に対する被告人側からのチャレンジを認め、裁判官が検察官の立証活動の成否を中立な立場から判断するという公判の構造（the Adversary System 当事者主義・論争主義）を採用した現行憲法・現行訴訟法の下では、[24] 裁判所の判断が及びうる範囲は訴因によって画され、訴因変更も、被告人への防禦対象の告知という訴因制度のねらいを害さない範囲でしか許されない[25]ために、裁判所の判断は、訴因を離れて、その訴因を組みあげる基礎となった生の社会的事実までは及びえない、また、及んではならない構造となっている。[26] したがって裁判所の判断が及びうる範囲は旧法よりもはるかに限定されたものとなった。かかる状況下で具体的法規説の論理をそのまま忠実に展開すれば、再訴遮断の範囲が狭すぎ、被告人の地位の安定を害する法運用を生むことになるのは避けられないところである。具体的法規は、裁判所の前に現われた証拠に基づいて形成されるにすぎず、それ以外には具体的法規の形成はなかった（ありえない）ことになるのだから、具体的法規説は、理論上は、検察官の裁量権の濫用を是認し、それによる圧政を認める構造となってしまっているのである。かかる結果は、国の権限の濫用による圧政の防止をねらった憲法三九条に正面から衝突する。

具体的法規説に立つ者も、内容的確定力（実体的確定力）の「外部的効力」として再訴が阻止される範囲を拡張するのは、具体的法規説に忠実に論理を展開するとあまりにも被告人の地位の安定を害する結果を生むことを懸念するからであろう。これは、具体的法規説に従った論理の展開から生ずる帰結が、あまりにも法執行と被告人の利益のバランスがとれていない結果となるという「直観」を自ら表したものということができる。

(7)　具体的法規説は訴因変更に関する議論との関連でも無理を生んでしまっている。何とか具体的法規説との整合性を保ちながら再訴追に関しても被告人の保護があまりにもバランスを欠いたものにならないようにしようとする配慮からか、いわゆる、公訴事実の単一性及び公訴事実の同一性という概念を通して、訴因変更の範囲と再訴禁止の範囲を一致させるという手法が提唱されてきている。[27] だが、この見解は、被告人の地位の安定が再訴追により害されないところまで訴因の変更をなしうることを認める結果、現行法のとる訴因の中心的なねらいである被告人の防禦対象の告知の機能を損い、審理の充実を害し、論争主義の公判構造に反する事態をもたらしてしまうのである。[28] 逆に、告知機能を害さない範囲に訴因の変更を限定し、それと再訴追が阻止される範囲と一致させようとすると、被告人の地位の安定はかれなくなる。このように訴因変更の範囲と一事不再理効の及ぶ範囲を一致させようとする発想にはそもそも無理がある。[29] ここでも具体的法規説の展開によって妥当な利益のバランスをはかることが困難であることが判明する。

(8)　具体的法規説によれば、事件が単一のとき、審判の範囲と既判力の範囲と実体性の、科刑上一罪を含めた一罪の範囲が一致するとされてきている。[30] いわゆる「公訴不可分の原則」がこれである。だが、既に述べたような、現行法の採る論争主義的審理構造を前提とすると、実体法上の一罪と裁判所の判断が及ぶ範囲とにくい違いが生ずる場合があるので、公訴不可分の原則による実体法上の一罪の範囲での再訴・後訴遮断は具体的法規説の論理的帰結であるとはいえない。（このことは特に科刑上一罪や常習一罪の場合に生ずる。）

再訴が阻止される範囲の実体法上の「一罪」の範囲と合致させるという処理のし方は、なるほど、一方で、具体的法規説を忠実に展開することから生ずる、被告人の地位の安定を害する法運用（細切れ訴訟）の回避・防止に資する。[31] だが、この考え方は、実体法上二罪とされるものでもそれを同時に訴追できるときまで、実体法上一罪とされる範囲でしか再訴が遮断されないという不合理さと、逆に、実体法上の「一罪」の評価を、確定判決を基準に行うために、[32] 後訴が遮断される範囲をあまりにも広げすぎ、圧政に当たるとはいえない妥当な法運用まで阻止する結果を生むという不合理さをもたらすのである。[33]（後者が本稿で検討する常習一罪に関連する。）

実体法上一罪か二罪かは応報や抑止という観点を踏まえて立法府の意図を解釈して決められるのに対し、憲法三九条による再訴・後訴遮断の範囲は、後述するように検察官の不合理な裁量権の行使を生まないようにするという関心を中心に決められるので、両者の範囲は、同じではない(34)。

以上のような概観からも判明するように、従来の具体的法規説は論理的にも欠陥があり、また、その欠陥を別にしても、具体的法規説の論理的展開によったのでは、もはや、再訴追に関する被告人と政府の間の妥当な利益のバランスをはかることは困難なのである。

裁判所の審判権限が広く認められていた旧法下では、具体的法規説の持つ論理的欠陥は別として、裁判所による具体的法規の定立を根拠に、再訴追に関する被告人の権利の保護をある程度達成できたといえるとしても、旧法とは前提や状況が全く違う現行法の下で同様の理論を展開しようとすれば、無理が生じ、妥当な利益のバランスをはかれなくなるのは避けられないところであろう。具体的法規説は憲法上採用を義務づけられたものでもなく、法律上の原則でもない。既に述べたように、論理的欠陥を有するばかりでなく、最も重要な妥当な利益のバランスの樹立に成功しているとはいえないのである。再訴遮断の範囲について、具体的法規説は、その論理的展開によってではなく、いわば「直観」にたよって説明している。それならばその直観によって示された利益のバランスが妥当であることを解明し説明することが必要であろう。再訴追が禁止される範囲は、機能的分析を忘れた抽象論の展開によって決められるべきではなく、憲法三九条の圧政の防止というねらいから考察されるべきものである。

三　憲法三九条の二重危険禁止条項のねらいと再訴（後訴）及び二重処罰禁止の範囲

(1)　再訴追・再度の裁判

憲法三九条の「何人も……既に無罪とされた行為については、刑事上の責任を問はれない。又、同一の犯罪について、重ねて刑事上の責任を問はれない。」という規定は、系譜論的に、合衆国憲法第五修正の二重危険禁止条項に由来する。[35] 憲法三九条の二重危険禁止条項は、圧政の防止の観点から、再訴追や二重処罰に制限を設けている。（前者が中心をなす。[36]）

A　再訴追の禁止に関して憲法三九条の二重危険禁止条項の考える利益のバランスは次のようなものである。[37]

犯罪者を訴追し処罰をし得なければ、市民の生命・身体・自由・財産は守られず、秩序だった社会は維持し得なくなる。したがって、裁判に巻き込まれることで、被告人は、名声・評判の低下、スティグマ、解雇、収入の減少、自己の運命が定かでないことからくる焦燥感等、種々の不利益を受けるが、政府には、犯罪行為を行ったものを訴追する機会が一度は与えられるべきことになる。だが「同一犯罪行為」を理由とする再訴追や細切れ訴訟は、被告人にかかる不利益を再度もたらし、被告人の生活の安定を害し、被告人に嫌がらせを加え（harass）、無辜の者を有罪にする危険を高める。二重危険禁止条項はかかる不利益、弊害をもたらす政府の活動＝圧政を阻止することをねらうものである。再度裁判に巻き込まれれば被告人の側は右にみたような重大な不利益を負わされることになるので、一度で裁判を終了してもらう重要な利益がある。別の面からいえば、国の側は一度で訴追しうるものは、同時に起訴し一度で訴追を終らせる義務を負うのである。[38]

B　そこで再訴・後訴が禁止される「同一犯罪（行為）」の範囲は、二重危険禁止条項の圧政の防止というねらいとの関連で「機能的に」決められるべきことになる。[39]

現代社会では厖大な数の刑罰法規が定められており、被告人の一個の社会的行為（transaction or episode）が複数の刑罰法規に該当することは、通常生ずることである。検察官の側には訴追事実（＝公訴事実　the offense charged）を選択する裁量権が与えられているので、細切れ訴追による訴追裁量の濫用を防止するには、少なくとも、同一の社会的行為（the same transaction or episode）の範囲で訴追意思のある公訴の併合を原則とすべきことになる。

かつのでイングランドでは、犯罪行為（offense）の数は少なく、しかも、それぞれの犯罪行為で処罰対象とされる行為の範囲は比較的広かったために、裁判所は、同一「犯罪行為」を理由とする再訴追を阻止する法理を発展させるのに当たって、法律上犯罪とされる行為と法的評価を離れた実際の被告人の行為を区別していなかったのである。(40) また、有罪率が高く、重罪で有罪とされれば死刑か追放刑が科されたという事実に照らしてみると、訴追側には、細切れ訴追や二重処罰の目的で犯罪行為の概念を狭く解するよう求める動機はほとんどなかった。(41) ところが、今では、このようなかつての状況は一変した。現在では刑罰法規の数は厖大なものとなり、同一の行為に刑罰法規が重複して適用される事態はありふれたものとなっている。起訴状には、生の社会的事実が記載されるのではなく、法理論の見地から意味のある事実が記載されるのである。このように、かつてとは変化した状況の下で、検察官に与えられた独占的訴追裁量権の不合理な行使による圧政を生まないようにするためには、少なくとも、前述した原則を採用することが必要となるのである。

かつては訴追の弊害を阻止する種々の法的障碍が存在したために、広く同時訴追の義務を課すことには困難があった。だが、かかる障碍は、現在消失しているのである。かつてのイングランドでみられたような同時訴追を厳しく制限する原則は、(42) 今日のイギリスでも我が国でも採用されていない。(43) また、悪性立証を理由とする訴追の併合に対する制限は、陪審裁判制度を採用する合衆国においても緩和されてきている。(44) ましてや職業裁判官によって裁判が行われる我が国ではこの懸念は大きくないので、訴追の併合を制限する理由にはならない。(45) また、かつてのイングランドでは、訴因固定主義が採られ、主張と立証の不一致が生じても、それを理由に訴因の変更をすることが許されなかったために、再訴追が阻止される範囲も狭く限定せざるを得ない事情があったが、(46) 今日では、訴因の告知機能を損わなければ訴因の変更が認められるので、再訴追の範囲をかつてのように狭く限定する必要はないといえる。かえって、このように変化した状況の下で、かつてのイングランドで採られた「同一証拠の原則」[48]や、合衆国での単なる法文の比較を基礎に捉えたブロックバーガ・テスト[49]によって再訴追が禁止される範囲を画すると、被告人が何度も刑事裁判に巻き込まれるという不合理を生ずるのである。[50]

同様に、具体的法規説により再訴禁止の範囲を画そうとしたり、実体法上一罪とされる範囲によって厳格に再訴禁止の範囲を画そうとすることも、検察官の不合理な裁量権の行使を是認する結果を生む。憲法三九条の二重危険禁止条項の中心的なねらいは、検察官の不合理な訴追裁量行使によって被告人の一度で裁判を終了してもらう貴重な利益が害されることのないように、検察官の裁量を規律することにあるのだから、二重危険禁止条項により後訴が遮断される範囲は、この目的（ねらい・policy）を実現するのに必要な範囲をいうものととらえられる必要がある。

C　この訴追裁量の濫用の防止という観点は、訴因制度の、被告人に防禦対象を告知して被告人の側が政府の主張に十分にチャレンジできるようにするというねらいとは異なるので、二重危険禁止条項による再訴遮断の範囲は、訴因変更の認められる範囲と同じではない。訴因の変更は、訴因の告知機能を害さない範囲で認められるに止まるので、二重危険禁止条項による再訴遮断の範囲よりはるかに狭い範囲で認められるに止まる。[51]

D　実体法上の一罪は、議会が応報や抑止の観点から決めた処罰単位であり、後述するように、同時に、訴追の際の単位（a unit of prosecution）となるが、二重危険禁止条項のねらいである、訴追裁量による圧政の防止（訴追裁量の規律）という観点から決められた単位ではない。したがって、実体法上の罪数は二重危険禁止条項の及ぶ範囲とは一致しないのである。[52]

（i）　そこで、訴追裁量の濫用の規律という関心からは、被告人の一個の社会的行為（a transaction or episode）が実体法上二罪を構成するときでも、訴追意思が双方の犯行についてであれば、同時訴追が求められることになるのである。[53]

(ii) さらに、このような、訴追裁量の濫用の規律という観点に立つと、被告人の社会的行為が一個の場合にとどまらず、被告人の社会的行為が（日時、場所を異にして数度に亘り犯行を行った場合のように）数個あって、それぞれの社会的行為が実体法上一罪（または数罪）を構成するという場合でも、それを一つの手続に併合し、同時訴追の義務を負う場合があるとみるべきことになる。とりわけ、被告人の同種犯行が関係する場合がそうである。常習一罪からは単純一罪に代えられたものもあるが、かかる場合、「一罪」からはずされたからそれで同時訴追義務はなくなってしまうというのでは、あまりに訴追機関の便宜に傾きすぎる。訴追時に、当然に求められる努力を払っても発見し得なかった犯行や、起訴後に被告人が行った犯行については、訴追裁量の濫用はないといえるので、後訴を行うことは許されるが、この場合を別として、既に判明している同一人の同種犯行で起訴意思のある犯行については同時訴追の義務を負い、後から別訴を提起することは許されないとみるべきである。被告人の側の一度で手続を終了してもらう利益は貴重なものであり、他方、政府は訴追の併合によって訴訟経済上の利益を得る。既に判明している数個の同種犯行についての同時訴追を求めることに、障碍はないといえるのである。[54]

このように、社会的行為が数個あるときでも、少なくとも、同一人により同種犯行が行われた場合には、既に訴追機関に判明している犯行については、憲法三九条の二重危険禁止条項により、訴追併合の義務（同時訴追の義務）を負うとみるべきである。したがって、政府は、同時訴追義務を原則として負うのであるから、当然に求められる努力を払ったが発見し得なかった場合や起訴後に被告人の犯行が行われた場合の、訴追の併合義務を負わない例外に当たる場合には、政府がその例外事由を立証しなければならない。また、証明上の配慮からも、訴追側にこの例外事由の挙証責任を課すのが妥当である。被告人の側にこの挙証責任を負わせると、被告人は捜査、訴追機関の内部事情を知ろうはずはなく、それに関する証拠を入手することなどは不可能であるのが通常であるので、この例外事由の立証に成功するとは思われず、結局は、政府は判明していた犯罪行為について同時訴追をしないで細切れ訴追を行うことができる結果となる。したがって、例外事由の挙証責任は政府にあるとみるのが妥当である。かかる挙証責任を果たすことを政府に求めることで、被告人の利益と訴追側（政府）の利益の妥当なバランスがはかられることになるだろう。

(iii) 右にみたような、実体法上数罪であっても訴追の併合は義務的とされる場合とは逆に、訴追裁量の濫用による圧政の防止という観点からは、公訴不可分の原則により当然とされてきた一罪の一部を理由とする後訴の禁止の原則を無反省にそのまま維持することはできなくなる。というのは、実体法上一罪とされる場合であっても、とりわけ科刑上一罪や常習一罪の場合のように複数の社会的行為を内容とするものであるときには、事後的にみれば常習一罪の一部と評価しうる犯行が、捜査・訴追機関に当然に求められる努力を払ってもはじめの訴追時に発見し得なかったという場合が生ずるからであり、このとき、訴追裁量の濫用があるとはいえないからである。ましてや、起訴後に被告人が新たな犯行を行ったときには、同時訴追は不可能であるから、訴追裁量の濫用はないといってよい。このように、訴追裁量の濫用の規律という観点に立つと、従来の具体的法規説を基礎とする公訴不可分の原則による場合よりも、再訴禁止の範囲が縮小する場合がありうるのである。しかし、一罪は議会が定めた訴追単位（a unit of prosecution）であり、後訴が阻止される範囲の画定には議会の意思の解釈も関係するので、訴追裁量の濫用の防止という視点だけで後訴が阻止される範囲を決するわけにはいかない。この問題については後に詳しく論ずることにして、次に、二重危険禁止条項のもう一つの内容である、二重処罰（再度の処罰）の禁止について触れよう。

(2) 二重処罰

二重危険禁止条項は、二重処罰(double punishment, multiple punishment)も禁じている。かつては、二重危険の問題を考えるに当たって、同一の犯罪行為を理由に二重に処罰することの不合理さという観点が強く意識され、二重処罰の禁止は大きな意味を持ったこともあるが[55]、今日では、二重危険禁止条項のねらいの中心は、再訴・後訴(reprosecution)の禁止にあるととらえられるようになってきており、再度の処罰には通常、再訴追(後訴)が先行するので二重処罰の問題は再訴追の禁止の問題に解消され、その結果、二重処罰の禁止はあまり大きな意味をもたなくなっている。二重処罰が問題になる稀な場合[56]には、議会の定めた処罰単位を理由に一度処罰したものを重ねて処罰しているかどうかが問題となるにとどまり、再訴追に関する検察官の裁量権の規律の場合とは観点が異なってくるので、二重処罰を理由とする二重危険禁止条項違反が生ずる範囲は再訴追禁止の範囲と同じではない。合衆国では一度に訴追された数罪の刑の併科が許されるか否かの問題を二重危険禁止条項の問題として扱う判例もある[57]。だが沿革上、かかる問題が合衆国憲法第五修正の二重危険禁止条項の内容をなすといえるのかには疑問があり[58]、また、立法府の選択が全く同一の犯罪行為を、法益やねらいが同じだが異なる罰条で何度も処罰しているに等しいときは、デュー・プロセスの問題としてとらえれば足りるように思われる[59]。

以上で、二重危険禁止条項のねらいと、そのねらいを実現するために必要とされる再訴(後訴)禁止の範囲と二重処罰禁止の範囲について概観した。

さて、次に、実体法上の一罪を理由とする訴追により後訴(及びそれによる処罰)が阻止される範囲について、議会の意思の観点を中心に、さらに検討を加えよう。

四　実体法上の一罪を理由とする訴追により後訴（及びそれによる処罰）が阻止される範囲
――単純一罪の場合

犯罪構成要件を定める権限は議会にある。構成要件（一罪）は処罰の単位であると同時に、訴追の単位（a unit of prosecution）でもある。行政部や司法部は、この立法部の定めた処罰単位・訴追単位を前提にして行動しなければならず、この単位をさらに分割・分断するのは議会の意思を尊重しないことになり、三権分立に違反する。

通常、単純一罪[60]は訴追・処罰の最小単位であって、議会は、はじめの訴追時に判明しなかった部分があっても、それを理由に後訴を提起することを許さない、という選択を行っているものとみることができる。

通常、単純一罪の場合、一個の行為から成っており、一罪の一部分が発見されないことは稀である。このとき立法府が、かかる稀な場合を考慮して未発見の部分を理由とする再訴を許せば、訴追の単位がくずされる道を開いていくことになるので妥当でなく、また、かかる稀な例外を捨象しても法執行上大きな不都合はないとみて、未発見の部分を理由とする再訴は許さないとする選択を構成要件を定めるに当たって行ったとしても、その選択は不合理ではない。仮に発見されない部分があったとしても、既に処罰された部分があればそれで、処罰を定めた議会の目的は達せられており、残部について独立の訴追を許す実益はない、とする選択を議会が行ったものと解することもできる。[61]単純一罪の場合には、議会の意思は、発見されなかった部分があってもその部分を理由とする訴追は許さないところにあり、そのようなものとして処罰・訴追の単位を定めているものと推定される。仮に、そうでないとするのであれば、議会はその旨を示して未発見の部分を理由とする再訴を許す旨を明らかにすべきであるが、かかる意思表示が欠ける限りは、議会は未発見の部分を理由とする訴追を許さず、不処罰に付したものと推定すべきである。単純一罪の対象となっている事実の類型に照らすと、この問題についての議会の明示の意思の欠如を被告人の不利益に解釈する合理性はないように思われる。このように、通常、単純一罪の場合には、実体法上の評価は手続上発見された事実を前提にしてしか成り立ち得ないという関係にはないのである。

一つの社会的行為を内容とする単純一罪の場合にまで、未発見の部分については、訴追裁量の濫用はないのだから、再訴追を認めるべきであるという議論は、議会の意思に反し、実体法を離れた訴追行為を生むことになるし、また、かえって訴追裁量の濫用を生む原因となるように思われる。訴追機関が、証明上の操作をすることによって、当然に発見し得たはずのものを発見し得なかったとして処理し、再訴追を行って被告人の地位の安定を害する法運用を生みかねないのである(62)。通常、単純一罪の場合には、被告人の行為が一部発見されないことは稀であり、この場合にまで手続上判明していた事実が常に実体法の適用を枠づけることになるとする議論は、あまりに細かすぎ、弊害を生む危険をはらんでいるのである。

以上のようにみてくると、単純一罪の場合には、通常、未発見の部分を理由とする再訴(及びそれによる処罰)を認めないのが妥当な処理であるように思われる。

五　常習一罪と後訴(及びそれによる処罰)が阻止(遮断)される範囲

(1)　問題の所在

単純一罪の場合には、一部が発見されないことは稀であるが、科刑一罪や常習一罪の場合には、複数の社会的行為

(transactions or episodes) が関係しているために、発見されない部分が生ずることは稀ではない。とりわけ、常習一罪のように、かなり幅のある日時、場所に亙る、それぞれが犯罪を構成する被告人の行為を、常習性という要素を介して一個の犯罪として扱うという処理が法定されている場合には、事後的に後知恵でみれば常習罪の一部を構成するといえる行為が、起訴時に判明しなかったりあるいは起訴後に生じたりしたために、最初の訴追時に同時訴追をし得なかった、という場合が生ずるのである。かかる部分を理由とする後訴（及びそれによる処罰）は許されないのかがここで検討する問題である。本稿では、常習一罪について焦点をあてて考察する。(64)

常習一罪と後訴遮断の範囲（及び二重処罰禁止の範囲）が問題となる場合にはいくつかの類型があるので、それを分けて論ずることが便宜であると思われる。(63) (一)第一は、ある時点からある時点までの被告人の同種犯罪行為が常習一罪として訴追された後またはその裁判が確定した後に、その訴追をうけた期間に含まれる被告人の同種犯行が判明したとき、この部分を理由とする後訴（及び処罰）は許されるか否かであり、(65) (二)第二は、大きくいえば、ある時期までの犯行を常習一罪として起訴した「後に」、被告人が同種の犯行を行った場合、この犯行を理由に、たとえそれが事後的にみれば常習一罪の一部とみれるという場合でも、訴追することは許されるか否かである。この類型はさらに細かく分けると、(1)常習罪としての有罪確定後に被告人が同種犯行を行ったときにそれを理由に訴追することが許されるか否かという問題と、(2)常習罪として起訴された後に被告人が同種の犯罪行為を更に重ねて行った場合に、その新たな犯行を理由に起訴することができるかという問題に分けられる。(三)第三は、右の第一と第二の混合型態である。単純一罪（または常習一罪）として起訴された後に、同被告人の同種犯行が別訴で単純一罪（または常習一罪）として起訴され、いずれか一方が先に確定した場合、事後的に、その確定した方の裁判を基準にすると、両者が常習一罪の関係にある場合には、係属中の他事件は免訴とされるべきかという問題である。この類型は、第一、第二の類型で検討した問題の解決を応用して処理することができる。

(2) ある時点からある時点までの被告人の同種犯行を常習一罪として訴追後またその裁判確定後に右期間内の被告人の同種犯行が新たに判明したとき、その新たに判明した犯行を理由とする後訴（及び処罰）は許されるか。

A (i) 前述のように、議会の定めた犯罪構成要件は、処罰・訴追の単位としての意味を持ち、通常は、判明しなかった部分を理由として新たに訴追を行うと、議会の権限を尊重しないことになり、三権分立違反が生ずる。単純一罪にはこのことはよく当てはまるが、常習一罪についてはさらに考察を必要とする。

常習一罪は、通常の単純一罪の場合とは異なり、それぞれ犯罪を構成する被告人の日時・場所を異にするいくつかの社会的行為を、一つのユニットとして処罰する点で特徴がある。このために、被告人の社会的行為が一個の場合とは異なり、常習一罪の一部を構成する犯行が判明しない事態は、稀ならず生ずる。しかも、個々の犯行は、個別の単純一罪の構成要件に該当する。かかる場合まで、立法府ははじめの訴追時に発見されなかった部分についてまで一つの単位として扱い、残部を理由とする訴追を許さない意図で立法したといえるのかがここでの問題である。立法部が常習一罪を定めたねらいは、同種犯行を繰り返し行っている者を常習犯として「重く」処罰して、犯罪阻止の点で一層の効果を上げることにある。それなのに、一部の発見された部分で常習一罪を理由として訴追を受ければ、事後的にみればそれと常習一罪の関係にある、政府が当然求められる努力を払っても発見し得なかった部分を理由とする訴追は、かかる事態が生ずることは稀でないのに、その未発見の部分がいかに重大でも許されないというのでは、右の立法目的は挫かれてしまうことになる。一つの単位として処罰する行為の範囲を広げれば広げるほど、最初の訴追時に事後的にみれば一つの単位に属するとみられる部分が発覚しない可能性は高くなる。このことを、立法部は当然に予想し得たはずである。それなのに、発見しなかった部分を理由とする後訴は一切許されないとして、立法目的を挫くことを自ら容認したとみるのは合理性がないように思われる。立法目的を実現しうるように解釈すれば、発見されなかった部分については処罰・訴追の単位とはならないという選択を議会が行ったものとみるのが合理的であると思われる。立法目的に反する不合理さを自ら容認し、発覚しなかった部分についても一つの単位として扱い別訴を許さないのが議会の意思であるというのであれば、議会はその意思を明示すべきであろう。だが、この点についての議会の意図は必ずしも明確とはいえないように思われる。(66) 通常の単純一罪については、前述したように、発見されなかった部分についても議会は別個の訴追・処罰を許す意図を持っていなかったと推定するのが合理的であり、その部分についての訴追・処罰を認めるのであれば、その旨を明示すべきであることになる。だが、常習一罪の場合には右の解釈原則は適用されず、かえって、後に発覚した残部を理由とする訴追・処罰は阻止されないとするのが、犯罪構成要件に関する立法府の意図の合理的解釈であるといえるのである。

このように、立法部の意思の解釈からいっても、当然に求められる努力を払っても発見されなかった部分を理由とする訴追は認められるもののように思われる。一切の例外を認めないとするのは、公訴不可分の原則に、あまりにもとらわれすぎた立法府の意図の解釈であるように思われる。

(ii)　このように解すると、はじめから常習一罪に当たる行為が全て発覚していた場合とそうでない場合とで処罰の不均衡が生ずる虞れがあるという問題は残るが、この問題は、後の訴追で有罪とされた段階で著しい処罰の不均衡が生じないように科刑の上でバランスをとることで解決すればよいと思われる。

B　(i)　事後的にみれば常習罪の一部を構成すべき犯行が、最初の訴追時には判明せず、最初の訴追後またはその裁判確定後に発覚した場合であっても、この部分を理由に別訴を提起するのは、「既判力の画一性」を害し、被告人の地位の安定を害するので認められるべきではない、という議論がある(67)。そこで、この議論の妥当性についてさらに検討してみよう。

憲法三九条は、前述したように、検察官の裁量の不合理な行使によって生ずる圧政を防止することをねらうものであって、裁判所が定立した具体的法規の基準性という観点に立っているものではない。いわゆる「既判力」論は、憲法三九条の二重危険禁止条項のねらいを前提にして展開されなければならず、それを離れて論ずるのはあまり意味がない。

訴追裁量の濫用の防止の観点から訴追の併合が求められるのは、訴追側が当然に発見しているべきであったといえる範囲についてまでである。この範囲では、二重危険禁止条項の観点から訴追の併合は義務的となる。常習犯罪は同種犯行であり、訴追を併合することに通常障碍はない。被告人の側には一度で裁判を終了してもらう貴重な利益があり、他方、政府は、訴追の併合によって、より少ない資源で訴追を行い社会の利益を満足させることができる。被告人が何度も刑事裁判に巻き込まれることによって被る不利益の重大さに鑑みると、複数の社会的行為が関係している場合であっても、それに訴追側は当然気がつくべきであったといえる場合には、訴追側は一度で訴追する義務を負うのである。だが、政府が当然に求められる努力を払ったにもかかわらず発見できなかったという場合には、検察官は同時に訴追し得なかったという場合であるから、後に発覚した犯行を理由とする訴追は訴追裁量を濫用した場合であるとはいえない。被告人の後から発覚した行為は犯罪を構成しており、被告人は処罰を甘受すべき立場にあるのだから、また、前述したように、常習一罪を制定した立法府の意図は、発覚しなかったために同時訴追を受けられなかった残部を理由とする訴追を許さないとするところにあったとみるべきではないから、訴追裁量の濫用に当たらないかかる場合には、後訴は許されるとみてよい。

事後的にみれば常習一罪を構成するとみられる犯行について、最初の訴追時に発覚しなかったことを理由に政府が後訴を提起する場合には、圧政を生むのではないかという懸念を払拭するためには、政府が当然に求められる努力を払ってもその部分を発見できなかったことの証明を政府に求めればよい。同時訴追が原則であり、また、前述したようにこの証明の責任を被告人に課すとこの原則が掘り崩される虞れがあるので、この事由の挙証責任は政府にある。このようにすれば、訴追裁量の不合理な行使による圧政を生まないようにするというねらいを達成することができる。

(ii)　次に、同時訴追をなし得なかったことの証明を求めると、この証明にはあまりに個別性の強い要因が入り込むことになり、既判力の画一性を害し、被告人の地位の安定を害する、という議論(68)について検討してみよう。なるほど、通常の単純一罪の場合にあっては、既にみたように、この議論のいうごとく、被告人の地位の安定を害するという虞れがあるが、常習一罪のように、複数の社会的行為が関係する場合は、この議論は、実は、誇張されたものだとみることができる。常習一罪は、常習性の点を別にすれば、単純一罪が反覆された場合とほとんど同じ構造なのである。この点からすれば、発覚していなかった部分についての例外を認めるとはいっても、これは、同種の数罪が関係している場合の、二重危険禁止条項の観点からの訴追の併合に関する合理的処理と実質的に同じことをしているにすぎない。社会的行為を別異にする数個の犯罪が一つの手続で処理される場合には、被告人の利益と訴追側利益との間の合理的バランスをとろうとすれば、政府の側が当然に求められる努力を払っても発見し得なかった場合の例外を認めざるを得ない。それと同じことをいっているだけであるから、被告人の地位の安定を害するとはいえないと思われる。このとき、被告人は訴追裁量の濫用に晒されておらず、地位の安定を害されてはいないのである。また、被告人は犯罪行為を行っているのだから、処罰を甘受すべき立場にある。当然に求められる努力を払っても発覚できなかった部分を理由とする訴追は、議会の意思の解釈からも、許されないとはいえない。後に発覚した場合の例外は既判力の画一性を害するという議論は、通常の単純一罪の場合と常習一罪の場合を同じ性質・構造のものとみる点で誤っている。

(iii) 捜査・訴追の上で当然に求められる努力を払っても発見し得なかった部分を理由とする後訴を認めるという基準は、およそ運用不可能な基準ではない。例えば、被告人が他の犯行を一切黙秘していたために、他の犯行についてはおよそ気づくはずもなく、それゆえ捜査・訴追を行わなかったという場合などはこの例外に当たる場合であるといえる。(69) 基準は運用可能なものであれば足り、はじめから細部にまで亘って精緻な基準が展開される必要はなく、また、あまりに精緻すぎる基準は運用上の必要に応じられない難点を伴いがちである。

(iv) 「既判力」論を根拠に、訴追をうけた常習一罪の一部を構成するとみるべき部分が後に発覚した場合であっても、それが一罪の一部である以上、後に訴追することは許されないとする、一切の例外を認めない硬直した議論は、被告人の広範囲にわたる行為を構成要素とする構成要件を定める上で障碍となる。例えば、麻薬犯罪などで、麻薬輸出入、頒布等に関する被告人の一連の、日時・場所を異にする複数の犯行を、それぞれ predicate offense（本犯成立のための前提として必要な犯罪）として定め、それ以外の、麻薬取引組織の中で中枢にあってかかる活動を指揮・命令し、その活動から利益を得た等の要素を加えて、predicate offense とは別の新たな構成要件を定めて、麻薬取引の中枢にいる者を重く処罰するといった立法(70)が必要となってくる可能性があるが、一切の例外を認めない立場は、議会が、合理的な処罰まで阻止され不当に犯人を利することになるのを懸念して、かかる立法をするのに躊躇せざるを得ない事態を生んでしまうであろう。

このように、常習一罪の場合の、後から発覚した場合の例外は、既判力の画一性を害し被告人の地位の安定を害する、とみるのは合理的でない。

C　常習一罪の一部を構成すべきであった部分が、最初の訴追後に発覚した場合に、その部分を理由に裁判を行って「処罰」しても、二重処罰の問題は生じないといえる。先にみたように、発覚しなかった部分については議会は別の処罰単位となること、別言すれば、最初の訴追・処罰単位には含まれないことを認めていたものと解釈することができるからである。

D　以上の議論は、ある時点からある時点までの同種犯行を常習一罪として訴追した後またはその裁判確定後に前訴の犯行の期間内にある犯行が新たに発覚した場合のみならず、単純一罪または常習一罪を理由とする訴追後またはその裁判確定後にその犯行よりも時間的に前に行われた犯行が発覚し、その犯行は「事後的にみれば」既に訴追を受けた犯行と常習一罪の関係にあるという場合にも当てはまる。政府が当然に求められる努力を払っても発見できなかったために同時訴追をなし得なかったことを証明した犯行については、立法部の意図の解釈の観点からも、二重危険禁止条項の観点からも、この部分を理由とする後訴が阻止されると考える必要はないといえるのである。

(3)　常習罪として被告人の犯行を起訴した後に被告人が同種の犯行を新たに行い、その犯行が事後的にみれば、既に起訴された犯行と常習一罪の関係にあるとき、被告人の新たな犯行を理由とする訴追は許されるか。

A　前訴裁判確定後に被告人が同種犯行を行ったとき。

被告人の行為は、確定裁判の犯行とは全く別の行為であり、同時訴追を求めることはおよそ不可能な場合であるから、二重危険禁止条項により訴追が阻止されるはずはない。議会の意思の点から考えても、かかる行為は、前訴とは別の訴追・処罰の単位を構成するとみるのが妥当である。刑は「過去の行為」を基礎に科されるものであり、有罪とされた行為の後に生じた、科刑の時からすれば未発生の将来の行為まで評価の対象となっているとみるのはおよそ合理的でない。有罪確定後の行為まで訴追・処罰を受けないというのでは、悪質なもの程厚遇される結果を生む。

B　常習一罪で起訴された後に被告人が同種犯行を行い、それが事後的にみれば既に起訴された犯行と常習一罪の関係にあるとき。

(i)　実務上、裁判終了時（判決若しくは命令時）または裁判確定時を基準にして常習一罪のユニットの区切りを判断するという立場が採られている[71]。この立場は、「既判力」の根拠は、裁判官の意思内容の形成（具体的法規の定立）にあるとみるからこそ、裁判終了時または裁判確定時を、常習一罪のユニットを分けるイヴェントであるとするのだと思われる。

既にみたように、具体的法規説に立って裁判の効力を考えることに合理性はない。憲法三九条の二重危険禁止条項の下で、再訴・後訴遮断をめぐる問題は、「裁判の効力」の名の下に論ぜられてきてはいるが、前述したように、二重危険禁止条項の中心的ねらいは、「検察官の訴追裁量」の不合理な行使を規律して圧政が生ずるのを防止するところにある。二重危険禁止条項の観点からは、「起訴時」を基準にして、訴追裁量の濫用の有無を判断すべきことになる。

(ii)　常習一罪の区切りは、二重危険禁止条項の下での再訴・後訴遮断に関する理論によって決められるというよりも、犯罪構成要件を定めた議会の意思の解釈の観点から考えられるべきものであるが、議会の意思の解釈の点から考えても、同時訴追が不可能で検察官の裁量の濫用に当たるとはおよそいえない場合まで、処罰・訴追の単位の一部を構成するとして、検察官に無理を強いているとは思われない。

議会は常習一罪を区切るイヴェントを起訴の時点とみていると解釈するのが合理的であると思われる。

訴追の対象としてとり上げられるのは被告人の過去の行為であり、将来の行為についてまで非難の基礎に据えたものであるとみるのはおよそ合理性がない。立法府はこの当然の事実を前提にして犯罪構成要件を定めたものとみるべきである。常習一罪について起訴後に別の犯行を行ったときまで起訴前の行為と同じ一つのユニットを構成するとみる考え方は、訴追活動が将来の行為も非難の対象に据えて行われることを前提とするもので、およそ不合理である。立法府が犯罪構成要件を定めた意図は被告人による再度の犯行を抑止するところにもある。起訴されれば、被告人には、その犯行が法に反するものであることの警告が明瞭に与えられている。起訴後の犯行はこの警告にもかかわらず、再度犯行を行った場合である。この場合、議会は、刑罰法規を新たに適用して犯罪を抑止する必要があるという立場に立っているとみるのが合理的である。起訴されても犯行をやめない者に利益を与えるような立法を議会が行っているとはとうてい考えられないのである。

(iii)　憲法三九条の二重危険禁止条項による訴追裁量の濫用の規律という観点からも、起訴後の行為は同時訴追がおよそ不可能な場合であるので、後訴が遮断される場合には当たらない。起訴の期日は明瞭であるから、証明上の操作による二重危険禁止条項違反の虞れはない。

(iv)　判例は、具体的法規説にあまりにもとらわれすぎているために、裁判終了後また裁判確定時を常習一罪を区切る基準とする結果となっているのである。前訴の「起訴時」を基準に常習一罪のユニットを区切るべきである。

(4)　単純一罪（または常習一罪）として起訴され、それとは別個に、同被告人の同種の、日時・場所を異にする犯行が別訴で単純一罪（または常習一罪）として起訴され、いずれか一方が先に確定し、その確定裁判を基準とすると、両者が常習一罪の関係にあるといえるとき。

A　このような形の訴追がなされるのは、(1)起訴時に被告人の同種の犯行があることが判明しなかったためか、(2)被告人の犯行が行われたのが起訴後であるためか、または(3)起訴時に判明していて同時訴追をなしうるのにそうしなかったか、等の場合であろう。第三の場合には、既に論じてきたように、別訴の提起は二重起訴・二重訴追を構成するので、二重危険禁止条項に反し、許されないとみてよい。政府は、この第三類型に当たらないことの証明責任を負う。通常、別訴が提起されるのは、(1)か(2)の理由による場合である。(1)、(2)の場合については、既に論じたところを応用して解決をはかればよい。常習罪による既判力の範囲が広くなりすぎることを回避する目的で単純一罪で複数の訴追をする場合もあろう。この場合には、二重危険禁止条項との関係で、判明している同種犯行の同時訴追義務との関係が問われる（この場合については、第七章を併せて参照）。

B 起訴時に別訴の対象となった被告人の犯行が、政府が当然に求められる努力を払っても発覚しなかったときや起訴後に被告人の犯行が行われたときは、検察官は事実上同時訴追をなし得ないので、単純一罪としてそれぞれ別個に公訴を提起しても、それは当然のことであり、このとき、検察官は二重危険禁止条項による同時訴追義務を負っていない。別個に常習一罪として起訴した場合にもこのことは当てはまる。

前述したように常習一罪に関する議会の意思から考えても、起訴後に被告人の犯行があった場合はもちろんのこと、起訴時に一部が発覚しなかった場合には、それは別のユニットを構成すると解釈するのが合理的である。事後的にみて後知恵で常習一罪のユニットを決めるのは、議会の意思解釈の観点からみても、不合理であると思われる。起訴時を基準にするのでなく、裁判終了時または裁判確定時を基準にするから、両訴追が「常習一罪」の関係に立つことになるのである。だが、事後的に判断する時点を遅らせれば遅らせるほど、常習一罪の範囲は広がり、**五**(3)**A**や**五**(3)**B**で述べた不合理が発生することになる。二重危険禁止条項の関心からも、議会の意図の解釈からも、常習一罪のユニットを区切るイヴェントは「起訴」であるとみるべきである。

C ところで、検察官が単純一罪として起訴したものを、その裁判が確定した場合に、後の裁判所が常習一罪の一部についての確定裁判として扱い、それを理由に残りの係属中の訴追について免訴を言い渡すことができるかという問題がある。(72)

訴追事実の選択権限は検察官にある。検察官が単純一罪で訴追することを選択し常習一罪で起訴しなかったものを、裁判所が常習一罪として認定するのは、裁判所が公訴事実を選択したのと同じ結果になり、裁判所は検察官の訴追した事実が合理的な疑いを容れない程度に立証されているか否かを判断する立場にあるのであって訴追官の立場にあるのではない、という現行法の基本原理に反することになる。(73) 単純一罪を常習一罪と認定しても被告人の不利益とはならないから許されるとする議論はこの点を無視している。また、被告人に不利益がないといえるかは疑問である。(74)「常習犯」と認定されれば、単純窃盗や単純傷害よりもスティグマの度合いが大きく、後に同種犯行を犯したときに常習犯として取扱われる虞れも増大するであろうと思われるからである。また、事後的にみて、判決時を基準にする点で誤っている。検察官の、単純一罪とする訴追事実の選択に裁判官は拘束されるとみるべきである。単純一罪とすることで生ずる細切れ訴追の虞れは、起訴時に発覚しなかったか発生していなかった場合を除き、訴追の併合が義務的になる、という、これまで述べた二重危険禁止条項に関する理論によって回避することができる。

D　前述したように、事後的にみれば常習一罪を構成する一部の犯行が、最初の訴追の時に判明しなかったか発生していなかったために、同時訴追を受けなかったという場合に、発覚しなかった部分や発生していなかった部分を理由とする訴追を許すと、既判力の画一性が害され被告人の地位の安定が失われることになるという議論は誇張されたものである。検察官の不合理な裁量行使には当たらない類型についてまで、被告人の地位の安定は害されるという議論をするのは、およそ説得力がなく、かえって訴追裁量の濫用がないのに被告人の処罰を定めた立法府の意図の実現を阻止してしまっている点で不合理なのである。数個の社会的行為から成る被告人の犯行を併合して訴追しうる場合には、併合訴追を求め、そうし得ない例外事情——当然に求められる努力を払ったが、起訴時に被告人の他の犯行が判明しなかったこと、または、被告人が起訴後に犯行を行ったこと——があるとの証明が訴追側によってなされた場合を別にして扱えば検察官の不合理な訴追裁量の行使を規律することができ、被告人の地位の安定ははかられることになる。

六　おわりに

以上みてきたように、従来の議論は、具体的法規説を基礎とする公訴不可分の原則にあまりにも囚われすぎた結果、二重危険禁止条項の解釈の点でも、議会の意思の解釈の点でも、無理を生ぜしめ、およそ妥当とは思われない結果を生んでしまっているのである。

裁判の効力は具体的法規説に囚われて解釈する必要はおよそなく、検察官の不合理な裁量権の行使を生まないようにするとの関心を中心に考えればよい。この観点からは、判決確定時ではなく、「起訴時」を基準にして検察官の裁量が不合理に行使されることを防ぐ条件を設ければよい。通常は、被告人の犯行が複数の社会的行為から成る場合であっても、少なくともその犯行が同種犯行である場合には、原則として訴追の併合が義務的になるとし、起訴時に当然に求められる努力を払っても判明しなかった場合や起訴後に被告人が犯行を行った場合は右の訴追併合義務を負わない例外に当たるとすればよいのである。

また、前述したように、議会の意思の点から考えても、起訴時を基準に常習一罪のユニットを考えるべきであり、また、事後に判明した部分を理由とする訴追を議会は認めていると解することができる。

常習一罪とされるものを、既判力の及ぶ範囲が広すぎるからという理由で、単純一罪に代えてきている立法例もあるが、これによって再訴追に関する制約はなくなり、各犯罪行為を個別独立に訴追することができるというのは安易にすぎる処理であり、このときも、前述した、起訴後に発覚したか発生した場合の例外を除いて、訴追併合義務を検察官は負うとみるべきである。

裁判の効力の問題は、裁判に巻き込まれることによって被告人が被る不利益と、犯罪を訴追する政府の利益の妥当なバランスをはかるという観点から考えられるべきであって、法制度のねらいを忘れた抽象論によって解決がはかられるべきではない。具体的法規説やそれに由来する公訴不可分の原則といった形式論理の展開によったのでは、もはや、刑事手続の運用上生ずる利益の対立を、妥当なバランスをはかって解決することのできない状況・背景の中に我々は置かれているのである。

（1）　常習罪を定めるものには例えば、次のようなものがある。刑法第一八六条第一項（常習賭博）、盗犯等ノ防止及処分ニ関スル法律、第二条（常習強窃盗）、第三条（常習累犯強窃盗）、第四条（常習強盗傷人・常習強盗強姦）、暴力行為処罰ニ関スル法律第一条ノ三（常習的傷害・暴行・脅迫・器物損壊）、第二条第二項（常習的面会強請・強談威迫）。

（2）　この原則については、団藤重光『新刑事訴訟法綱要（七訂版）』（創文社）（一九六七年）一四六―一五四頁、高田卓爾「公訴不可分の原則」刑事法講座第五巻（一九五三年）等を参照されたい。そこでは裁判所の審判権限を中心とする理論が展開されており、事件が単一の場合、審判の（潜在的）範囲と既判力の範囲と実体法上の一罪（科刑上一罪も含めて）が同じであることが説かれている。
　もっとも、判例（例えば、最（大）判昭二四年五月一八日刑集三巻六号七九六頁―大塚仁子事件）は、この原則を、「検事の起訴のやり方によって一罪につき数度に亘って処罰される危険から被告人を救済」するという「人権擁護の見地」からも基礎づけている。

（3）（ⅰ）最（二小）判昭四三年三月二九日刑集二二巻三号一五三頁、（ⅱ）名古屋地裁岡崎支判昭四八年一二月一一日判タ三〇四号二八九頁、（ⅲ）横浜地裁川崎支判昭四九年九月二五日判時七六八号一二八頁、（ⅳ）東京高判昭五〇年一二月二二日判時八一九号一〇七頁、（ⅴ）東京地判昭五一年二月三日判時八一九号一〇八頁、（ⅵ）高松高判昭五九年一月二四日判時一一三六号一五八頁、等。なお、（ⅶ）高松高判昭三三年一一月一〇日高等裁判所刑事裁判特報集五巻一一号四五二頁も合わせて参照されたい。以上の各事件について、常習一罪と既判力の問題状況を判りやすくするために、簡単にその内容をここでみておきたい。

（ⅰ）最（二小）判昭四三年三月二九日

被告人は、㈠昭和四〇年六月四日柳川市での窃盗、㈡同四一年一二月一二日延岡市での窃盗、㈢同日同市での別の窃盗、㈣昭和四二年一一月二八日熊本市での窃盗、㈤同日同市での別の窃盗を理由に、包括して盗犯等の防止及び処分に関する法律三条に該当する常習累犯窃盗の一罪として起訴され、一審で有罪が言い渡されたが、同被告人は㈠と㈡の中間である昭和四一年二月五日の大牟田市での窃盗を理由に同年六月二四日大牟田簡裁で窃盗罪として有罪とされ右判決は同年一〇月二六日確定していた。最高裁は、後者の確定判決のあった犯行も、盗犯等の防止及び処分に関する法律三条所定の常習累犯窃盗に当たり、㈠の所為はこの「確定判決前の」犯行であるから、右大牟田市での確定判決のあった犯行とともに、「一個の」常習累犯窃盗を構成するので、一罪の一部について確定判決があった以上、㈠の行為については免訴とする、と判示した。

（ⅱ）名古屋地裁岡崎支判昭四八年一二月一一日

当初七六個の窃盗事実が窃盗罪の併合罪として起訴されたが、係属中に全体をまとめて一個の常習累犯窃盗（盗犯等ノ防止及処分ニ関スル法律三条）の訴因に変更され、いずれもその立証が尽された。ところが被告人には右七六個のほぼ中間に当たる三六個目の犯行と三七個目の犯行との間に、同種犯行と認められる窃盗罪の確定判決があった。裁判所は、この確定判決のあった窃盗事実も常習累犯窃盗罪に含まれる犯行であったと認定し、したがって常習累犯窃盗の一部につき確定判決があったことになるから、三六個目までの犯行については免訴とすべきである、とした。（しかし、この三六個の犯行は残りの四〇個の犯行から成る常習累犯の一部をなすものとして起訴されたものであるので主文において免訴の言い渡しをしない、とした。）

（ⅲ）横浜地裁川崎支判昭四九年九月二五日

被告人は昭和四七年六月一七日頃の川崎市での賭博行為を理由に起訴されたが、同被告人は昭和四八年一月二〇日頃の静岡県熱海市での賭博を理由に昭和四八年九月二〇日東京簡裁で略式命令を受け、右命令は昭和四八年一〇月五日確定していた。裁判所は、被告人の前科等に徴し、被告人には賭博の常習性があると認定し、右の二つの犯行はいずれも右常習性の発現としてなされたもので、本件公訴にかかる賭博は、「右略式命令発布前の」犯行であるから、二つの犯行は「一個の」常習賭博罪を構成するとし、既に一罪の一部について確定判決があった場合に当たるので免訴とする、と判示した。（検察官は本件公訴を「常習」賭博から単純賭博に変更していることを理由に常習賭博による認定をすべきでないとしたが、裁判所はこれを容れなかった。また、被疑者・被告人の否認ないし証拠隠滅工作が原因で事実上同時審判の可能性がなかったとの抗弁を排斥した。）

(iv) 東京高判昭五〇年一二月二二日

被告人は昭和四九年五月一七日の傷害行為につき、暴力行為等処罰ニ関スル法律一条の三に該当する常習傷害として起訴され有罪とされたが、同被告人はこれより前の、昭和四九年二月二四日の別人に対する暴行を理由に単純暴行で略式起訴され同年六月八日略式命令で有罪とされ同命令は同月二九日に確定していた。東京高裁は、後者の犯行も前科にてらすと暴力行為等処罰ニ関スル法律一条の三の所定の常習的暴行に当たり、前者は、後者の事実による「確定裁判前の」犯行であるから、前者と後者は「一個の」常習暴力行為を構成し、したがって右包括一罪の一部について確定判決があった以上、前者の犯行は免訴すべきである、と判示して原判決を破棄・自判した。

(v) 東京地判昭五一年二月三日

被告人は、㈠昭和五〇年五月四日のAに対する暴行傷害、㈡同年六月下旬頃のBに対する暴行、㈢同年五月四日Cに対する暴行、㈣同年六月下旬頃のDに対する暴行、及び㈤同年七月一四日のEに対する暴行を、常習として行ったとする理由で起訴されたが（以下これらを本件犯行という）、同被告人は昭和五〇年七月一四日、（右㈤とは異なる時間・場所で）Fに対し暴行を加えた事実により、同月二五日東京簡裁で略式命令により暴行罪として罰金を科せられ、右命令は八月九日確定した。東京地裁は、被告人には、前科に照らすと、暴力的犯罪の常習性があると認定して、略式命令を受けた犯行も本件犯行も常習性の発現であるとし、本件犯行は、いずれも「右略式命令確定前の」犯行であるから、右確定裁判の対象たる暴行と共に、暴力行為等処罰ニ関スル法律一条の三所定の「一個の」罪を構成し、したがって、一罪の一部について確定裁判があった以上、本件犯行は免訴とすべきである、と判示した。また、検察官は、右確定裁判のあった犯行の取調時に被告人は本件犯行を秘匿していたため、事実上同時に審判することが不可能であったから、右確定判決の既判力を本件に及ぼすべきでないと主張したが、東京地裁はこの主張を、既判力の画一性を害し、被告人の立場を極めて不安定なものにしてしまう虞れがあり、また、犯行秘匿を被告人の不利益に帰するのは黙秘権等を保障した法の趣旨にもとる、として排斥した。

(vi) 高松高判昭五九年一月二四日

被告人は、㈠昭和五四年六月二八日から昭和五五年九月二四日までの間、Bと共同で、関西、北陸、九州、四国等各地で三一回に亘る窃盗を行い、㈡単独で、昭和五五年七月五日から昭和五六年九月一五日までの間に亘って徳島市及び大阪府で四回の窃盗を行った。

被告人は㈡の行為のうち、昭和五六年六月二〇日の一件で大阪地裁岸和田支部に起訴され、昭和五六年一〇月二二日に有罪を言い渡され、この裁判は一一月六日確定した。ところがその後、前述した残りの三四件の窃盗行為が発覚したため、被告人はその三四件の窃盗行為を理由に起訴され有罪とされた。(判決文からは起訴の前後関係が必ずしも明瞭ではないが、柳俊夫検事は、この前後関係を、柳俊夫「常習特殊窃盗の一部とみられる単純窃盗の確定判決の効力等」研修四三八号(一九八四年)で明示している。)

高松高裁は、右の三四回の窃盗及び確定判決の内容となっている窃盗はいずれも、盗犯等防止法二条所定の常習特殊窃盗に該当すると認定し、右の確定判決には、右の三四回の窃盗とともに常習特殊窃盗の一罪を構成する窃盗行為が含まれており、右の三四回の窃盗行為はいずれも右確定判決前の行為であるから、一罪の一部につき確定判決を経ていることになり、したがって、免訴すべきであると判示した。(常習特殊窃盗を確定したのは高松高裁であり、右確定判決のあった犯行も右の三四個の窃盗行為も単純窃盗として起訴され、それを理由に有罪が言い渡されたものである。)確定判決で単純窃盗と認定されたものを後訴において常習特殊窃盗と認定するのは確定判決の拘束力を無視するのではないかとの検察官の主張を、後に起訴された事件について確定判決を経ているかということは、その事件の公訴事実の全部又は一部について既に判決がなされているかどうかの問題であって判決の罪名等その判断内容とは関係がない、として却けた。次に、高松高裁は、確定判決のあった単純窃盗の審理において常習特殊窃盗として審判を求めることはできなかったのであり、被告人が黙秘していた等の事情があるために、他の犯行について同時訴追を求めることは事実上不可能であったのだから、右の確定判決の効力を後訴に及ぼすのは不当であるとする検察官の主張を、「既判力の画一性を害し、被告人の立場を不安ならしめる」という理由で排斥し、同時訴追し得ないのに既判力が及ぶ不合理は、一罪を併合罪とする立法措置で解決するほかない、と示唆した。単純窃盗を理由とする訴因に拘束されるか否かについては、確定裁判の有無は職権調査事項であり、訴因に拘束されずに免訴としても被告人の防禦権を害することはないことを理由に、否定的に解し、実体に合わせて訴因が変更されれば免訴となり、そうでなければ有罪となるというように、検察官の選択によって両極端の結果を生じさせるのは不合理である、とした。

(vii) 高松高判昭三三年一一月一〇日

一審（松山地裁）は、被告人は昭和三一年一二月七日頃から昭和三二年一月九日頃までの間に一一回に亘る窃盗を行ったことを認定したが、他方同被告人は、昭和三二年一月一〇日の窃盗行為を理由に、昭和三二年二月六日松山簡裁で有罪を認定され、この有罪が確定していた。そこで、一審は、前者及び後者の双方の犯行を、包括して「一個の」盗犯等の防止及び処分に関する法律第三条第二条第二号第四号の常習窃盗に当たるとし、一罪の一部について確定判決があることを理由に、一一回の窃盗について免訴とした。高松高裁は、常習窃盗ではなく単純窃盗としての確定判決であっても、一罪の一部について確定判決があったことにかわりはなく、単純窃盗と常習窃盗には公訴事実の同一性があるから既判力が及ぶとし、この点で一審判断を是認したが、単純窃盗を常習窃盗と認定するには、訴因の変更を要するので、一審は審判の請求を受けない事件について判決をした違法があるとして破棄差戻した。

（4） 東京地判昭五一年二月三日判時八一九号一〇九頁、高松高判昭五九年一月二四日判時一一三六号一六〇頁。
なお、角谷三千夫「確定裁判の効力」平野龍一・松尾浩也編『実例法学全集、刑事訴訟法（新版）』（青林書院新社）（一九七七年）四五九頁を合わせて参照されたい。

（5） 青柳文雄「刑事既判力の客観的範囲」『犯罪と証明』（有斐閣）（一九七二年）三三九頁、横井大三「常習累犯窃盗の一部たる単純窃盗の確定判決の既判力」『刑事裁判例ノート（4）』（有斐閣）（一九七二年）二四四頁（註（3）（i）の判例のコメント）、横井大三「常習賭博罪の一部とみられる単純賭博の確定判決の既判力の範囲」研修三一八号（一九七四年）四三頁（註（3）（iii）の判例のコメント）、土本武司「訴因の拘束力と既判力の範囲」司法研修所論集一九七五Ⅰ四一頁、鈴木義男「常習犯の一部に対する有罪裁判の既判力」研修三四五号（一九七七年）五一頁（註（3）（iv）（v）の判例についてのコメント）、本江威憲「常習犯と既判力の範囲」平野龍一・松尾浩也編『実例法学全集・続刑事訴訟法』（青林書院新社）（一九八〇年）三四〇頁、押谷靭雄「大泥棒法網を潜る」判タ五三二号（一九八四年）六九頁（註（3）（vi）の判例についてのコメント）、古田佑紀「罪数論の功罪」判タ五三五号（一九八四年）七七頁、柳俊夫「常習特殊窃盗の一部とみられる単純窃盗の確定判決の効力等」研修四三八号（一九八四年）五九頁（註（3）（vi）の判例についてのコメント）等を参照されたい。なお、斎藤朔郎『刑事訴訟論集』（有斐閣）（一九六五年）一四一頁、筑間正泰「一事不再理の客観的範囲についての一考察」法学研究四九巻一号（一九七六年）一八一頁、『昭和四三年度最高裁判所判例解説・刑事篇』（法曹会）四九—五〇頁（千葉裕調査官）も合わせて参照されたい。

（6）　古田佑紀「罪数論の功罪」八〇頁。

（7）　特に、青柳文雄「刑事既判力の客観的範囲」、斎藤朔郎『刑事訴訟論集』一四一頁。かかる立場でも「検察官の裁量」の行使に無理を求めないようにするという視点から考える立場と、「裁判所の審判権限」が及び得ないという視点から考える立場とがありうる。後者は、いわゆる職権主義的立場から裁判を理解し、「既判力」の根拠を裁判所による具体的法規の形成に求めようとする立場である。実際には、この二つの立場が入り雑っていることも稀ではない。

（8）　麻薬取締法（昭和三八年改正）——常習性による区分の廃止。覚せい剤取締法（昭和四八年改正）——常習犯による加重規定の廃止。この点について、古川元晴「薬物に係る犯罪」『現代刑罰法大系3』（日本評論社）（一九八二年）二四九、二五八、二八一頁参照。

（9）　刑事手続における諸問題の利益のバランスという観点から扱うものに、例えば、A. S. Goldstein, *The State and the Accused; Balance of Advantage in Criminal Procedure*, 69 Yale L. J. 1149 (1968) がある。我が国でも、刑事手続上の諸問題はこの観点から考えられてきているのが実相であろう。対立する諸利益の内容やその調整過程、調整結果を判然とさせずに、形式論理の展開で「説明」してしまう処理のし方は、妥当な利益のバランスをはかるという法律学の本来のねらいを忘れて議論が展開されたり、問題の焦点を見誤ったり、形式論理の展開に囚われてラフに過ぎる利益の調整をもたらしたりする弊害を生む。

二重危険の分野での諸問題を利益のバランスの観点から把握して検討するものには、例えば、次のものがある。渥美東洋『刑事訴訟法』（有斐閣）三一七頁以下（一九八二年）、渥美東洋『刑事訴訟法要諦』（中央大学出版部）（一九七四年）二九六頁以下、渥美東洋『刑事訴訟法』（中央大学通信教育教材）（一九六四年）一七八頁以下、（一九六五年再訂版）、中野目善

則「検察官上訴と二重危険」比較法雑誌一七巻一号（一九八三年）四九頁、本書一頁、渥美東洋「いわゆる余罪と二重危険禁止の原則」比較法雑誌一七巻四号（一九八四年）一頁、田宮裕「既判力・再論」法学四七巻五号（一九八四年）。

英米法系の国で、この観点から二重危険禁止の問題を考察したものとして、特に、Note, *Statutory Implementation of Double Jeopardy: New Life for a Moribund Constitutional Guarantee*, 65 YALE L. J. 339 (1956); Note, *Twice in Jeopardy*, 75 YALE L. J. 262 (1965); SIGLER DOUBLE JEOPARDY, (1969); FRIDLAND, DOUBLE JEOPADY, (1969); Note, *The Double Jeopady Clause as a Bar to Reintroducing Evidence*, 89 YALE L. J. 962 (1980) などを参照されたい。また合衆国最高裁判所の二重危険に関する判例の動向については、前掲の、中野目論文、渥美論文の他、「アメリカ刑事法の調査研究（代表・渥美東洋）として比較法雑誌に連載され、後に、渥美東洋編『米国刑事判例の動向Ｉ』（中央大学出版部）（一九八九年）として纏められた二重危険に関する事件の紹介とコメント（二一七—四五二頁）を参照されたい。

なお、英米の二重危険に関する動向については、田宮裕「米国における二重の危険の原則」立教法学一六号（一九七七年）（後に、『一事不再理の原則』（一九七八）所収）、田口守一「アメリカ刑事訴訟における副次的禁反言の原則」早大大学院法研論集一〇号（一九七四年）六一頁（後に、「英米法における拘束力の理論」と改題して加筆し、『刑事裁判の拘束力』（一九八〇年）に所収）、高田昭正「上訴・差戻審の検察活動の制限」岡山法学三四巻二号（一九八五年）、高田昭正「一事不再理の客観的範囲㈠㈡——英米法を中心として」大阪市大法学雑誌二三巻一号六八頁、同二三巻二号（一九七六年）二四三頁、中山俊夫「Double Jeopardy とその諸問題㈠」同志社法学一四巻四号（一九七二年）一二一頁、なども合わせて参照されたい。

（10）*See e.g.*, J. GOLDSCHMIDT, DER PROZEß ALS RECHTSLAGE (1925); W. SAUER GRUNDLAGEN DES PROZESRECHT (1919).
ゴルドシュミットは既判力を裁判所力として把握する。(Rechtskraft=Gerichtskraft). 我が国の「既判力」論がこの考え方の影響を色濃く受けて展開されていったのは周知のとおりである。判例も、例えば、常習一罪の区切りとなるイヴェントを確定裁判の時点と考えている（前註（3）の諸判例参照）ところに示されるように、具体的法規の形成の有無を、いわゆる「既判力」の前提としていることがうかがわれる。本稿で検討するのは、個々の学説ではなく、判例を含めて、多くの論者が立論の基礎に据えている基本的な思考のパターンである。

（11）註（2）の文献を参照されたい。

(12) いわゆる実体法説を基礎に裁判の効力を考えるものはないと思われた。また、この考え方が、誤判が生じた場合にも、実体法の形成を理由に救済を認めない立場に行きついてしまうことに示されるように、あまりに強引で妥当性を欠くことは明らかであると思われるので、ここでは、具体的法規説に焦点をあてた検討を行う。

(13) この reprosecution に焦点をあてた検討を行っているものとして、註(9)の渥美東洋教授の著書、論文、中野目論文、田宮裕「既判力・再論」を参照されたい。

(14) 田宮裕「刑事訴訟における一事不再理の効力」法学協会雑誌七五巻三号四号(一九五八年)、七六巻一号(一九五九年)(後に「一事不再理の効力」として、『一事不再理の原則』(一九七八年)に所収)に、このことはよく示されている。

(15) Rechtskraft=Gerichtskraft として裁判所の権限を強力に主張する理論は、裁判所の力を、政府(government)を構成する他の部門に対し主張し認めさせていくことと対応している。だが、現在の我が国の憲法の下では、違憲立法審査権(憲法八一条)が明文で認められ、Judicial Supremacy の考え方が採られているのであるから、他の部門に対し裁判所の権限を主張するのに、具体的法規説を後盾とする必要はないのである。

また、具体的法規は、英米での、裁判所の解釈があるまでは法律は『法』にはならないという、法の権威に関する考え方を基礎に、個別的な裁判の効力を画そうとする点でも、問題がある。(中野目「検察官上訴と二重危険」比較法雑誌一七巻一号八六頁註(75)本書一頁参照)。

(16) 渥美東洋『刑事訴訟法』(有斐閣)三二三頁、渥美東洋「いわゆる余罪と二重危険禁止の原則」比較法雑誌一七巻四号(一九八四年)三二―三七頁、渥美東洋「公訴棄却の決定に対しては、被告人、弁護人からその違法・不当を主張して上訴することは許されないとされた事例(昭和五三年一〇月三一日第一小法廷決定、刑集三二巻七号一七九三頁)」警察研究五四巻四号四七頁(一九八三年)(刑事判例研究四〇二)。

(17) 田宮裕『一事不再理の原則』二五七―二五八頁。ただ、田宮教授は、「政策的一事不再効」による後訴遮断効を認められる。同書二六三頁。

(18) いわゆる新二分説(小野慶二「免訴の判決についての試論」司法研修所一〇周年記念論文集(一九五八年)。

(19) 免訴についての検討については、渥美東洋「免訴判決についての一試論」『中央大学八〇周年記念論文集』(一九六五年)、及び(註9)で挙げた渥美教授の著書、論文での免訴に関する記述を参照されたい。

(20) 中野目善則「検察官上訴と二重危険」比較法雑誌一七巻一号（一九八三年）本書一頁、渥美東洋『刑事訴訟法』（有斐閣）特に三一五—三二三頁。

(21) 渥美東洋『刑事訴訟法要諦』二九七頁。

(22) *Id.* at 298.

(23) 渥美東洋「いわゆる余罪と二重危険禁止の原則」五—六頁。

(24) 憲法三一条（告知・聴聞を受ける権利）、憲法三七条一項（公平な裁判所での公開裁判を受ける権利）二項（証人審問権・証人喚問権）三項（弁護権）。（これらが Adversary System のコンポネントである。）刑事訴訟法には二五六条をはじめとし、憲法上のねらいを具体化した多くの規定がある。論争主義の説明については、渥美東洋『刑事訴訟法』（有斐閣）、渥美東洋『刑事訴訟法要諦』の該当記述箇所の他、渥美東洋『レッスン刑事訴訟法』⒁「公判の構造（その一）—論争のもつ意味—」（一九八五年）を参照されたい。

(25) 渥美東洋『刑事訴訟法要諦』二六三—二六四頁。渥美東洋『刑事訴訟法』（有斐閣）二三〇—二四二頁、渥美東洋『レッスン刑事訴訟法（中）』⒁。

(26) 渥美東洋『レッスン刑事訴訟法（中）』⒁。

(27) 団藤重光『新刑事訴訟法綱要（七訂版）』二〇五頁（いわゆる潜在的審判対象）。

(28) もっとも、団藤博士は、不意打ちの禁止を強調されるので、（前掲一九七—二〇四頁）、この点からは、訴因変更の範囲はそれほど広くはなく、被告人の地位の安定をはかることを目的とする一事不再理や二重危険禁止効の客観的範囲までは及びえない。この意味で、後者の範囲まで審判の可能性があるとはいえないのである。潜在的審判対象と一事不再理効の範囲が一致するかのように説かれるが、これは「説明」のためであって、実際は、訴因の変更については告知機能（防禦の利益）の観点から考察し、一事不再理効は被告人の地位の安定から考察しているものと思われる。

(29) 具体的法規説から離れ、訴追に晒される危険という観点から二重危険禁止効を考察するという立場に立ちながら、この範囲と訴因変更の範囲を一致させ、行為または結果が同一である範囲で訴因の変更をなしうるから、その範囲まで訴追の危険に晒されていたといえると構成する立場がある。平野龍一『刑事訴訟法』（有斐閣）（一九五八年）一三九頁。だが、この考え方は訴因の告知機能を損ってしまうのである。訴因変更の範囲をこのように広げることは、不意打ちを生ぜしめ、政府による圧政をもたらす原因となる。当事者主義（the Adversary System）とは、当事者たる検察官に、無制約の権限を委ねることを意味するのではない。職権主義の下で裁判官に与えられていた権限を検察官に委譲すればそれが当事者主義になるというものではないのである。当事者主義（the Adversary System）とは、被告人の生命・自由・財産が誤って剝奪されることのないように、また異なった見方が裁判に反映されるように検察官の主張に対する被告人の側からのチャレンジ、吟味を認め、それが十分に行われる裁判の構造をいうのである。渥美東洋『レッスン刑事訴訟法（中）』⒁を参照されたい。

(30) 団藤重光『新刑事訴訟法綱要（七訂版）』一四七―一四九頁、高田「公訴不可分の原則」『刑事法講座』第五巻（有斐閣）（一九五三年）所収、なお、高田卓爾『刑事訴訟法（改訂版）』（青林書院新社）（一九七八年）一三〇、一三一頁。（一個の刑罰権に服する事項は一回の手続で解決すべきだとの被告人の法的安定性のための政策的要請が、憲法三九条の内容だという）。

(31) 例えば一個の行為が同時に酒酔い運転と業務上過失致死に当たるとき。

(32) 前註（3）の諸判例参照。

(33) この不合理さを強調するものとして、青柳文雄「刑事既判力の客観的範囲」『犯罪と証明』（有斐閣）（一九七二年）三三九頁以下をはじめとする註（5）の文献、及び、渥美東洋「いわゆる余罪と二重危険禁止の原則」比較法雑誌一七巻四号。

(34) 渥美東洋「いわゆる余罪と二重危険禁止の原則」七頁。

(35) 中野目善則「検察官上訴と二重危険」比較法雑誌一七巻一号（一九八三年）五二―五四頁。

憲法三九条は一事不再理効を定めたものか二重危険禁止効を定めたものかが論争されてきている。（前者は大陸法の系譜であり、後者は、英米の、とりわけ合衆国憲法第五修正の二重危険禁止条項の系譜である。）だが、憲法三九条も含め、憲法三一条以下の規定が英米の制限政府（limited government）の思想的系譜の上に立つことは明らかであると思われる。一般令状の禁止、一般探索的捜索・押収の禁止を定める憲法三五条はこのことを如実にあらわしている。日本国憲法が継受したのは、ジョン・ロック流の社会契約説を背景とする制限政府（limited government）の思想である。この点で、日本国憲法の原理は、Rechtsstaat の原理（権力者による自己拘束の原理）と異なることは明らかである。まさに、明治憲法から日本国憲法への変化は「革命」というにふさわしい原理の変化であった。

刑事訴訟法の理論も、この大きな原理の変化を前提にして展開されなければならないものである。法制度・法理論は価値を具体化するための形式・技術であるから、憲法のとる価値の体系を離れた理論の展開などが解釈論として展開されてよいはずはないのである。

憲法三九条をフランス法の系譜から理解しようとする試みがある（白取祐司「一事不再理の客観的効力」㈠㈡㈢㈣北大法学三四巻三・四号（一九八三年）、三四巻五号、三五巻一・二号、三・四号（一九八四年））が、三九条だけを他の憲法上の規定から切り離して考察することには疑問がある。我々が日本国憲法によって継受したのは、政府の権限についての英米の見方である。

（36）通常は、処罰には訴追が先行するので、二重危険の問題は再訴追、後訴の可否の問題として争われる。

（37）渥美東洋『刑事訴訟法』（有斐閣）三二五—三三三頁、中野目善則「検察官上訴と二重危険」前掲五五—五九、本書一頁、渥美東洋「いわゆる余罪と二重危険禁止の原則」比較法雑誌一七巻四号（一九八四年）、アメリカ合衆国の文献については右の二論文その他、註（9）で掲げた文献を参照されたい。

（38）このように、「同一犯罪行為」について国に与えられる有罪立証の機会は最大限一度であるに止まる。このような利益のバランスの観点から、検察官上訴に対する制限（渥美・刑事訴訟法・前掲、中野目論文・前掲参照）や、免訴や公訴棄却、公訴取消で裁判が終了した場合の再訴追の禁止（註（16）の文献参照）も生じてくるのである。さらには、起訴猶予の場合にも一定限度で二重危険禁止効を肯定することもできる。（渥美東洋『刑事訴訟法要諦』三〇四頁、中野目論文・前掲八一頁註（72）（ii））。

また、このように、二重危険禁止条項は、検察官の訴追裁量の濫用による圧政の防止をねらいとし、検察官の裁量行使の様態に焦点を当てているのであるから、再訴追、二重訴追が関連する場合には、前（先）訴の起訴時を基準に後訴を提起した検察官の裁量行使が合理的か否かを検討すべきことになる。判決時または判決確定時を基準に憲法三九条違反を認定するのは具体的法規説に立つからであり、二重危険禁止条項のねらいを前提とすると合理的であるとはいえない。

論争主義の公判構造（訴因制度）との関連からも、一つの歴史的行為については、一度の訴追で済ませることが求められてくる。同一の歴史的行為に属する事実で再訴がなされると、被告人が最初の訴因の批判に努力を集中させた意味は失われ、また、被告人は、後に別訴因で起訴されるかもしれないことを予想して、最初の訴因の批判を熱心に行う意欲をそがれてしまうことになりかねないからである。

（39） 渥美東洋「いわゆる余罪と二重危険禁止の原則」三六頁。
憲法三九条の「同一犯罪（行為）」とは、検察官の訴追裁量の不合理な行使を生まないようにするのに必要な範囲をいうのであり、この観点からは、後述のように、複数の社会的行為についても訴追の併合が求められることがある。このような場合まで「同一犯罪（行為）」というのは違和感があるというのであれば、社会的行為が一個のときは当然のこととして、再訴追が禁止されることの原則を例示したものと解すればよい。

我が国では、policy《ポリシー》を、あたかも憲法の条文を解釈する者個人の主張にすぎないものととらえたり、憲法の内容ではない、採用することが望ましいものとして理解されたりする。だが憲法三九条を含め法制度は、policy――（狙いと言いかえることもできる）を内在させているのであり、解釈はその狙いを実現するように（to implement the policy）行わなければならない。

（40） Note, *Statutory Implementation of Double Jeopardy Clauses; New Life for a Moribund Constitutional Guarantee*, 65 YALE L. J. 339, 342 (1956).

（41） *Ibid.*

（42） *See e. g.*, FRIEDLAND, DOUBLE JEOPARDY, 170–180 (1969).

（43） Connelly v. D. P. P. [1964] A. C. 1254; FRIEDLAND, *supra*, at 164–165, 184–187. 高田昭正「一事不再理の客観的範囲㈠㈡――英米法を中心として」大阪市大法学雑誌（一九七六年）、渥美東洋「いわゆる余罪と二重危険禁止の原則」二二頁註（13）。

（44） 渥美東洋前註、安富潔「余罪の証拠――アメリカ合衆国連邦証拠規則第四〇四条(6)項制定経緯を中心として――」慶應義塾創立一二五年記念論文集法学部法律学関係（一九八三年）四一三頁。

（45） 渥美東洋『刑事訴訟法』（有斐閣）二七七頁。

（46） FRIEDLAND, *supra* note (42) at 100; Note, *supra* note (40), at 343; Kircheimer, *The Act, the Offense and Double Jeopardy*, 58 YALE L. J. 513 at 528–529 (1949).

（47） FRIEDLAND, *supra* note (42) at 69. A. S. Goldstein, *The State and the Accused: Balanse of Advantage in Criminal Procedure*, 69 YALE Y. J. 1149 (1968).
刑訴三一二条、渥美東洋『刑事訴訟法』（有斐閣）二三〇―二三八頁。

（48）Vandercomb v. Abbott, 2 Leach 708, 168 Eng. Rep. 455 (Ex. 1796).

（49）Blockburger v. United States, 284 U. S. 299 (1932). この原則は再訴追を画する基準としても用いられてきているが（*See* Illinois v. Vitale, 447 U. S. 410 (1980) 解説・紹介・中野目善則担当・渥美東洋編『米国刑事判例の動向Ⅰ』三一八頁。ブロックバーガ事件の事実自体は、再訴追が関係したものではなく、一度に訴追された数罪の罪数関係が問題となったものである。最近の判例は、罪数の問題を再訴追の問題から分離させ、ブロックバーガ法理を議会の意思の解釈に関する法理として扱うようになってきている。(*See* Missouri v. Hunter, 459 U. S. 359 (1983) 解説・紹介・中野目善則担当・渥美東洋編『米国刑事判例の動向Ⅰ』四〇五頁；Albernaz v. United States, 450 U. S. 333 (1981) 解説・紹介・中野目善則担当・渥美東洋編『米国刑事判例の動向Ⅰ』三九八頁。再訴追でのブロックバーガ法理については、前記ヴィタール Vitale 事件の解説の他、渥美東洋「いわゆる余罪と二重危険禁止の原則」三七頁註（1）を参照されたい。

（50）前註ヴィタール事件の解説参照。

（51）渥美東洋『刑事訴訟法要諦』二四二―三一三頁、渥美東洋『刑事訴訟法』（有斐閣）二三〇―二三八頁、三一五―三二三頁。

（52）渥美東洋「いわゆる余罪と二重危険禁止の原則」七―一〇頁。

（53）被告人が訴追の併合による不利益を理由に手続の分離を申立てる場合や、同一の社会的行為により成立した数罪のうちの一部が判明しなかった場合をどう扱うかという問題は残る。

陪審裁判制度を採用する合衆国のような場合には、累積証拠から被告人に不利益な推論が働いたり、一方の犯行について黙秘して他方の犯行についてアリバイを主張するというような場合には黙秘した方について不利益な心証を生むことになる虞れがあるので、被告人が訴追の併合によって不利益を受けることを理由に手続の分離を申立てる実益があるが、素人ではなく職業裁判官によって裁判が行われる我が国では、悪性立証や余罪立証や手続の併合によって生ずる弊害は極めて少なく（渥美『刑事訴訟法』（有斐閣）三〇三頁）、この点で被告人の手続分離の利益を認める実益はないように思われる。かえって、被告人は、手続を分離して別訴追を受ければ、審理の長期化や地位の不安定等の不利益を受けることになる。この意味で、被告人の請求による分離の場合の例外は考慮しなくてもよいように思われる。

日時・場所を同じくする被告人の行為につき数罪が成立する場合でも、一部が判明しないことがありうるが、一個の社会的行為であればその一部が発見されないことは稀であり、かかる稀な場合を救済するために、判明したか否かを問題にするのは理屈が細かすぎ、原則が掘り崩される虞れがないではない。周到に捜査をしても発見し得ないという事実類型があれば別として、一個の社会的行為については、同時訴追をなし得なかった場合という例外を設定しない方がよいのではないかと思われる。一個の社会的行為により成立した数罪が科刑上一罪の関係にあり、その一部が最初の訴追時に判明しなかった場合をどう扱うかという問題も、構造的には、これと同じである。後述、註（64）参照。

（54）被告人の犯行が複数の社会的行為から成っており、しかもそれらの犯行が異なる種類の犯行から成っている場合には、立証の方法が異なるなどの点で、手続を併合することでかえって手続の遅れを生むこともありうるので、併合を義務的とすべきかにはなお検討を要するが、被告人の一度で裁判を終了してもらう利益が重要であり、また、被告人と被疑者の地位の競合を防ぎ、公判の論争主義構造が損われないようにする必要があること（渥美教授の手続単位説はこの点も考慮に容れたものである）に鑑みれば、そうし得なかった特段の事情、例えば、起訴前には判明し得なかった重大事犯であるとか、起訴後に発生した事件であるといった事由の証明を求め、この場合を同時訴追の原則の例外とする、という基準を採用することが望ましいのは確かである。手続単位説については、渥美東洋「勾留と勾留状記載の犯罪事実以外の犯罪事実との関係」法学新報七一巻五号（一九六四年）（後に、『捜査の原理』（有斐閣）（一九七九年）所収）、渥美東洋「余罪捜査と接見交通(2)」渥美東洋編『刑事訴訟法基本判例解説』（三嶺書房）（一九八三年）二三頁、椎橋隆幸「起訴後、逮捕・勾留中の余罪被疑事実につき接見指定権を行使することが許されるか」刑法雑誌二六巻一号（一九八四年）等を参照されたい。

（55）コモン・ローの前の有罪の抗弁は、数度の公判ではなく、二重処罰を防止するというところにその源がある。Note, *A Difinition of Punishment for Implementing the Double Jeopardy Clause's Multiple-Punishment Prohibition*, 90 YALE L. J. 632, n. 2 (1981). もちろん、今日では、前の有罪の場合も再度の公判の阻止という観点が中心をなす。

（56）*See e. g., Ex parte* Lange, 18 Wall 163 (1873)（罰金刑と懲役刑が選択刑とされているのに、両方の刑を言い渡され、被告人が罰金を納付し、五日間服役した後に、改めて、一年の懲役刑を言い渡したのは、二重危険禁止条項の禁ずる二重処罰に当たる。）; North Caroline v. Pearce, 395 U. S. 711 (1969)（被告人の上訴により有罪が破棄された後の再度の公判で有罪とされた場合、最初の公判で科された刑のうちの既に服役した部分についてクレディットを与えなければならず、与えないのは二重危険禁止条項の二重処罰の禁止に違反する。）

（57）*See* Whalen v. United States, 445 U. S. 684 (1980)；Albernaz et al. v. United States, 450 U. S. 333 (1981), *supra* note (47)；Missouri v. Hunter, 459 U. S. 359 (1983), *supra* note (47). 以上の各事件について、渥美東洋編『米国刑事判例の動向Ⅰ』三八七、三九八、四〇五頁以下参照。

（58）*See* Note, *Consecutive Sentences in Single Prosecutions：Judicial Multiplication of Statutory Penalties*, 67 Yale L. J. 916 n. 17 (1958).

（59）立法府は犯罪を定め、その犯罪に科する刑罰を定める権限を与えられているのであるから、立法府は実体的デュー・プロセス（substantive due process）に従い第八修正の残虐で異常な刑罰の禁止に違反しなければ、一定の行為に対し望ましいと考える数だけ異なった刑罰を科すことができる。Note, *Statutory Implementation of Double Jeopardy Clauses：New Life for a Moribund Constitutional Guarantee*, 65 Yale L. J. 339, 363 (1956).

（60）ここでは、包括一罪や、科刑上一罪、常習一罪などを除く意味で使う。このいずれの場合も、複数の社会的行為が関係する場合がある点で、ここでいう単純一罪の場合と異なる。

（61）複数の社会的行為を内容とする包括一罪の場合でも、同一被害者に対する反覆攻撃により被害者をついに死に至らしめた場合のように、実体以上の評価として傷害致死（または殺人）が成立するときには、事後に被告人が以前には判明しなかった行為を行っていたことが明らかになったような場合について、議会はそれを独立に処罰する意図を有していないとみるのが妥当と思われる。

単純一罪たる所持罪のような継続犯の場合、有罪判決に示された時点よりも前から被告人が禁制品や兇器を所持していたことが事後に判明したときも、この所持について議会は独立の処罰の利益を認めていないと解するのが妥当と思われる。

（62）例えば、有罪が確定した窃盗行為による被害物件が他にもあることが後に判明した場合は、その残りの被害物件を理由とする訴追を認めるべきであるとする主張は、このような虞れがあることに鑑みると、妥当でないと思われる。もちろん、検察官は善意で良心的に行動するのが通常の場合であろうが、法理論を構成する場合には、悪意で行動する虞れについても適切な考察をめぐらせておく必要がある。

（63）刑罰法規の解釈はそれぞれ個別の罰条の立法趣旨から解釈すべきであるので「常習罪」として各種の常習罪を一纏めにして論ずるのは問題を残すのであるが、常習罪の規定のねらいが常習者を重たく処罰することにあり、本稿で問題としている、常習一罪により後訴が遮断される範囲については、立法府の明確な意思が示されているとはいえない点で共通であるので、常習罪一般に通ずる議論をすることも許されると思われる。

(64) 科刑上一罪は、一個の社会的行為から成っている場合と、複数の社会的行為が関係する場合とがある。後者のときには、常習一罪の場合と近い性質となる。このとき、一部が発見されない可能性は高くなるので、「既判力」を理由に後訴が阻止されると、およそ発見し得なかった場合には不合理が生ずる。(例えば、文書偽造と偽造文書行使による詐欺など。)かかる場合、科刑上一罪は文字どおり科刑の単位であって訴追の単位ではない、あるいは、事後に発覚した部分については、一罪として取扱う単位の中に含まれない、とみることができるか否かは、議会の意思解釈の問題であり、二重危険禁止条項による再訴・後訴の禁止の問題ではない。二重危険禁止条項の禁ずる不合理な訴追裁量の行使がない場合であるとみることができるからである。(後述の常習一罪に関する本文での議論を参照。)科刑上一罪が一個の社会的行為からなり、一部判明しない部分があったときをどう取扱うかについては、前註(53)後段での議論を合わせて参照。判例(東京地判昭四九年四月二日判時七三九号一三一頁)の事案のような場合、未発見の部分を理由とする訴追を許さないのは不合理であると主張されるが、免許証の写真との照合などにより、他人の免許証の使用であることを発見し得ないのかには疑問が残る。(ただ、少額の金銭による行政目的での処罰は、二重危険禁止条項の保護の対象から外れるのではないか、という観点からのアプローチは残されている。)

(65) 本章では、これまで述べてきたように、二重危険禁止条項を検察官の裁量に対する規律の観点からとらえているので、理論上、確定裁判後の訴追と、最初の訴追開始後の後訴を区別する必要はなく、ともに二重危険禁止効が働く場合として扱う。本稿は、二重起訴を二重審理の防止という観点から扱っているのではない。この点について、渥美東洋『刑事訴訟法』(有斐閣)二一四頁を参照されたい。ここでは二重起訴の場合も含めて検討する。

(66) 常習罪を定めた法律の中には、立法過程で、政府委員が、未発見の部分を理由とする訴追も許されないとする説明をしているものもある。暴力行為等ノ処罰ニ関スル法律一条の三に関する昭和三九年の改正では、この法律が労働運動や大衆運動にも適用され濫用される危険があるのではないかとの質問に対し、政府委員は、常習犯は次の二点で累犯規定によった場合よりも処罰の範囲は狭まるとし、第一に、常習の認定は行為者の習癖を内容とするから、繰り返しただけではこの条文には触れないこと、第二に、発見されなかった部分についても既判力が及ぶことを挙げている。(衆議院法務委員会議事録・昭三九年四月二一日、第二八号二一頁・竹内（壽）政府委員、「あとになって思わない犯罪が発覚したといたしましても、そのあとの思わない犯罪にまで既判力が及んでしまって重ねて処罰することはできない。これは常習性からくる当然の帰結でございます。」）

だが、この点のみに照らして、議会の意図は発覚しなかった部分については訴追・処罰を許さないところにあるとみるのは妥当でないと思われる。この既判力の説明部分は、政府委員からの答弁を示すのみで、この答弁については質疑応答はなく、議案について採決した議会（員）がこの問題についてどのように考えていたかはおよそ明らかでない。政府委員も、一罪については既判力が全て及ぶという公訴不可分の原則に立った通説を述べているにすぎないと思われる。むしろ、この法律が、常習者を重く処罰して、たび重なる、暴力団員等による犯行を阻止することをねらいとしていることを前提とすると、発見されない部分が生ずることが稀とはいえない事実類型であるのに、かかる既判力論を採用して発覚しなかった部分の訴追を許さないとする趣旨であったかには疑問が残る。

立法者は、一罪として処罰する範囲を、構成要件の形で定めて、画そうとする意図を持っていたとはいえるにせよ、いわゆる公訴不可分の原則という訴訟法上の原則を立法化したとみるのには無理があると思われる。立法府は、刑罰法規を定めるに当たり、通常、実体法について立法しているのであって、かかる訴訟法の理論まで立法化しようとしているものではないと思われるからである。議会では具体的な問題への対処が問われているのであり、抽象的な法原則によって問題の「解決」をはかったとみるのは合理的がないように思われる。

(67)　最初に常習一罪を理由とする訴追がなされた場合を扱った判例ではないが、東京地裁判昭五一年二月三日判時八一九号一〇九頁、高松高判昭五九年一月二四日判時一一三六号一六〇頁での議論がこの場合に関連がある。

(68)　右東京地裁の判例は次のようにいう。

「事実上同時審判の可能性があったか否かを、既判力の客観的範囲を画する基準とするならば、前件裁判確定前において、捜査官側がこれと一罪の関係にあるほかの部分の存在に気付かなかった場合には、そのことにつき捜査官に過失がなかったか否かも当然争点となるであろうから、当該被告人の前科、前歴、生活歴、性格、捜査官に対する供述態度などの被告人側の事情並びに担当捜査官の捜査能力、当時の捜査態勢、どの程度「余罪」の存否について捜査がなされたか、前件の公訴提起が早すぎなかったか否かなどの捜査官側の事情など極めて個別性の強い幾多の要素を総合して既判力の範囲を確定しなければならないことになり、既判力制度の画一性を害するばかりか、その範囲の確定自体が一個の困難な訴訟上の争点と化し、被告人の立場を極めて不安定なものにしてしまうおそれがある。」判時八一九号一〇九頁。

右高松高判も同旨の判示をしている。「検察官主張のように、訴追の事実上の不能の場合に既判力が及んでこないとすると、その例外的基準を具体的に設定すること自体が甚だ困難であるうえに、仮に基準が設けられても、それを具体的に適用するにあたって一層困難を招来せざるを得ない。すなわち、当該犯行及びそれと被告人を結びつける証拠が捜査官側にどの程度判明していたか、又知り得る可能性があったかを中心に、被告人の前科、生活歴、事件に関する供述の程度、共犯者の有無及びその役割、被害の裏付の程度、時期、犯行の場所、捜査の態勢等幾多の事情を探究し総合し、右基準に適合するか否かを判断しなければならないのであって、かくては既判力制度の画一性を害し、被告人の立場を不安定ならしめることになる。」判時一一三六号一六〇頁。

(69) 下級審判例は、この例外を認めると、黙秘権の行使を不利益に扱うことになり、黙秘権等を保障した法の趣旨にもとるのでこの例外は許されないという（東京地裁判昭五一年二月三日判時八一九号一〇九頁、横浜地裁川崎支判昭四九年九月二五日判時七六六号一三〇頁）のであるが、二重危険禁止効は、この例外の場合には及ばず、また議会の意思もこの例外を認めているものと解され、被告人の訴追を阻止する障碍はなく、犯罪を行っている被告人は訴追、処罰を甘受すべき立場にあるので失当であると思われる。被告人は犯罪を行ったことを理由に訴追を受けただけであり、本来受けるべきでない不利益を課されてはいないのである。黙秘権は供述するかしないかの自由で任意な選択権を保障したものであり、後に判明した犯行を理由とする訴追は黙秘権行使に不利益を及ぼす場合には当たらない。

(70) *Cf.* 18 U. S. C. §848.

(71) 註（3）の諸判例参照。判決（命令）時かそれとも裁判確定時のいずれに立つのかは判文の上からは判然としない。確定裁判であることは要件とされる。判決文では、通常右の二つの期日が併記されている。

(72) この問題については土本武司「訴因の拘束力と既判力の範囲」司法研修所論集一九七五I四一頁、鈴木義男「常習犯の一部に対する有罪裁判の既判力」研修三四五号（一九七七年）四三頁等の文献がある。

検察官が常習一罪から単純一罪に訴因変更した場合に、これを既判力との関係で常習一罪の一部として扱うことが許されるかという問題があるが、これも問題としては、本文の場合と同じ争点として扱うことができる。ただ、単純一罪に訴因を変更するのは、既判力が及ぶことを懸念するためであるので、今まで述べたように、発覚し得なかった場合や起訴後に発生した場合の例外を認めて処理すれば、訴因の変更の必要はなくなる。常習一罪の既判力が広すぎるために単純一罪の認定に拘束力をもたせようとするのであるが、既判力の問題は、右の例外を認めることで解消する。

(73)　刑訴二四七条。現行法上、裁判官は訴追官として予定されていない。

(74)　横井大三「常習賭博の一部とみられる単純賭博の確定判決の既判力の範囲」研修三一八号（一九七四年）四八頁。

第五章　検察官の裁量と二重危険禁止条項

一　はじめに——問題の所在

日本国憲法三九条が制定され、再訴追・二重訴追や二重処罰に関する問題は「憲法論」としてとらえられることになった。「訴訟法理論」として被告人の地位の安定と訴追の利益との関係が考察された「旧法」とは異なり、日本国憲法下では、再訴追・二重処罰に関する利益の保護を、「法律」や「法律」を解釈する理論に委ねるという立場ではなく、法律の制定やその解釈に当たっても、必ず前提としなければならない「基本権」の一つとして二重危険禁止条項を定めて、国家と個人の関係を規律する立場が採択された。再訴追や二重処罰の問題を考察するに当たっては法律の採る立場を法解釈の出発点としなければならず、憲法論を離れた「訴追法理論」の展開によって、基本権としての二重危険禁止条項が定められたことの意味を失わせることがないように十分な慎重さと配慮が必要とされる。

だが、日本国憲法により再訴追や二重処罰の問題が憲法次元のものとされた後もなお、二重危険禁止の問題が憲法次元の重要性を持つことに十分に意識した法運用・法解釈がなされているとは必ずしもいえないように思われる。一方では、憲法三九条の求める一回性の利益（政府の有罪立証の一回性）に配慮を欠いた法運用や法解釈がなされてきているると同時に——この典型は事実誤認を理由とする検察官上訴であろう——(1)、他方では、一回性の利益を害してはいないのに不当に政府の法執行活動を制約する法運用や法解釈が示されており――この典型が事後的に発覚したか起訴後に被告人が犯した、同時訴追をし得なかった余罪たる「常習罪」を廻る訴追の可否の問題である――[2]、混乱がみられるように思われる。裁判の効力の問題が、裁判所の判断が「確定」した効果としての「不可変更力」、「拘束力」の問題としてとらえられ[3]、事実誤認を理由とする検察官上訴と憲法三九条との関係が「危険継続論」によって正当化されたり[4]、訴因（変更）と一事不再理・二重危険禁止の範囲、訴因と罪数、罪数と一事不再理・二重危険禁止の範囲が、「公訴事実」という概念を通して同じく扱うか関連させる法実務や議論にこの混乱はよく示されている[5]。

筆者は、このような混乱を是正するには、「憲法」の採る「原理」や「憲法の求める法思考」による問題の解決が必要であることを、検察官上訴の問題や、常習罪と再訴遮断の問題をとりあげて論じたが[6]、検察官上訴について、我が国では検察官は大陸法的な手段の監視者としての法的地位を占め、上訴までを一貫した手続とみる「法伝統」があるので、上訴を含めた手続全体を「一個の」手続とみるのが一般的だと指摘されており[7]、また、科刑上一罪を含め「一罪」を分断訴追することは許されるべきではないとする立場が依然として主張され[8]、常習罪の処罰を廻る不合理さは、一事不再理効ないし二重危険禁止効の発生時期を一審終結時としたり[9]、事実審理の法律上可能な最後の時とみることによって解決をはかるべきだとの考え方がさらに主張され[10]、常習罪に関する再訴追の可否は起訴時を基準として考えるべきだとする私の考え方に対しては、証明されていないものを「警告」として扱うのは問題であり[11]、ひいては「無罪推定」の原則に違反し[12]、また、現行法上「訴因の追加」が認められているから、起訴時に限る必要はないとする「批判」[13]も示されている。一罪について分断訴追禁止を強調する立場は、科刑上「一罪」や常習「一罪」などが関係するときの、罪数と再訴禁止の関連についての従来の考え方を崩すと、被告人の地位を不安定にし[14]、再追訴を廻る問題が処罰を求めるコミュニティ（国）の利益と刑事手続に巻き込まれる被告人の利益との対立の調整、利益衡量の問題であるとしても、その「利益衡量」があまりに融通無碍・無基準なものとなり、解釈者の主観に委ねられ、カズィスティークに堕してしまいかねないといった懸念もあるようである。[15]

そこで、検察官上訴と二重危険禁止条項の関係を廻る議論や、罪数と二重危険禁止条項の関係についての議論を契機にして、二重危険禁止条項の求める法思考とはいかなるものであるのかをさらに検討し、私の議論への「批判」が誤解によるか根拠を欠くものであることをあわせて示したいと思う。この作業の中で、再追訴・二重処罰の問題について、よりバランスのとれた法運用をもたらすには、刑事裁判において対立する諸利益を直視してその利益の調整を「二重危険禁止条項」の「原理」の観点から検討する法思考が重要であることを確認したいと考える。二重危険禁止の問題は、以下で論ずるように、単に「裁判の効力」の問題としてとらえられるべき問題というよりも、刑事裁判は現代社会の中でいかに運用されなければならないかという、刑事法の運用に関するフィロソフィー・基本的考え方と関連させて論じなければならない問題だといえるだろう。[16]

二　我が国の法のアイデンティティ・構造の自覚の重要性

(1)　検討すべき問題

二重危険禁止条項が日本国憲法三九条で制定されてもなお、「形式的確定」の概念が重視され、「公訴事実」の概念を介して訴因変更と再訴禁止の範囲と一致させようとしたり、罪数と同時訴追義務の範囲を一致させようとする議論が展開されるのは、「二重危険禁止」という「英米」のタームによって再追訴や二重処罰の問題が論じられている場合でも、旧法以来の「訴訟法理論」との関連を意識するからであろう。これは憲法と関連なく「訴訟法理論」が展開されているか、日本国憲法になってもなお、旧法以来の「訴訟法理論」は憲法三九条に反することなく憲法と調和する考え方を示すものだとする立場を背景とするからであろう。だが、この基本的前提こそ検討を必要とする。憲法の最高法規性は憲法が明言するところ（憲法九八条）でもあり、刑事法が憲法の規律を受けることは当然前提とされているだろうから、旧法以来の訴訟法理論による考え方（分析やその帰結）は日本国憲法と矛盾することなく調和するという前提を検討すればよいだろう。

明治維新以降、最初にフランス法が導入されたが、プロイセン・ドイツの憲法を模した明治憲法が制定されることで我が国の法制度全体はドイツ法へと傾斜し、治罪法から、ドイツ法の影響をうけた大正刑訴へと変化した。ただ、これは同じ「大陸法国」に属する国をモデルとする変化だったという意味では、その後に我が国が経験したアメリカ法制の影響・導入よりはその変化は少ない。太平洋戦争での敗戦を契機として、日本国憲法や刑事訴訟法に「英米の」法の考え方が導入された。

だが、日本国憲法が制定されても旧法以来の大陸法流の法伝統に立つ理論が展開されてきている。ここで問題となるのは、この大陸法と英米法という二つの法文化は、前者の理論を後者が違和感なく受け入れるほどの親和性を有するのか否かである。大陸法の理論が時間的に先行したというだけで、英米法の考え方を基礎としてそれを受容した日本国憲法が「基本法」とされた意味を失わせることがあってはならない。制度の由来が全てを決するものではなく、変化する社会の実状を考慮に入れて柔軟に法を運用し対立する利益の合理的調整をはかることが法や法を運用する者に課された任務であることを忘れてはならないのは確かであるが、我々の制度が継承し、出発点にすえた基本的価値、日本国憲法の採択したねらいを忘れた議論を法解釈として展開したり、そのような立場で法を運用したりすることがなされてはならないことも確かなことである。

（2）　再訴禁止に関する日本国憲法三九条の二重危険禁止条項のフィロソフィー・基本的考え方

日本国憲法三九条の「二重危険禁止条項」は合衆国憲法第五修正の二重危険禁止条項に示された英米の二重危険禁止の考え方を継承したものとみることができる。(17) 再訴追に関する二重危険禁止条項の考え方の中心は、検察官に与えられている訴追裁量権が、必要とされる限度を超えて行使され、圧政やハラスメントをもたらすことがないように、正当に求められる努力をすれば一度で訴追できる範囲では「同時訴追義務」を課して「細切れ訴追」をもたらすことがないようにすることにある。犯罪者を一度は裁判に付し、処罰を求める利益が国にはあるが、この権限が一度を超えて使われると、刑事裁判手続に再度巻き込まれ、長期に亙って刑事裁判手続から解放されないことで、生活の安定を害され、経済的不利益を課され、犯罪者であるというレッテルを貼られ、心理的焦燥感に晒され、無辜であっても有罪とされる危険が生ずるなど、被告人には多大な不利益が課されることになり、国家はかかる不利益を課す活動を通して圧政を行い、迫害、嫌がらせを加えることが可能となる。二重危険禁止条項はかかる圧政迫害、嫌がらせ、ハラスメントを避けようとするものである。したがって、この基本的考え方の下では、検察官の訴追裁量権が濫用されることがないように、政府は訴追意思のある犯罪について「同時訴追義務」を負うことになる。「政府の有罪立証の機会の一回性」が二重危険禁止条項の求めるものである。(18)

このような考え方に立つと、事実認定に関して形式的確定があるまでは「具体的法規」の形成がないことを理由に再訴遮断効を否定したり、形式的確定があるまでは「危険は継続する」としたりするのは、政府に有罪立証の機会を「再度」与えることに他ならず、二重危険禁止条項の基本的考え方と相容れないということになるのである。(19) ここに従来の大陸法流の理論と日本国憲法の二重危険禁止条項のフィロソフィーとの大きな隔たりをみることができる。

(3) 日本国憲法、現行刑事訴訟法が継承した英米法の見方と大陸法の見方の相違の観点からの検討

ここで、日本国憲法が継承した考え方を、英米の見方と大陸法の見方の相違を、対比させ比較することでよりはっきりさせてみよう。

英米の法の理論は、一方では、法が執行されないことから生ずるアナーキーの状態を回避するため、政府による法執行活動がコミュニティの利益を代表して行われることを当然の前提として、他方で、その権限・権力行使が圧政にわたり、刑事裁判に巻き込まれる被告人の利益を不当に合理的根拠なく奪い、刑事裁判が圧政や迫害、嫌がらせの道具として使われることがないように歯止めをかけることを重視して展開されてきている。一方では、法の執行に当たって政府に「裁量」が与えられざるを得ないことを認めながらも、その「裁量」が「圧政」をもたらすことがないように、正当な理由と根拠に基づいて必要な限度で政府の権限が発動されるように限界を設ける「制限された政府 limited government」という構想を採用し、権威を分散させ、相互抑制の関係を導入し、権力の集中を避けてきている。[20]

大陸法の理論の場合にはこれとは異なり、糺問主義、職権主義によって法が展開されてきた。英米の場合と異なり権威が一点に集中する傾向が強く、頂点で決められたポリシーが下部に行き渡るように全体の構成が組まれ、下部の判断はより上級の機関ないし判断者によって「審査」されることが当然の前提とされている。[21] また、手続で中心的役割を果たす者は理論上は、「裁判官」とされて、手続の最初から終わりまで裁判官が統制し、監督するという建前が採用されており、ここでは、手続に巻き込まれる被告人の不利益よりも上級審による審査、監督を行き亘らせる利益の方がずっと重要なものとされ、再度事実を争う手続に巻き込まれることによって被告人が被る不利益ははるかに劣後した重要性しか与えられていない。

「一事不再理」も「二重危険禁止」も、ともに、再度裁判に被告人を巻き込むことを禁止する原則だと「大雑把に」いえばその違いはそれ程大きくないことになるのだろうが、遮断効、矛盾判断の防止のいずれに中心を置くのか、いつから再訴禁止の効果が発生するとみるのか、どの範囲で再訴禁止の効果が生ずるとみるのか、不利益再審を認めるのかなど、具体的場面をつぶさにみていくと被告人が生ずる不利益や国に与えられる権限の程度は大きく相違する。事実認定についても検察官上訴が認められていることによく示されるように、大陸法の方が国の権限発動に加えられる規律の程度がずっと緩やかであり、反面、手続に巻き込まれることで被告人が被る不利益はずっと大きいことが判明する。職権主義を背景に、裁判官の権限が及んだとみれる範囲を中心にかなり抽象度の高い議論を展開する大陸法、特にドイツ法の考え方と、(22)制度上も事実上も働いている検察官の「裁量」を圧政を生まないように規律するという観点から議論を展開してきている英米法とでは、考察・分析の方法も利益のバランスのとり方も大きく異なるのである。

我が国は日本国憲法を制定することで、政府に与えられた権限の行使、裁量の行使による圧政の阻止・回避を重視する英米の法思考を導入・受容・継受したのである。(23)日本国憲法の制定により政府の権限に関するフィロソフィーが基本的に変化したことによって、大陸法流の「具体的法規説」やその考え方を背景とする見方をそのまま維持することは困難となったといえるのである。(24)

(4)　日本国憲法、現行刑事訴訟法の構造の観点からの検討

さらに、日本国憲法及び現行刑事訴訟法下では、法典に示されるように、裁判官の役割や検察官の役割が旧法とは異なる構造へ変化したことによって、大陸法の理論である具体的法規説を維持することは困難となっている。

現行法下では、検察官の裁量の規律こそが問題であり、この点でも、裁判官の職権を行使しうる範囲の観点から一事不再理の諸問題を考える理論を展開する基礎は失われてしまっている。

我が国では検察官に訴追裁量権があることを正面から認め、その裁量が適切に行使されるようにするという観点から二重危険禁止条項によって規律を加えているのである。(25) 大量の刑罰法規を持ち、大量の事件が発生する現代社会では、限られた財源・資源の中で活動する法執行機関は、法執行に優先順位を定めたり、裁判所の処理能力の限界内に事件量を止めるようにスクリーニングしたり、不必要に被告人を社会的非難に晒すことなく更生の機会を与えるために起訴猶予権限を行使したりすることが必要となっている。現代社会では「裁量」なしで法の運用を考えることは困難となっているのである。(26)

事実認定について職権主義も採られていなければ、捜査・訴追について裁判官が自ら直接・間接に捜査するという役割を担うという建前も採っていない現行法の下では、旧法下での裁判官の権限が及んでいたとみれる範囲・程度を問う、裁判所の権威・権限の浸透度を中心にすえた理論はその基礎を大部分失っているといえるのである。現行刑事訴訟法では、捜査の中心的役割が警察に移され、検察官はそれに一般的・個別的な指揮・指示をしたり（刑訴法一九三条一項二項）、自ら直接捜査をしたりするという形で係わり（刑訴法一九三条三項）、捜査の終結処分権限は原則として検察官にあり（刑訴法二四六―二四八条・二五八条等参照）、検察官には訴追に関する独占的裁量権が与えられ（刑訴法二四七、二四八条）、公判での主張・立証責任は検察官が負い（憲法三八条一項、憲法三七条一項「裁判を受ける権利」）、裁判の執行の責任も検察官が負っている（刑訴法四七二条）。このように、現行法の下では、検察官が法の運用で中心的ないしは相当に重要な役割を、自己に与えられた裁量権を行使して、果たすことになるのだといってよいだろう。

大陸法的な構造を受け継いだ制度を持つ旧法では裁判官が捜査にも事実認定にも積極的に係わり、裁判官が法運用の中心的役割を担った（少なくとも、そのような建前がとられていた。）。国家の権限が隅々まで浸透することを重視する職権主義思想の下では、裁判官の権限がどこまで及んでいたかを、上級の裁判所による監督を重視して、理論の中心に置くのはもっともなことであったとも思われる。

だが、現行法下では、裁判官、裁判所は、旧法とは全く異なった役割を担うこととなった。裁判官は捜査の中心的役割を担うのではなく、法執行機関の諸活動についての法律上の要件の充足の有無、基本権侵害の有無を、令状発付や、不利益を受けた者の救済申立等を通して判断することを通して、法執行活動が法に従って民衆に責任を負う形で展開されているかを審査し、いわば間歇的に捜査に関わる形で手続の可視性を高める役割を果たす。また、公判では、自らは積極的に事実認定に関わることを禁じられ、検察官が主張・立証責任を合理的な疑いを容れない程度にまで果たしているか否かを「中立で公平な」立場から審査する役割を担い、旧法のように一件書類を読んで事件の審理に望むことは現行法の禁ずるところとなっている（刑訴法二五六条六項）。このように事実認定について裁判官は受動的な役割に止まるものとされている。圧制を阻止するためにこのような構想が採られるのである。他方、基本権の擁護に関しては、裁判官は、積極的に活動し、当事者の申立てを契機とすることが多いであろうが、訴訟指揮権を通しての証拠開示命令[27]や違法排除法理[28]などを通して、法執行機関に規律を加えることができるものとなっている。憲法八一条は違憲審査権を定めて、裁判所が他の二権に基本権を保護するために規律を加えることができることを明らかにしている。このように法執行機関と裁判所との間にはチェック・アンド・バランスの関係が導入されたのである。

以上のように、訴追に関して現行法で中心的役割を担うのは裁判官ではなく、検察官であり、検察官に与えられている「裁量権」の行使の仕方いかんによって被告人は大きな影響を受ける構造となっている。圧制の阻止・回避に重大な関心を寄せている現行憲法下では、再訴追に関してはこの検察官の「裁量」の規律が中心争点となったのである。裁判官は法執行機関による圧政を阻止しチェックする役割を果たす。このように法の構想・構造が変化したことによって、再訴追の可否に関する争点は、裁判官の判断の有無及びその及ぶ範囲という争点から、検察官の裁量の規律という争点へと変化した。制度の背景が変化したところで旧法の理論（具体的法規説）や「伝統」を現行法でもそのまま維持・適用することには無理があるというべきだろう。日本国憲法下では、具体的法規説や職権主義下での思考方法とは全く異なった、制限された政府という構想に立って、対立する諸利益のバランスをはかる法思考が求められているのである。

三　罪数と二重危険禁止条項の関係——特に常習罪が関係する場合

さて、常習罪が関係するときの再訴遮断の範囲を廻って、罪数論と二重危険禁止ないし一事不再理との関連が議論されてきており、常習罪は被告人の常習性、つまり「行為者の」属性である常習性を介して「一罪」とされる（べきもの）だから、この分断訴追は認められるべきではなく、同時訴追をなし得ない例外事情を考慮する立場はあまりに個別的な事情を再訴禁止の範囲確定の作業に持ち込み被告人の地位を不安定にするので妥当でないといわれる。そこで、罪数と二重危険禁止条項の関連を種々の観点から検討してみよう。

(1)　二重処罰違反の有無——議会の立法意思との関連

罪数の問題を憲法論として構成する場合には「二重処罰」の有無が問題となる。一度処罰した行為の再度の処罰は憲法の禁止する「二重処罰」に触れるが、未発覚の部分や起訴後に被告人が行った犯行を理由とする後訴はこの「二重処罰」には触れるとはみれない。[29]

処罰の単位を決めるのは議会の選択である（この処罰単位は訴追単位ともなる）。議会が「常習罪」を法定したのは、同種犯行を繰り返し行って他の社会構成員の利益を侵害する行為をする者を通常よりは重たく処罰して、その者の規範意識を覚醒させ、被害感情の満足を得るとともに、犯行を抑止・予防しようとする意図によるものだとみてよいだろう。筆者は、そこで、この議会の意図を基本にすえて解釈すると、未発見・未発覚の部分が生じ得る構造の構成要件であるのにその部分まで処罰し得ないとすると常習として犯行を行ったものがかえって「軽く」処罰される不合理を生み、議会の基本的意図に反するから、議会は常習罪を「一罪」として定めたとしても、未発見・未発覚の部分を理由とする処罰を認める意図だと解釈するのが合理的であり、この部分を理由とする訴追は議会の定めた処罰単位を崩すことにならないと論じた。[30] この立場は「常習性」を「行為者の」属性とみる立場によって影響を受けたものであるが、他の社会構成員の利益を繰り返し侵害する者を「重く」処罰するという議会の基本的意図をさらに進めて考えると、常習性を「行為者」の属性ではなく、「行為」の属性として考えることもできよう。[31] このとき、各行為はそれぞれ常習罪を構成することになるから、未発覚・未発見の部分を理由とする訴追は何ら「二重処罰」には当たらないことになり、常習罪の「一罪性」を根拠に未発覚・未発見の部分を理由とする訴追は許されないとする議論はその基礎を失う。[32]

事後的に判明する場合がありうる類型なのに、常習罪の「一罪」性を重視して一罪の一部であれ処罰されれば残りの部分についても処罰されたことになるとみて、いかなる場合にも全ての犯行を同時に訴追し同時に処罰しなければならないとする不合理な硬い立場を議会が採用しているものとは思われない。[33] 未発見・未発覚の犯行を理由とする常習罪の訴追は二重処罰の禁止には触れないとみることができる。

(2) 再訴追・分断訴追禁止の原理及び功利論からの検討

ところで、常習罪のような広範囲に亘る社会的行為を内容とする構成要件が関係する場合にも「一罪」の分断訴追を許すべきではないという考え方は、「一罪」の一部を理由とする訴追を認めると無基準な法執行をもたらし被告人の地位の安定を害することを懸念するのであろうが、この懸念は根拠があるものではない。

二重危険禁止条項の問題は、以上みてきたように、政府と被告人の間のバランスを、「圧政」を阻止するという「原理」の観点からはかっている。利益較量には一定の「指針」が与えられているのであり、無基準な利益較量がされているのではない。政府が一度で訴追できる場合については、政府に同時訴追義務を課し、政府に与えられる有罪立証の機会を一度に限定することによって、圧政を阻止しようとするのであり、分断訴追による訴追裁量の行使の虞がない、複数の社会的行為が関係するときの未発覚・未発見の例外はこの二重危険禁止条項の基本的考え方には抵触しない(34)。

圧政に亙るかその虞がない活動なのに処罰の利益を無視する立場は憲法全体との構想にも合致しないだろう。憲法が「被告人の権利」の形式で権利を定めるのは国家活動に限界を設け圧政を阻止しようとするからであるが、法執行活動がなされず、犯罪者が処罰されなければ秩序が悪化する事態を招き、ひいては秩序は崩壊する。そこでは自由の保障は覚束なくなる。犯罪者を処罰するための法執行の利益があることを憲法は当然の前提としているのであり、議会の意図を実現する、圧政に亙らない国家の活動は認められてよい。

二重危険禁止条項に関する解釈は以上のような「原理」に基づいてなされているのであって、解釈者の無基準な主観的判断によってなされているのではない。「例外」の設定も原理との関連でなされるのであり、カズィスティークに堕し、法解釈の妥当性を担保するものがおよそなくなってしまうというものではない。憲法の各条項の継承した価値が憲法に示されており、——それは長きに亙る英米の歴史が指し示すものであるが——法解釈者はその価値を変化する状況の中でよりよく実現するという任務を果たすことを求められているのである。憲法解釈は、憲法の採る価値を離れた政策論ではなく、選択された価値を前提とする枠組の中での議論である。この枠組を逸脱しなければ、状況の変化を考慮に容れてその価値を維持・実現できるように法を解釈し、従来の基準に変更を加えたり、新たな基準を創設したりする道は閉ざされてはいない。[35] このような憲法の採る価値を前提とする議論は、憲法の意味が状況の変化により「変遷」したという議論でもない。[36]

二重危険禁止条項に関する思考の枠組・利益のバランスは、政府と人民の関係についての「制限された政府」という憲法の採る構想を通して、基本的に既に設定されており、解釈者が多数者の利益を実現する便宜上、再訴追や再度の処罰が必要であるとして変更することができるという性質のものではない。[37] この点で、功利的観点から（コスト・ベネフィット・バランスィングをして）、罪数論と関連させてあるいは逆にその関連を断ち切って利益のバランスをはかろうとする立場とは異なるのである。[38] 常習罪の場合に未発覚や未発見の余罪を理由とする再訴追を起訴時を基準として考察する立場は、二重危険禁止条項の憲法原理との関連で選択される立場であって、それとは無関係に、解釈者の妥当と信ずる政策判断から主張されているものではない。

功利的観点から被告人の地位の安定が重要だとみるにせよ、法執行機関が周到な努力を払っても発見し得ない場合や同時訴追がおよそ無理な起訴後の犯行の場合には、圧政の阻止に資することはなく、また、他の社会構成員の利益をあまりにも無視することになり、バランスを失しているという批判が加えられるだろう。

さらに、より大きな構成要件を基準にして一罪の一部で訴追を受ければ、未発覚・未発見の部分を理由とする訴追は許されないとする議論を押し進めると、組織犯罪等に対処するために定められる構成要件の意味を大きく減殺することにもなりかねない。合衆国におけるCCE犯罪[39]のように、個々の薬物取引犯罪（「要件犯罪」といわれる）が複数個あることを前提として、それとは別個の、薬物犯罪の中心にいて活動した者を処罰するための犯罪が成立し、重い刑罰が科され、没収の範囲も広く定められるといった、「複合型犯罪」がこれから定められてくる可能性がある。このように、多数の場所、時間にまたがる行為を一個の犯罪として規定する構成要件が問題となるとき、種々の犯行を複合した形であれ、その犯罪構成要件が「一罪」だからという理由で、一部を構成する「要件犯罪」で訴追されまたは処罰されていれば、「事後的に」みるとより大きな「複合犯罪」の一部で訴追されまたは処罰されたことになるから、はじめの訴追時に発見されなかった犯行や被告人が起訴後に犯した犯行を内容とする「複合犯罪」での訴追や、新たに発覚した犯行や被告人の起訴後の犯行と既に訴追を受けた犯行を「要件犯罪前提犯罪」とする「複合犯罪」による訴追は、「一罪一訴追の原則」に反し一切許されないとすると、薬物を廻る犯罪について有効な処罰ができなくなる虞がある[40]。このような広範囲に亙る行為を内容とする構成要件が定められてきている動向に照らすと、「一罪」の分断訴追は一切許さないとする立場は、被告人の地位の安定を強調する政策的なものとしても、社会構造を破壊したり、経済構造を破壊したりする重大な犯行に有効に対処できない事態をもたらしはしないかが懸念されるのである。

このように、複数の社会的行為が関係するときでも、未発覚や未発見を理由とする訴追は、一罪である以上、一切許されないとする硬直した立場は、憲法上の要請でもなければ、議会が採用することを明示している立場でもなく、功利的に政策判断としてみても、妥当とはいえない。裁量の不合理な行使を生まないように規律することは重要だが、その規律は公訴不可分の原則という職権主義を背景にした立場によらなければ実現できないというものではおよそないし、複数の社会的行為を内容とする構成要件の場合にはそのような処理は処罰の範囲を不当に狭めるという不合理を生むのである。二重危険禁止条項の原理と三権分立（議会の選択）との関係を離れて訴訟法理論を展開すると議論の意味が判然としなくなり、無用の混乱を生み、かえってカズィスティークに陥っていく虞が大きい。

四　「批判」への返答、その一――「警告」は証明の問題ではない

ところで、起訴時を基準時として未発覚・未発見の例外を認める私の考え方に対して、最初の起訴により被告人の行為が許されないことについて明確な「警告」を与えられていることを一つの理由としている点をとらえて、裁判所の有罪判断が示されていないのに「警告」があったとみるのは問題があり、さらには、「無罪推定の原則」に違反すると「批判」されているので[41]、この点について若干述べておこう。

筆者が「警告」と述べたのは「議会の意思の解釈」の問題としてである。処罰するには議会がその行為を処罰する構成要件を定めていなければならず、その構成要件は不明確 vague なものであってはならない。事後法の禁止を定めた憲法三九条や憲法三一条の適正手続条項によって処罰対象たる行為については「公正な警告」fair warning が与えられている必要があるといえる[42]。この趣旨で、「警告」を述べたのであって、証明の問題として「警告」と述べたのではない。常習罪の場合、その構成要件の意味が憲法上の明確性の要件を充たさないほど不分明であるといった問題が生ずることはないので、「公正な警告」の有無を論ずることは不要ともいえるが、検察官の起訴により、議会が被告人の行為を処罰する規定を制定していることが重ねて被告人には明らかにされたといえるのである。

「警告」という言葉を用いたために誤解を招くことになったものと思われるが、検察官は起訴状で被告人の行為が許されないものであることについて議会の意思をさらに具体化して告知しているといえる。被告人の行為が憲法上保護を受ける行為と関係するような場合、例えば表現の自由と関係するような行為である場合には、議会の立法や検察

官の起訴状による告知も、（憲法に反することなく）処罰できる行為であることについての「（公正な）警告」とみれるのか否かといった問題が残るが、常習罪の場合は、窃盗、暴行、賭博等の行為が問題とされ、処罰できるか否かが境界線上にあるといった場合ではない。処罰について、議会の立法による公正な警告の有無を問題とすることなく処罰してよい場合もありうるのかもしれないが(43)、「公正な警告」があれば被告人の処罰について憲法上の疑念はなくなるといえる。一般に「公正な警告」が必要とされることには「批判」者も認めるところであろう。刑事裁判で「無罪推定の原則」に立って公判が論争主義・弾劾主義の構造で進められなければならないことは、そのことを示す憲法三七条、憲法三八条の規定を持つ我が国では当然のことであり、筆者も当然にそのような裁判の構造、公判の構造を考えているのである。議会の処罰意図が被告人を含めて国民に告知されているとみてよいかを問題にすることと、起訴状に記載された犯行を検察官が合理的な疑いを容れない程度にまで立証したか否かを問題にすることとは全く異なる別の問題である(44)。

五　「批判」への返答、その二――「訴因追加」によって対処できるとする考え方の検討

筆者の起訴時を基準とする考え方に対しては、現行法上「訴因追加」の制度があるから、訴因追加によって対処すればよく、起訴時を基準として区切る必要はないといわれる(45)。

だが、ここで考えなければならないのは、訴因変更（追加・変更）制度の趣旨である。現行刑訴法三一二条は「公訴事実の同一性」を害しない限度で訴因の追加、変更を認める。この「公訴事実の同一性」とは、最初の訴因立証に関連性があり、重要性がある証拠を提出したところ別訴因を構成する（しうる）事実がほぼ立証されそうになったか

又は完全に立証されたような場合をいうのであって、このような証明過程を抜きにして、最初の訴因とは全く無関係の事実を突如として検察官が提出することを認める制度ではない。公判は、被告人に防禦対象を起訴状や冒頭陳述によって告知し、それについて検察官が合理的な疑いを容れない程度に立証する攻撃活動を行い被告人はその告知された事実について防禦するという形で展開され、裁判所は予断を抱くことなく、起訴状に記載された事実について検察官の主張・立証の成功・不成功を中立で公平な第三者としての立場から判断することを求められている。被告人に告知のない事実で突如として訴因の追加や変更請求を検察官がすれば、「不意打ち」を生む。争点が検察官の意思によって勝手にずらされ、場合によっては、検察官が最初の訴因での立証が失敗しそうになったので突如として別訴因に訴因を変えるように求める活動を生みかねない。このような場合、被告人は検察官の活動に振り回され、検察官の主張・立証活動に被告人からの十分な検討が加わらないままに、被告人が有罪とされてしまう事態を生みかねない。現行法はこのような事態をもたらさないように、「公訴事実の同一性」という限界をわざわざ設けているのである。この「公訴事実の同一性」という概念は被告人への防禦対象として告知された事実の証明と関連する概念であって、再訴禁止の範囲を決める基準と同じではない。二重危険禁止の場合には、検察官の訴追裁量の不合理な行使を生まないようにするために同時訴追が可能な範囲まで相当広く再訴が遮断されることになる。この範囲まで訴因の変更・追加が許されるわけではない。被告人に不利益が及ぶ場合には「公判手続の停止」があるからその不利益はカヴァーできるのだといわれるが、検察官の都合だけで争点を変化させることができることになると、最初の争点に的を絞って充実した防禦をする意味は失われ、そのような防禦をする被告人の意欲をそぎ、検察官は立証の失敗を訴因の変更や追加によって回避でき再度の立証の機会を得ることができることになる。このような法の運用は、政府の主張・立証に対する十分な検討・チャレンジを認めない裁判の構造をもたらし、誤った事実認定を生みかねない。論争主義・当事者主義とは、政府の主張・立証に対して被告人の側からの十分なチャレンジを認め圧政を回避する裁判の構造をいうのであり、被告人への防禦対象の告知を問題とすることなく裁判官の職権で自由に審理範囲を決めたり、検察官の都合だけで争点をずらすことができる裁判の構造をいうのではない。(46) 訴因追加の制度はこのような現行憲法、刑訴法の採る論争主義の裁判構造にそって運用されなければならない。

はじめの訴因とは全く関係のない別個の事実を理由とする訴因の「追加」は、便宜上そうされることがあるとはいえ、内容的には別の起訴であり、本来は訴因追加の範囲には属さない。したがって、便宜上「訴因の追加」として扱うことがあるとしても、その公訴提起の可否を検討しなければならず、結局、起訴時を基準としてその公訴の可否を判断すべきことになるのである。常習罪の場合とそれ以外の一般の場合を同じく考えると、通常の場合に被告人の告知を受ける権利を害する訴因の変更・追加を許すことになるという不合理を生ずる。一罪の範囲であれば無制約に訴因変更が許されるとしたり、訴因変更と二重危険禁止条項の範囲を同じく論じたりすれば無理が生じそれぞれの制度の趣旨は壊されてしまう。

訴因の追加によるアプローチによった場合、一罪の範囲内であっても、同時訴追をなし得ない事情がないのに一部を起訴をしないでおいてそれを訴因の追加請求したような場合、その訴因追加は「一罪性」を強調すれば許されるのだろうか。これは、検察官の裁量の規律を重視する二重危険禁止条項の観点からは許されないことになる。同時訴追しうるものをそうしないで追起訴したのと同じだからである。結局、常習罪の場合、最初の起訴とは別個の社会的行為を構成する犯行を理由に訴因を追加しうるか否かは、起訴時を基準に同時訴追義務違反の有無を検討することによって決められるべきことになる。

六　既判力発生の基準時を形式的確定時よりも「繰り上げる」考え方の検討

起訴時を基準とする考え方によるのではなく、第一審の終結時や事実審理が法律上可能な最後の時を基準時とすることで常習罪の「既判力」を廻る不合理さを解消することができるとする立場が提唱されてきている(47)のでこの考え方に若干の検討を加えておこう。

この考え方は「常習罪」を廻る場合だけをとりあげるとこれまでの既判力論による不都合を解消することができるようにみえるが、この議論は「常習罪」が関係する場合だけに限定した議論のようであり、それ以外の場合との整合性はどうなるのだろうか。

このような考え方とその基礎にある基本思想との整合性が問われる。具体的法規説や検察官上訴を支える職権主義的思考に立つのであれば、上級審の監督を重視する立場を放棄することは相当に困難である。他方、職権主義的な立場ではなく、検察官の裁量権の規律を中心争点としてとらえる立場に立つのであれば、一審の終結時や、事実審理が法律上可能なときに二重危険禁止効が発生する時点を「遅らせる」必要はない。

いずれにせよ、これまでの「形式的確定」を既判力ないし一事不再理効発生の条件として絶対視する考え方から離脱する立場が示されてきているのは、検察官上訴の問題と関連させて考えると興味深いことである。常習罪の訴追を廻る不都合を解消するという限定された枠組の中での議論であるとはいえ、これまでの大陸法の伝統に立つ既判力や一事不再理に関する議論とは相当に異なった議論が展開され始めているのは、具体的法規説などの形式論理の展開では問題を合理的に解決できないことを示しているものであろう。「形式的確定」によって初めて「既判力」が発生するという、職権主義の核心部分に位置する考え方を採らない理論構成をするのであるから、従来の職権主義を背景とする議論とは離れて、種々の対立する利益の合理的調整を目指す方向へ向かう歩みが示されているものといえ、その意味で歓迎すべき傾向であろう。ただ、視点を常習罪に限定しないで、検察官の裁量の規律ことが再訴追を廻る二重危険禁止条項の基本争点であることをみすえた議論が展開されるべきであろう。

七　おわりに

旧法以来主流を占めてきた「具体的法規説」やその考え方を背景とする議論は、二重危険禁止条項の解釈に関する中心争点を正しくとらえてきているとはいえない。裁判官の権限の及ぶ範囲ではなく、検察官の裁量の規律こそが再訴追が関係する場合の中心争点である。この裁量を圧政を生まないようにするという観点から規律することが必要とされ、同時訴追が可能な範囲については同時訴追する義務を政府に課し、政府の有罪立証の機会を一度に限定すべきことになる。この観点からは、事実誤認を理由とする検察官上訴は憲法三九条の二重危険禁止条項に違反することになる。また、常習罪のように多数の社会的行為が関係する場合には、起訴時を基準として未発覚や未発見の犯行を理由とする後訴は「二重処罰」や「二重訴追・再訴追」の禁止には触れないとみてよい。再訴追が関係する場合と、二重処罰が関係する場合とでは問題となる利益の性質・視点が異なるのであり、両者を同一の基準で扱うことは正しくなく、問題を混乱させることにしかならないだろう。

刑事裁判の効力を廻る問題には、圧政の阻止、処罰を求める被害者、コミュニティ、被害者やコミュニティを代表する国家の利益等が関係するのであり、処罰を求める国家の利益を無制約に追求すればよいというものでもなく、また、処罰を求める利益に配慮しない法の運用がなされてよいというものでもない。再訴追や二重処罰が関係する場合、憲法三九条の「原理」を踏まえて、また、刑事訴訟法上の諸制度の趣旨を踏まえて、対立する諸利益の合理的調整をはからなければならない。憲法三九条が求めているのはかかる思考方法であろう。「原理」を踏まえた憲法論の展開こそが今求められている。

（1）中野目善則「検察官上訴と二重危険」比較法雑誌一七巻一号（一九八三年）本書一頁。

（2）中野目善則「常習罪と後訴遮断の範囲」法学新報九二巻一〇・一一・一二号（一九八六年）本書一七三頁。

（3）この点に関し、田宮裕『一事不再理の原則』（有斐閣）（一九七八年）を参照。

（4）最（大）判昭二五年九月二七日刑集四巻九号一八〇五頁、最（大）判昭二五年一一月八日刑集四巻一一号二二一五頁、最（三）判昭二六年一〇月二三日刑集五巻一一号二二八一頁、最（一小）判昭三三年一月二三日刑集一二巻一号三四頁。

（5）実務では、各制度の機能の観点から判断が示されてきている。訴因変更が問題となった多くの判例は訴因変更それ自体の問題を扱っているのであり一事不再理や二重危険の問題を扱っているわけではない。そこでは被告人が「不意打ち」を受けたか否かが強調されてきており（例えば、渥美東洋編『刑事訴訟法基本判例解説』（第三版）（三嶺書房）（一九九六年）（一一〇―一一九、一二五事件）で挙げられた訴因及び訴因変更に関する最高裁の諸判断及びその解説（渥美東洋解説）を参照されたい。）、再訴遮断の範囲とは別個の視点で扱っているものとみられる。金沢条例違反事件（最（三小）決昭四七年七月二五日刑集二六巻六号三六六頁）のように、訴因の告知機能の及んでいない範囲まで訴因変更を認めた判例はむしろ例外であろう。訴因と罪数については宇野派選挙違反事件で最高裁判所はこの二つを切り離す判断を示した（最（一小）決昭五九年一月二七日刑集三八巻一号一三六頁）。罪数と再訴遮断の範囲の関連については、常習一罪が関係する場合について、形式的確定以前の行為については免訴する判断を示している（最（二小）判昭四三年三月二九日刑集二二巻三号一五三頁）ので、常習一罪については分断訴追を許さないとする立場を採っているもののようである。

学説では、訴因変更と一事不再理・二重危険と罪数を関連させて論ずる考え方は多い。

(6) 中野目善則「検察官上訴と二重危険」、中野目善則「常習罪と後訴遮断の範囲」。渥美教授も英米の系譜に立って憲法論の観点から二重危険禁止条項の問題を考察してきている。例えば、渥美東洋『刑事訴訟法』（中央大学通信教育部教科書）（一九六四年）、一九六五年再訂版、一九八三年）、渥美東洋『刑事訴訟法要諦』（中央大学出版部）（一九七四年）、渥美東洋『刑事訴訟法』（有斐閣）（一九八二年）、渥美東洋「いわゆる余罪と二重危険禁止の関係」比較法雑誌一七巻四号（一九八四年）、渥美東洋『レッスン刑事訴訟法（下）』レッスン29・30・32・33（中央大学出版部）（一九八七年）、渥美東洋『刑事訴訟を考える』（日本評論社）（一九八八年）第二六講等参照。

(7) 田宮裕「既判力・再論」法学四七巻五号（一九八四年）二一一頁。

(8) 田宮裕「既判力・再論」二〇六―二〇八頁、田宮裕・クラスルーム「二重の危険」法学教室九九号三〇頁参照。

(9) 木谷明・島秀夫「常習一罪等に関する既判力（一事不再理効）の時間的限界及び二重起訴の成否について」判タ六二七号（一九八七年）一五頁以下及びそこに引用の判例参照。

(10) 田宮裕・クラスルーム「二重の危険」三〇頁。

(11) 木谷明・島秀夫「常習一罪等に関する既判力（一事不再理効）の時間的限界及び二重起訴の成否について」二三頁。

(12) 田宮裕・クラスルーム「二重の危険」三一頁。

(13) 木谷明・島秀夫「常習一罪等に関する既判力（一事不再理効）の時間的限界及び二重起訴の成否について」二三頁、田宮裕・クラスルーム「二重の危険」三一頁。中野目善則「常習罪と後訴遮断の範囲」に対する批判。

(14) 既判力制度の画一性を害し、被告人の地位の安定を欠かせるという議論は多い。東京地判昭五一年二月三日判時八一九号一〇九頁、高松高判昭五九年一月二四日判時一一三六号一六〇頁、田宮裕・クラスルーム「二重の危険」三〇頁、栗原宏武「常習罪の罪数と公訴の効力及び既判力の及ぶ範囲（上）（下）」判タ六五〇号、六五一号――（下）判タ六五一号五〇頁等参照。

(15) 田宮裕「既判力・再論」やクラスルーム「二重の危険」はこのことを懸念するものであろう。

(16) このような刑事法運用に関する基本的在り方を検討したものとして、渥美東洋『レッスン刑事訴訟法』、A. S. Gloldstein, *The State and the Accused; Balance of Advantage in Criminal Procedure*, 69 YALE L. J. 1149 (1968) 等を参照。

(17) 直接的な影響を与えたのは合衆国憲法に示された考え方であるが、イギリスで形成された考え方も当然のことながら合衆国憲法に影響を及ぼしている。「大陸法」の国々と比べると、「英米」の権力の規律の有様、法文化は、圧政の阻止や、政府の活動により利益が侵害されたときの救済に力点を置き、状況に応じてその救済を発展させるという性格を有する点で共通の特徴を有する。日本国憲法はこのような「英米」の法文化を継承した。

日本国憲法三九条はフランス法を採ったのだとする見方（白鳥祐司『一事不再理の研究』（日本評論社）（一九八六年））もあるが、憲法全体の構想や制定の経緯に照らしてみると、英米の考え方を継承したものとみるのが妥当であろう。憲法を具体化した刑事訴訟法で予審判事などの旧法の制度が採用されていないこともあわせて考えなければならない点であろう。また、大陸法を採ったのだとすると、検察官上訴は当然合憲となり、また、形式的確定以前の行為、例えば公訴取下後の再訴について危険の発生を考えることができない結果となるが、それは政府に有罪立証の機会を再度与える結果をもたらすことになる。

二重危険禁止条項の基本的考え方については註（6）の文献を参照。合衆国での二重危険禁止条項の原理の展開については、特に渥美東洋編『米国刑事判例の動向Ⅰ』（中央大学出版部）（一九八九年）の中の二重危険に関する諸判例の紹介とその解説、中野目善則「検察官上訴と二重危険」、渥美東洋「いわゆる余罪と二重危険禁止の原則」等を参照されたい。

(18)　二重処罰の問題については後に扱う。

(19)　検察官上訴の問題について「危険継続論」に立つことの不整合さについては、中野目善則「検察官上訴と二重危険」を参照。なお、渥美東洋『全訂刑事訴訟法（第2版）』（有斐閣）（二〇〇九年）五一四—五一七頁の二重危険、検察官上訴に関する部分もあわせて参照されたい。

(20)　D. J. Elasar, The American Constitutional Tradition, 1988. 自由の保障にとって「制限された政府」の構想と federalism の視点（任意な同意と相互の誓約又は約束を基礎とする「契約」covenant or compact によって、社会構成員が自治を行い各自の完全性を維持すると同時に、統一政体を成す市民社会を形成しその一部となって統治権限を分有するという社会形成のあり方）が重要であることを強調する。英米の特徴については、註（21）の Damaška のものもあわせて参照されたい。

(21)　Damaška, *Structures of Authority and Comparative Criminal Procedure*, 84 Yale L. J. 480 (1975).; Damaška, The Faces of Justise and State Authority —— A Comparative Approach to the Legal Pocess (1986). ダマシュカは英米法圏、大陸法圏だけでなく、共産圏の東ヨーロッパまで含め、刑事裁判のみならず行政の在り方まで視野に入れて、裁判や国家の構造の有様

を比較検討しその諸特徴を分析している。この他、GLENDON, GORDON & OSAKWE, COMPARATIVE LEGAL TRADITIONS, 1985; GLENDON, GORDON & OSAKWE, COMPARATIVE LEGAL TRADITIONS, 1982 (Nutshell) 等を参照。

(22) GOLDSCHMIDT, PROZEß ALS RECHTSLAGE, 1925 はこのことをよく示している。

(23) 日本国憲法が「制限された政府」という考え方を継承していることは一般探索的捜索・押収を禁じた憲法三五条にもよく示されている。（渥美東洋『刑事訴訟法』（有斐閣）、渥美東洋『レッスン刑事訴訟法（上）』レッスン5—8での捜索・押収に関する記述を参照。）日本国憲法は、圧政阻止の目的で「基本権」を定め、三権分立による相互のチェック・アンド・バランスを導入し、裁判所に違憲審査権があると規定している。日本国憲法は憲法二一条にも示されているように、各人に価値を認め、多様な考え方が共存することを認める多元的社会を肯定する価値観に立った法制度を基本としている。

(24) 具体的法規説についての検討については、さらに、渥美東洋『刑事訴訟法要諦』、中野目善則「常習罪と再訴遮断の範囲」、中野目善則「検察官上訴と二重危険」等を参照。

　具体的法規説は、国家の意思を法に体現させその貫徹のために法を使うRechtsstaat（法治国家）の考え方と密接に関連するが、このような法のとらえ方は、国家が圧政に亙る活動を行うことがないように、自由保障のために制限された政府という考え方に立って権力をも法によって規律するという現行憲法の採るRule of Law（法の支配）の思想に立つ法のとらえ方と合致しない。

(25) 検察官の訴追裁量の規律の方法には、二重危険禁止条項による他、検察庁法での事務の継承・移転の権限による上位の検察官による規律（検察庁法一二条）や「決裁官」の制度を通してチェック、いわゆる「公訴権濫用論」による規律（公訴権濫用については、チッソ川本事件（最（一小）決昭五五年一二月一七日刑集三四巻七号六七二頁）、赤碕町事件（最（二小）判昭五六年六月二六日刑集三五巻四号四二六頁）最高裁判決（両事件について、渥美東洋編『刑事訴訟法基本判例解説』六三事件参照）、渥美東洋「公訴権濫用」法学教室Ⅱ期四号、渥美東洋『刑事訴訟法』（有斐閣）一二五頁以下等を参照）、手続単位説による規律（渥美東洋、『捜査の原理』第三章、同『刑事訴訟法要諦』参照）等がある。手続単位説は同時訴追を求める点で二重危険禁止条項の内容をなすとみれる。

(26) 例えば、大陸法の、「事実上の」裁量を否認した「起訴法定主義」の問題点についてはAbraham S. Goldstein & Marcus, *The Myth of Judicial Supervision in Three "Inquisitorial" Systems: France, Italy, and Germany*, 87 YALE L. J. 240 (1977) 参照。

(27)　最（二小）決昭四四年四月二五日刑集二三巻四号二四八頁参照。

(28)　大阪覚醒剤事件（最（一小）判昭五三年九月七日刑集三二巻六号一六七二頁）は憲法違反にも証拠排除があり得ることを示唆している。

(29)　二重危険禁止条項の内容をなす「再訴追」の問題と「二重処罰」の問題は別個の問題であり、罪数論は基本的には後者の問題である。後者では議会の意思の解釈が関係する。渥美東洋「いわゆる余罪と二重危険禁止の関係」、中野目善則「常習罪と後訴遮断の範囲」を参照。なお、合衆国では近時の合衆国最高裁判所の判例はこの二つを区別して論じてきている。渥美東洋編『米国刑事判例の動向Ⅰ』33、37―41事件参照（中野目善則担当）。

(30)　中野目善則「常習罪と後訴遮断の範囲」本書一九〇―一九二頁。

(31)　渥美教授はこのような考え方を示唆されてきた。

(32)　このとき、二重危険禁止条項の観点からの「再訴追」に関する規律が求められ実体法上数罪であっても同時訴追が可能なものについては同時訴追が求められる。註（29）の文献参照。

(33)　議会は不合理な結果をもたらさないことを意図して立法したという前提で議会の意図を解釈すべきである。法解釈の方法について Mermin, Law and Legal System, 1982 を参照。

(34)　再訴追との関連は以下で検討するが、未発覚・未発見の例外は、被告人の地位の安定を考慮しても、運用不可能な基準ではない。中野目善則「常習罪と後訴遮断の範囲」本書一七三、一九三―一九五頁参照。（だが、単純一罪の場合はこの例外は認められるべきではないだろう。中野目善則本書二二四頁参照。）合衆国ではこの未発覚・未発見の例外が肯定されてきている。See e. g., Brown v. Ohio, 432 U. S. 161 (1977). 渥美東洋編『米国刑事判例の動向Ⅰ』33事件（中野目善則担当）参照。

(35)　渥美東洋「法の厳格な運用と柔軟な運用」司法研修所論集七八号（一九八八年）、Emerson, *Colonial Intentions and Current Realities of the First Amendment*, 125 U. Pa. L. Rev. 737 (1977)、渥美東洋『捜査の原理』第二章などを参照。

(36)　「憲法変遷論」は、状況との関連で憲法の意味が変わったとして、解釈者が制定当初に選択された価値と離れて議論を展開する余地を生み、憲法の改正を経ることなくして、憲法原理とは異なる政治的意図を法解釈の名の下に展開することに道を開き、引いては憲法体制の崩壊を生みかねないので採用されるべき議論ではないと思われる。

(37) 憲法解釈論に関して、T. A. Aleinikoff, *Constitutional Law in the Age of Balancing*, 96 YALE L. J. 943 (1987) を参照。

(38) 基本権をコスト・アンド・ベネフィット・バランスィングで考えると、多数の意思によっても奪われることのない最小限度の権利として基本権が定められた意味を失わせることになり、自由社会の基本構想に悖ることになる。原理論と功利論の違いについて、渥美東洋『レッスン刑事訴訟法(上)(中)(下)』の他、DWORKIN, TAKING RIGHTS SERIOUSLY, 1977 等を参照。

(39) 21 U. S. C. § 848、また、RICO法（Racketeer Influensed and Corrupt Organization Act）も同様に複合型の構成要件である。

(40) 複合型犯罪が関係するときの再訴追の問題について触れた米国の判例として Garrett v. United States, 471 U. S. 773 (1985)（渥美東洋編『米国刑事判例の動向Ⅰ』33事件（中野目善則担当））を参照。

(41) 田宮裕・クラスルーム「二重の危険」を参照。

(42) LA FAVE & SCOTT, SUBSTANTIVE CRIMINAL LAW, CHAP. 2, vol. 1, 1986.

(43) コモン・ロー・クライムの場合を考察せよ。

(44) 若干附言すると、無罪推定（仮定）の原則の核心は、公判で公訴事実 offense charged について検察官が合理的な疑いを容れない程度に主張・立証する義務を果たさなければ被告人は有罪とされないというところにある。公判での証明の構造を離れて「無罪推定（仮定）の原則」を論ずると、刑事手続外でも有罪とされた事実を議員の資格剝奪のために用いるのはこの原則に反するとか、保釈中の犯行の虞を理由に保釈を制限するのは無罪推定原則違反だとか、未決拘禁者に拘禁施設運営上種々の制約を課すのは無罪推定の原則に反するといった混乱した議論を生む。このことが妥当でないことについては、渥美東洋「適正手続とか弾劾主義とか（六）――無罪推（仮）定原則の周辺」判タ四九八号（一九八三年）、渥美東洋『レッスン刑事訴訟法』レッスン11等を参照。有罪と認定されていない者を「処罰意図」で不利益処分をしたり、処罰意図が明らかではなくとも、ある制約を有罪とされていない者に課す合理的根拠が欠けるか、合理的根拠との関連が欠ける制約を課しているといった場合には、起訴され証明されない根拠で処罰したと推定されることになり、憲法三八条一項、憲法三七条一項の内容をなす無罪仮定（推定）原則違反が生じ、また、処罰には有罪認定が必ず先行しなければならないというデュー・プロセスの要件に反することになる。そうした事態が生じなければ、この原則違反はない。この点について Bell v. Wolfish, 441 U. S. 520 (1979) 事件参照（渥美東洋編『米国刑事判例の動向Ⅱ』（中央大学出版部）（一九八九年）29事件（中野目善則担当))。

(45)　木谷明・島秀夫「常習一罪等に関する既判力（一事不再理効）の時間的限界及び二重起訴の成否について」参照。

(46)　渥美東洋「訴因制度と当事者主義・論争主義構造」向追悼記念論文集『裁判・検察・弁護の課題』（法学書院）（一九八一年）所収、中野目善則「検察官上訴と二重危険」本書一頁。

(47)　木谷明・島秀夫「常習一罪等に関する既判力（一事不再理効）の時間的限界及び二重起訴の成否について」参照。

第六章　二重危険の原理
――罪数と二重危険禁止条項の「関係」を中心に――

一　はじめに――問題の所在

これまで、我が国の再訴遮断の範囲や効力を廻る問題は、大陸法の「一事不再理」の観点を基礎に論じられることが多く、裁判の「形式的確定」により「既判力」が生じ、それにより再訴が遮断される範囲は、罪数と一致するか、または密接不可分の関係があると考えられ、罪数は、訴因変更の範囲を画するものとされたり、一事不再理効や二重危険禁止効の範囲を画するものといわれてきている。(1)この理論は、再訴遮断の範囲と訴因変更の範囲を一致させようとする思考に如実に示されるように、(2)「裁判官の権限」を中心に、裁判官の権限が及ぶ範囲を基礎にして裁判の効力を考えようとする立場を背景としており、(3)日本国憲法が制定されてからもこの「裁判官の権限」を基礎に据えた考え方、とりわけ、具体的法規説は、明示的又は黙示的に、裁判の効力を廻る議論の基礎とされてきている。だが、現行法下でこのような罪数と再訴遮断の範囲を一致させようとする考え方を維持できるのかには大きな疑問がある。旧法の採るフィロソフィーと現行法の採るフィロソフィーの変化を考慮に容れないで旧法と同様の議論を維持することができるのか否か、実体法上、併合罪の関係にあれば、起訴時に両罪を構成する事実が判明していても、同時訴追義務は生じないのか、このときの細切れ訴追を放置しておいてよいのか、また、例えば、常習罪の場合に起訴時に捜査機関が合理的な努力をしても発見できなかった部分や起訴後に被告人が犯した犯行であっても、その部分を理由とする訴追は常習「一罪」の一部であるから、その訴追は「一事不再理効」ないし「二重危険禁止効」に反し許されないとする立場は、法執行に無理を強い、犯罪者を処罰する正当な利益を不当に無視ないし犠牲にしているのではないか等、種々の疑問が生ずる。このような疑問に照らすと、従来の罪数と再訴遮断の範囲を一致させる考え方を、その前提を含めて、抜本的に検討することが必要とされる(4)。

二　再訴追を廻る問題の背景とその変化
——大日本帝国憲法・旧法から日本国憲法・現行刑訴法へ

(1)　罪数を基準に再訴遮断の範囲を決める考え方の基礎にある立場(具体的法規説)と職権主義の関連

このような「罪数」を基礎に再訴遮断の範囲を決める立場は、職権主義を基礎とする具体的法規説の考え方を背景とする。

具体的法規説は、公判裁判官の事件の実体についての判断が「形式的に確定する」ことによって具体的事実との関係で法規が形成され、「不可変更力」が生じ、後訴は前訴の判断に「拘束」されると説く(5)。この立場では、裁判官の判断が及んだが、若干拡げて判断が及び得た範囲で再訴が禁止され、それは罪数の範囲と一致すると説くのである。

このような裁判官の権限を基礎とする立論は、実は職権主義に由来する。職権主義・糺問主義では、捜査から、公判、上訴、さらには、刑の執行に至るまで裁判官が監督し、刑事手続の全過程を裁判官が支配し統括するという立場に立って刑事手続の構想が組まれ、しかも、より上級の裁判所の判断を重視する構想に立って上級審が下級審を監督する立場がとられている。最上級の裁判所に至る全ての段階は、最上級の裁判所の判断が下されるための「前段階」ないしは「準備段階」としてとらえられる。上級審の監督を強調し、裁判官が積極的に「真実」を解明することを重視する立場に立つ職権主義には、訴訟を「国家政策の実現」とみる見方も関係するといってよいであろう。(6) 一事不再理という大陸法流の考え方の背景にはこのような政府の権威や裁判の構想に関する見方が前提とされているといえるであろう。(7) プロイセンの憲法をモデルとする大日本帝国憲法（明治憲法）と、このような見方に立つ理論との間には矛盾はなかったということができる。(8)

(2)　日本国憲法の制定とそのフィロソフィー及び現行刑訴法の立場――明治憲法・旧法からの変化

だが、太平洋戦争での敗戦を契機として制定された日本国憲法は、このような職権主義・糺問主義の考え方とは全く異なる、政府の権威に関する「英米の」見方を採用した。(9) 人民主義を基礎に、政府による圧政を阻止するとの観点に立って、政府の権限は無制約ではなく、政府には人民の生命、身体、自由、財産、安全等の保障に必要な権限が与えられるに止まり、圧政に亙る活動を生むことがないように、基本権に象徴される諸制約によって、政府の権限ないし裁量は制約を受けるという立場に立つ憲法が国の「基本法」、「最高法規」として採択された。憲法は国の「基本法」であるから、裁判の構造や裁判の効力も、この日本国憲法の採る、「制限された政府」というフィロソフィーを前提に論じなければならないことになった。

A　論争主義、弾劾主義の裁判構造

裁判の構造も、日本国憲法とその立場を前提とする現行刑事訴訟法では、旧法の職権主義の立場とは全く異なっている。現行法では、裁判官は積極的にイニシアティヴをとって真実を解明する役割を担うのではない。現行法では、「政府が」、被告人に告知がなされた告発事実＝公訴事実 the offense charged について立証責任を負い、被告人の側からの挑戦的な防禦によってもなおその政府の主張・立証が崩れることがなく被告人の有罪が合理的な疑いを容れない程度に立証されていると裁判官が「中立で公平な立場」から判断した場合に初めて被告人の有罪を認定することができるとする、論争主義・当事者主義、弾劾主義の公判構造が採られた（憲法三七条――論争主義・当事者主義。憲法三八条――弾劾主義）(10)。裁判官による真実解明の観点からする事実認定への積極的関与は、裁判官の中立性、公平性を損なうので、差し控えられるべきことになる。この点でも裁判官が自ら積極的に事実の解明に乗り出すことを前提とする職権主義の論議は現行法とは相容れないのである(11)。

B　二重危険禁止条項

再訴追や二重処罰の禁止については、明文の規定がなかった明治憲法とは異なり、日本国憲法では、新たに憲法三九条が制定され、そこでは、英米の系譜に立つ「二重危険禁止」の考え方が採られた。この考え方は、圧政の阻止の観点から、政府の裁量に規律を加えようとするものである。

再訴遮断、再訴追の禁止に関しては、二重危険禁止条項は、政府の有罪立証の機会の一回性を基本に、再度の訴追をする政府の裁量に規律を加えようとするものである。社会の側の利益を代表する政府には、犯行を行ったとみられる被告人を一度は裁判に付し有罪とされればその被告人を処罰する利益がある。だが、同一事実で再度被告人を裁判

に巻き込むことになると事態は異なる。裁判は、被告人に、収入が断たれる等の経済的不利益、名誉の失墜や犯罪者であるとのスティグマを押される等の社会的不利益、自己の運命がどうなるか判らないことから生ずる不安、焦燥感などの心理的不利益といった種々の不利益を課し、生活の安定を害し、被告人を試練に立たせる。被告人に裁判を受けさせるだけの十分な根拠があれば一度はかかる不利益を課すことは認められてよいが、再度かかる不利益を課すことを認めると、圧政目的で裁判が利用されることに道を開きかねない。こうした不利益を再度課して迫害や圧政を行う事態だけでなく、政府が再度の立証で最初の立証の弱点を強化して、無辜が有罪とされる危険も生ずるのである。このような理由から、同一犯罪について（同時訴追が可能な犯罪について）政府に与えられる有罪立証の機会は一回に限定されるとする考え方が採られる。このように、憲法三九条は、政府が法を執行する裁量を濫用して圧政をもたらすことがないようにするという立場を基本としており、ここでは前訴の裁判の「不可変更力」や「拘束力」ではなく、再度の裁判に巻き込むこと自体を阻止する再訴「遮断効」がその内容となる。また、検察官による訴追裁量の濫用の阻止をねらう二重危険禁止条項の観点からは、政府が一度で訴追できる範囲に属する犯罪は、一度で訴追することが義務的となる。(12)

日本国憲法三九条の二重危険禁止条項の考え方はこのようなものであり、裁判官が職権を行使して事実を糾明し、真実を発見すべく裁判を運営し、上級審によっても是認された（ないしは上級審による判断をもはや受けない）裁判官の判断が及んだか及び得た範囲で後訴が拘束されるとする大陸法の一事不再理論とは立論の基礎を大きく異にする。

C　訴因制度の導入、訴因変更・追加の制度の意味——再訴遮断の範囲との機能的相違

「一事不再理論」の前提である、公判の裁判の構造も、前述のように、職権主義に立つ旧法とは異なり、現行法で

は、論争主義、弾劾主義（告発主義）に立つ裁判の構造が予定され、裁判官による有罪事実の積極的な糾明は禁じられ、裁判官は事実の認定について中立で公平な立場を採ることが求められている。訴因（刑訴法二五六条）や訴因変更・追加（刑訴法三一二条）の制度は、この論争主義、弾劾主義を前提とするから、当事者の主張・立証、防禦活動と無関係に、裁判官が争点を変化させ事実を認定することを認める制度ではなく、また、最初の争点とは無関係に検察官が勝手に争点を変化させ被告人に不意打ちを与えることを認める制度でもない。したがって、訴因の追加・変更が許される範囲はそれほど広くはなく、最初に被告人に告知された告発事実（公訴事実）に関連性があり重要性がある攻防から成立することが判明したか成立の可能性があることが示された別の事実について認められるに止まり、それ以上に認められる性質のものではない(13)。このように、訴因制度と再訴遮断とでは考察の視点を異にするのであり、両者を一緒にすることは、不当に再訴遮断の範囲を狭め、また逆に、訴因変更の範囲を不当に拡げ過ぎることになる(14)。このように、具体的法規説に拠って裁判官・裁判所の判断が及んだかまたは及び得た範囲を基礎に再訴遮断の範囲を決める立場に立ったのでは、現行法下では合理的解決をなしえない。

三　訴因、罪数、再訴遮断の範囲の各視点の相違――罪数と再訴追の問題を切り離す必要

実体法上、一罪か二罪かという基準で再訴追の問題を処理しようとすると、議論は混乱する。既にみたように、訴因制度は被告人の防禦の保障の観点を中心としており、再訴遮断の範囲を決める視点とも、また、実体法上一罪として処罰するのかそれとも二罪として重たく処罰するのかという罪数の視点とも異なるが、再訴遮断の範囲、再訴追

の禁止の視点も、訴追裁量の濫用の規律に関係しており、以下でみるように、実体法上の罪数を基準とすべきものではない。実体法上数罪であって同時訴追が求められることがあり、他方で、実体法上一罪であっても同時訴追が要件とはならない場合もありうるのである。

訴因と罪数と再訴禁止の問題はそれぞれ別個の視点から考察されるべきものである[15]。

一罪として処罰すべきかそれとも二罪としてより重く処罰するかという罪数の関心は、後に述べるように、「二重処罰」の有無や処罰に関する「議会の意志」の解釈により決まり、成立する実体法上の犯行を一度で訴追すべきか否かという再訴追に関する関心とは別個のものである。再訴追の問題は、検察官による訴追裁量権の濫用の阻止という観点を基礎に考察されるべきであり、罪数の視点とは一応切り離して論ずべきものである。このことは、憲法のフィロソフィーの変化だけではなく、法制度の背景の変化とも関連がある。

(1)　犯罪（構成要件）の数の増加

かつては、社会構造が比較的単純であったこともあって犯罪の数も少なかった[16]のに比し、産業革命を経て都市化した現代社会では、インフラストラクチャーの保護をはじめとして数多くの刑罰法規を有するに至っており、同一の社会的行為が同時に複数の刑罰法規に該当することはありふれた事態となっている。このことは、政府に訴追裁量権が与えられていることと相俟って、訴追裁量の濫用による圧政の虞があることを意味しており、憲法三九条の二重危険禁止条項はこの懸念に対処しているものということができる。ここで罪数と一致させて再訴追を扱うと、細切れ訴追が可能となり、圧政を阻止するという憲法の狙いは実現できなくなるのである。

（2）　犯罪形態の変化

さらに、犯罪形態も現代ではかつてとは大きく変化してきている。かつては、個人によって行われる犯罪の規律を中心に考察すれば足りたかも知れないが、現代では、犯罪を職業とする者がおり、さらには「組織犯罪」に象徴されるように、一定の組織を形成して、ある犯行を長期間に亙り、継続反覆的に、広範囲に亙って繰返し、社会に広範に脅威を与える現象がみられるようになった[17]。このような現象に対処するために、常習罪が定められたり、我が国ではまだ定められていないが、薬物濫用防止及び規制法におけるＣＣＥや[18]、ＲＩＣＯ法[19]におけるように、広範囲に亙って継続反覆的に一定の組織形態をとって行われる一定の犯行を一纏めにして処罰する犯罪類型も定められるようになってきた。このような犯罪類型は、犯行累行者や、組織の中心にいて犯行を行う者を、より重く処罰することを意図したものであるが、ここで罪数との結びつきを強く考え、「一罪」である以上、事後的に発覚した犯行や起訴後も犯行を理由として訴追することは許されないとする硬い立場が無反省に、機械的にとらわれると、訴追裁量の濫用がないにもかかわらず、社会に大きな弊害をもたらしている行為の規律は大幅に妨げられてしまうことになるのである[20]。

四　罪数論の意味、罪数論の機能すべき範囲

このような問題は従来の「罪数論」の意味について再考を迫るものといってよい。

罪数論は、「処罰」に関係する。残虐で異常な刑罰の禁止をはじめとする憲法上の諸制約に反しなければ、議会は必要な犯罪構成要件を定め、処罰規定を設ける権限がある。保護する利益が全く同一なのに、同一の行為を規定の形だけを変えて何度でも処罰することも憲法三九条は禁止しているとみることができる（二重処罰の禁止）。罪数論はこ

の問題に関係する。さらに、三権分立上、議会には処罰単位を定める権限があり、この観点から罪数の問題が論じられるべきことになる。議会の選択それ自体が二重処罰に当たるか否かが問題とされる場合もありうるが、通常は、犯罪構成要件を定めた議会の意志は一罪とするところにあるのかそれとも二罪とするのかという、議会の意志の解釈の問題が罪数の問題であり、罪数は、この議会の選択を離れた、「解釈」者の採る前提から論じられてよいものではない。

このように、罪数論は、再訴追の問題に関係するものではなく、同時に訴追された場合を想定してみても、それを二罪として処罰することが許されるか否かという、「二重処罰」と「議会の意志の解釈」に関係する問題であり、再訴追に関して直ちにその是非を決める基準を提供するものではない(21)。両者の性質を区別せずに、同じとみて法を運用すると、かえって、同一の社会的事象に関して判明している事実であるにもかかわらず、罪数は別個であるから同時訴追が義務づけられることはなく、細切れ訴追が許されるとする議論を生んだり、常習罪が関係する場合のように、逆に、訴追裁量が全く濫用されていないのに、「一罪の分断訴追の禁止」を理由に、後訴が許されないとする議論を生んだりする不合理を伴うことになる。

このように、憲法や、それを受けた刑訴法の採る基本的立場を基礎に、犯罪形態の変化やそれに伴う法制度の変化に見合った理論の展開を考えなければ、実際的にも大きな不合理が生ずることになる。具体的法規説を基礎に、罪数によって裁判官の審理が及ぶ範囲を画したり、既判力が及ぶ範囲を画したりする立場は、職権主義を背景とする旧法の中では意味を持ち得た議論ではあっても、それを無反省に現行憲法、刑事訴訟法の下で維持することはできない。憲法と刑事訴訟法の理論の展開には密接不可分の関係があり、憲法の立場を前提とすると、再訴追の問題に関しては、罪数論の視点とは別個に、「制限された政府」の観点を基礎とする訴追裁量の濫用を阻止する観点から、「同時訴追」が求められる範囲を画することが必要になったといえるのである(22)。

五　常習罪の場合の再訴遮断の基準

では、再訴追に関して検察官の裁量に規律を加える二重危険禁止条項は、常習罪のような多数の時間、場所が関係する形態の犯行についてどのような帰結を求めるものだろうか。常習罪の場合、起訴時に捜査機関が合理的な努力をしても発見し得なかった犯行や被告人が起訴後に行った犯行を訴追しても、訴追裁量の濫用はないといってよい。そこでこの場合の後訴は憲法三九条の二重危険禁止条項により再訴が遮断される場合には当たらないといえる。残る問題は、憲法三九条の禁止する「二重処罰」に当たるのか、また、憲法に反しないとしても、議会の意志に反するのか否かである。(23)

(1)　二重処罰の観点

議会は、単純一罪と常習一罪をともに構成要件として定めており、検察官はいずれを訴追単位として選択することもできる。前訴の対象となった社会的行為とは異なる社会的行為を対象に、(合理的努力をしても発見できなかったか、被告人が起訴後に行った犯行を理由に)、単純一罪で訴追(後訴)しても、全く同じ行為を対象に再度処罰する場合ではないので「二重処罰」には当たらないといえる。憲法は、実際に処罰されたとは全くみれない部分まで、処罰されたと見做して扱うことを義務づけるものではないであろう。また、後述のように、未発見・未発覚の部分を理由とする常習一罪による後訴も、同様に、前訴とは別の社会的行為に議会の制定した構成要件を適用している場合であるので、二重処罰に当たらないとみるべきであろう。

(2)　議会の意志の解釈の視点

未発見・未発覚の部分を理由とする訴追は「事後的に」みるとともに「常習一罪」の一部を成す行為に関係するから認められないとする立場は、議会の意志との関連でも疑問がある。常習罪を定めたのは、犯行累行者を重く処罰して犯行を抑止する意図によるものということができるのに、未発覚の部分も理論上は処罰を受けたとして扱い、後訴は許されないとするのは、あまりに現実からかけ離れた立場であり、議会がそのような立場を採択したものと解するのは不合理であろう。広範囲に亙る社会的行為が関係する以上、未発覚・未発見の部分が生ずることがありうる類型であるのに、その部分を理由とする訴追を一切許さないという立場は、多くの同種犯行を行いながら、黙秘するなどしたために犯行が発覚しなかったり、起訴後も犯行を行ったりした者を、事後的にみれば「一罪」であるという理由で処罰できないとすることになり、より悪質な者を軽く処罰することになるので、議会の意思に適うとはとうていいえないであろう。議会は、かかる場合も事後的に訴追してはならないことを明示していないのであり、かえって、重く処罰する意図でこのような構成要件を定めているのであるから、その意図に適うように構成要件の趣旨を解釈しなければならないといえる。不合理な結果が生ずることを避けるように議会の意志を解釈しなければならないという解釈原則[24]からいっても、未発見・未発覚の部分を理由とする訴追を禁止する意図が常習罪の構成要件に示されているとみるのは妥当ではない。常習罪のような時間、場所ともに広範囲に亙る同種行為の反覆が関係する場合、それを一纏めにして一罪とするという立場を議会が採っているとみるのではなく、かえって、それぞれの「個々の行為が」、「それぞれ」、常習罪を構成するという立場を採っているとみることもできる。[25]犯行累行者をより重く処罰して犯行を抑止しようとする議会の意図に適うことになるからである。[26]このように、議会の意志の解釈の観点から考えても、未発見・未発覚の部分を理由とする訴追は禁止されることにはならないといえる。訴追は議会が定めた訴追単位を前提とするが、未発見・未発覚を理由とする後訴は、議会が定めた最少の訴追単位を離れた（無視した）訴追ではない。

六　法解釈の方法の観点からの検討

以上のように、常習罪の場合、未発見・未発覚の部分を理由とする訴追は、再訴終に関しても、二受処罰に関しても、憲法三九条の二重危険禁止条項に違反せず、議会の意志にも違反しないとみてよいものである(27)。この議論については、従来の罪数を基準にする考え方から離れて個別事件毎の判断になると、既判力の「画一性」が失われ、被告人の地位の安定を害し、法解釈が主観的、恣意的なものとなり、カズィスティークに堕してしまうのではないかといった懸念もあるようである(28)。だが、この懸念は当たらないとみてよい(29)。

確かに、右の解釈は従来の形式的な基準を離れることにはなるが、形式的な基準を重視して、そこから生ずる不合理な結果に目をつぶってよいことには決してならない。時間的、場所的に広範囲に亙る行為を内容とする構成要件の持つ類型的特徴に目を向けなければならない。ここでは、単純一罪の場合とは異なり、法執行機関が合理的な努力をしてもなお、未発覚・未発見の部分が生ずることは類型的にありうる場合なのであり、この場合の未発見・未発覚を理由とする後訴は、検察官が恣意的に訴追裁量権を行使したりその危険がある類型ではなく、かえって訴追し得なければ合理的法執行の利益が害されてしまう類型なのである。憲法三九条の二重危険禁止条項による再訴遮断効は、再訴追に関して、検察官の訴追裁量濫用の規律と全く無関係にとらえられてよいものではなく、一回で訴追しうる犯行の訴追の一回性・同時訴追義務の観点から考察されるべきものであり、その原理（的利益のバランス）(30)に反しなければ後訴は憲法上禁止されないと解することができる。二重処罰に当たれば、訴追はその利益を欠くことにもなるが、未発見・未発覚を理由とする訴追はそのような場合でもない。[31] 法解釈が恣意的なものであってはならないことは確かだが、事実類型の特徴に応じた、憲法原理に反しない柔軟な処理は決して恣意的なものではない。「論理一貫性」を重視するあまり、応報や犯行の抑止という合理的な処罰の利益に考慮しない解釈は、圧政を阻止するという目的にも資することがなく、社会の利益を不当に犠牲にするものだといわなければならないであろう。憲法は、歴史的背景の中で形成され、採択された基本的フィロソフィー・原理をその内容とするのであり、法はこの原理にそって、事実類型の特徴に応じて、解釈されなければならないものである。[32] 法解釈は、憲法原理と法律の立法趣旨にそってなされなければならない性質のものであり、その枠組みを離れた「解釈」や政治的、イデオロギー的議論を展開するものではない。このような立場からすると、常習罪のような構成要件に関して、未発見・未発覚の部分がある場合には、最初の起訴時を基準に訴追裁量の濫用があったか否かを検討するアプローチが採用されるべきことになるのである。[33]

七　おわりに

以上みたように、憲法三九条については「再訴追」の問題と「二重処罰」の問題を区別して論ずる必要があり、再訴追に関しては検察官の訴追裁量が、圧政に亙るような形で行使されているか否か、つまり、訴追の一回性の原則を害しているか否かという観点から検討すべきことになる。この立場は、旧法で支配的であり、現行法の解釈にもその影を大きく落としている職権主義の思考を基礎とする具体的法規説とは視点を大きく異にしていることに注目しなければならない。具体的法規説は、具体的法規が定立されたこと自体から、しかも、実際に判断された範囲を超えて、後訴が阻止される理由を引き出そうとするが、具体的法規が定立された事実自体からこの効果を引き出すことはできない。それ以外の何らかの「実質的理由」が後訴を阻止する理由であるとみなければならず、その点で論理的説明としても失敗しているといえるが[34]、それを別としても、具体的法規説は現行法の採る前提とは大きく異なる立場・フィロソフィーを前提としているといわなければならない。現行法では、論争主義、弾劾主義（告発主義）が採用され、職権主義的審理は許されておらず、訴追するか否かの広範な裁量権を検察官に委ねており、再訴終に関し、問題の焦点は、検察官の裁量の規律に移っている[35]。「不可変更力」を強調し矛盾判断の回避や訴訟経済に中心を置くのが具体的法規説の立場であるとすれば、現行憲法は、それとは異なり、被告人の利益に配慮して、圧政に亙るような形で政府の権限が行使されることを阻止するとの観点から、政府に同時訴追義務を課し、その範囲で政府の有罪立証の機会を一回に限定し、その違反に対しては、再訴「遮断」によって対処しているのである[36]。

憲法三九条の「同一の犯罪」の範囲は、以上みてきたような憲法の採る立場を前提に解釈されるべきものであり、従来のように、罪数との結びつきを無反省に維持すれば足りるというものではない。罪数は、再訴追を規律する視点とは別個の、二重処罰の阻止や議会の意志の解釈の観点から検討されるべきものである。

刑事手続が発動されれば、社会や被告人は重大な影響を受けるのであり、刑事手続に巻き込まれる者の利益を安易に害することがないように、慎重さが求められる。憲法三九条は圧政の阻止・回避を検察官の自主的な遵守にだけ期待するのではなく、政府に「訴追の一回性」を遵守することを義務づけ、二重処罰に当たる法の制定やその運用を禁止し、この要請に違反した場合には被告人を刑事手続から解放することによって、刑事手続を通じて圧政が行われることを阻止しようとしているのである。このような観点から、政府の権限の発動の限界の問題が再検討されるべきであろう。

法理論は、国の基本法が以前のものと大きく変わり、社会的背景が変化し、それに伴って法制度が変化しても、変化しないという性質のものではない。

西洋法制を導入して以来、国の基本法、刑事訴訟法のモデルを大陸からアメリカ法（英米法）へと変えてきた我が国の場合、母法たる位置を占める両法体系の特質、政府の権限や役割についての見方の相違を十分に意識して、日本国憲法の採用したフィロソフィーに立って法を解釈し、法理論を展開することが肝要であると思われる。日本国憲法が制定されて、既に長期間を経過した今、大陸法の系譜に立つ旧憲法やそれを背景とする旧法と、制限された政府のフィロソフィーを基本とする英米の系譜に立つ法の系譜の持つ意味、両者の相違を十分に弁えて法を運用することが重要であることを、罪数と再訴遮断の範囲に関する問題は示しているように思われる。それぞれの原理や法理、制度は、その存在根拠、制定目的、立法趣旨、機能を踏まえて解釈されなければならないのであり、ただ単に形式的な説明がされたり、論理一貫性が維持されればよいというものではない。どのような利益が具体的にどのように取り扱われているのかにつぶさに目を向ける必要があろう。このことを、常習罪に関する議論は教えるものであるように思われる。

日本国憲法三九条の二重危険禁止条項は、一般探索的捜索・押収を禁止した憲法三五条と共通の「制定された政府」という見方に立つものである[37]。再訴遮断の範囲に関する議論も、大陸法の職権主義の系譜からではなく、この観点から検討されるべきものである。罪数と再訴遮断の範囲については、以上みたように、二重危険禁止条項の原理・フィロソフィーの観点から、それぞれの機能を踏まえて、その両者を一応別個のものとみて処理することが合理的な解決であることになるだろう。

（1）　判例（最高裁昭二七年九月一二日判決刑集六巻八号一〇七一頁）は、異なる機会の窃盗を併合罪とし、連続犯の規定の廃止後は、併合関係にある一部の罪についての判決の既判力は他の部分に及ばないとする。

常習一罪が関係する場合について、判例は形式的確定以前の行為については免訴とする判断を示している（最（二小）判昭四三年三月二九日刑集二二巻三号一五三頁）ので、常習罪に関してはこの限度で、事後的にであれ、「常習一罪」とみられる犯行の分断訴追を許さないとする立場を採っているようである。

訴因と罪数の関係については、宇野派選挙違反事件で最高裁判所はこの二つを切り離す判断を示している（最（一小）決昭五九年一月二七日刑集三八巻一三六頁）。

訴因変更の範囲と再訴が阻止される範囲と罪数とを関連させる議論については、例えば、団藤重光『新刑事訴訟法綱要（七訂版）』（創文社）（一九六七年）一四六―一五四頁、三一一頁以下、高田卓爾「公訴不可分の原則」『刑事法講座』（有斐閣）第五巻（一九五三年）、高田卓爾『刑事訴訟法（改訂版）』（青林書院新社）（一九七八年）一二九―一三四、二八五頁、平野龍一『刑事訴訟法』（有斐閣）（一九五八年）一三九、一四二頁、田宮裕『一事不再理の原則』（有斐閣）（一九七八年）一一八―一二〇頁、田宮裕『刑事訴訟法入門（第一版）』（有信堂高文社）（一九七三年）一二二―一三三、二四四―二四五頁（なお、田宮教授の見解については註（35）参照）、松尾浩也『刑事訴訟法（下Ⅰ）』（弘文堂）（一九八二年）一四七頁、同・上巻（一九七九年）二四九、二五〇、二九二頁、鈴木茂嗣『刑事訴訟法』（青林書院新社）（一九八〇年）二一五頁等を参照。

「公訴事実の『単一性』」があるとされる「一罪」の場合には、科刑上一罪の場合を含め、再訴が禁止されるとするのが大方の見解であると思われる。

「公訴事実の同一性」を、訴因変更の範囲を画し同時に再訴禁止の範囲を画するものととらえる立場では、――「同一性」は種々の基準で論じられているが、――罪数がその大枠を画するものとして密接に関連するとみることができるであろう。「併合罪」には「同一性」が欠け、再訴禁止が働かないとみる立場が多いと思われる。

「罪質の同一性」を重視して公訴事実の同一性を決める立場、「構成要件該当事実の共通性」の観点から「事件」の同一性を問う立場、「行為又は結果の同一性の有無」という基準で両訴因を比較して公訴事実の同一性を決する立場、「刑罰関心の同一性」を基準に「択一関係か否か、両立か非両立か」によって公訴事実の同一性を決める立場のいずれでも、併合罪であれば後訴は阻止されないことになるだろう。「罪質」、「事件」、「刑罰関心」、「刑罰権」等の同一性の有無により、公訴事実の同一性の有無を決める見解は、罪数により一事不再理効の大枠が画されることを如実に示しているといえる。

（2）　判例によっては、訴因の追加が認められるか否かに関し「既判力」の観点を明示して考慮しているものもある（最（二小）判昭二九年五月一四日刑集八巻五号六七六頁）が、判例は事案・争点にそって限定された判断を示すので、訴因変更や追加について判断した判例を再訴禁止の範囲についての判断を示したものとみるのは、妥当ではないだろう（既判力に関する判示は、思考形態を示す点では重要だが、「傍論」とみることもできるだろう）。判例を具体的事件の枠組を離れた一般的理論や一般的な上級裁判所の政策的命令を示したものと解し、そのように判例を用いるのは、法解釈が、個別事案の事実類型の特徴に照らした具体的検討から離れて、あまりにも大雑把な利益の調整となり、法が、訴訟当事者による主張を廻って対立する利益の周到な調整を離れて、一方的な国家政策の実現（上意下達）として機能していくことにもなりかねないので妥当ではないだろう。

なお、学説では、訴因変更の範囲と再訴禁止の範囲と罪数とを関連させて議論する立場を採る者は多い。前註（1）の文献参照。

（3）　裁判官の判断が及んだ範囲ではなく、「訴追の危険」に晒された範囲の観点から再訴禁止の範囲を考え、それと訴因変更の範囲は一致すると説く立場は、「検察官の権限」に焦点を当てるものであるとはいっても、訴因変更の範囲と再訴禁止の範囲を一致させることがそもそも妥当か否か、また、その必要があるのか否かを問わずに、両者の範囲を同一とみるところに、旧法以来の、裁判官の権限を中心とする一事不再理論の影響をみることができるであろう。なお、註（35）参照。

（4）　再訴遮断の範囲について、罪数を基準とする従来の考え方で対処するのは合理的ではないことを論じてきたものとして、特に、渥美東洋『刑事訴訟法要諦』（中央大学出版部）（一九七四年）渥美東洋『刑事訴訟法』（有斐閣）（第一版・一九八二年）・（新版・一九九〇年）、（全訂・第2版・二〇〇九年）、渥美東洋「いわゆる余罪と二重危険禁止の関係」比較法雑誌一七巻四号（一九八四年）、渥美東洋『レッスン刑事訴訟法（下）』レッスン29・30・33（一九八七年）（中央大学出版部）、渥美東洋『刑事訴訟を考える』（日本評論社）（一九八八年）第二六講、中野目善則「検察官上訴と二重危険」本書一頁。中野目善則「常習罪と後訴遮断の範囲」本書一七三頁。中野目善則「検察官の裁量と二重危険禁止条項」法学新報九六巻一・二号（一九八九年）四一頁、本書二二一頁等を参照。なお、米国の二重危険禁止条項を廻る動向については、特に、渥美東洋編『米国刑事判例の動向Ⅰ』（中央大学出版部）（一九八九年）での二重危険禁止条項に関する諸事件の紹介を参照。

以下の論述は、筆者の修士論文『二重の危険の法理――合衆国での二重の危険の法理の展開と日本国憲法第三九条の求めるもの』（未公刊）他、右の比較法雑誌、法学新報等での筆者の論文や米国刑事法研究会（代表・渥美東洋）等での判例研究（一九八五年度までの二重危険禁止条項に関する主要判例は『米国刑事判例の動向Ⅰ』に纏められている）等を基礎とするものである。

（5） *See* GOLDSCHMIDT, PROZEß ALS RECHTSLAGE, 1925. 例えば、団藤重光『新刑事訴訟法綱要（七訂版）』、田宮裕『一事不再理の原則』には具体的法規説の基調がよく示されている。

（6） 職権主義（Offizialprinzip）は、手続開始時から上訴まで含め上級者（審）による審査を軸とする「階層型の」裁判制度を基礎とし「真実発見」を強調する点で糺問主義の考え方を継承しているが、職権主義の方が国家の権威が強調されているといえるであろう。糺問主義は、主に、「階層型の」裁判制度の構造的諸特徴と関連し、司法が「国家政策」の実現目的で展開されるには未だ十分に至らない状況下で生成発展してきた考え方であるといえるのに対し、職権主義は、特に、近代以降の「国家の主権・権威」を背景とし、裁判所・裁判官の職務権限との関連を基礎に、裁判や法を「国家政策の実現」との関連で用いる特徴・傾向を有するといえるであろう。国家政策の実現は、階層型と結びつけば、最も効率よく行われる。本稿では、主に、職権主義との関連で、「国家・裁判所の」権威・権限（及びその及ぶ範囲）を軸に後訴が阻止される範囲を画する考え方の問題点を中心に検討する。階層型や国家政策実現型の裁判制度については、Damaška, *Structures of Authority and Comparative Criminal Procedure*, 84 YALE L. J. 480 (1975).; DAMŠKA, THE FACES OF JUSTICE AND STATE AUTHORITY — A Comparative Approach to the Lagal Pocess (1986) を参照。後者の著書の紹介として、ミルジャン・ダマシュカ『裁判と国家の権威の諸様相――法過程への比較的アプローチ』（中野目善則）本書二九九頁所収。

（7） GOLDSHMIDT, PROZEß ALS RECHTSLAGE, 1925 の、「形式的確定」を前提に、「判断力」を「裁判所力」Gerichtskraft としてとらえる立場は、ここに述べたような裁判の構想によって大きく影響を受けているといえるだろう。

（8） ダマシュカ教授は、前掲書『裁判と国家の権威の諸様相』で、プロイセンの法が「階層型」のオフィシャルによる「国家政策実現型」の特徴を持つことを論じている。id., at 182-204.

法には、国家の政策・価値観を末端まで効率よく浸透させ、国家が社会を「管理」するための道具として使われる場合と、これとは全く異なり、国家は価値を体現した「管理者」の立場にあるのではなく、国家は価値的に中立の立場をとり、何が正しいかは市民社会の思想の自由市場に委ね、国家は市民社会への介入をできるだけ控え、市民の自由な活動を尊重・保障し、市民間の紛争についての中立の解決の場（フォーラム）を提供するという見方を基礎に法が使われる場合とがある。プロイセン型の国家とその法の特徴である、いわゆる「法治国家」（Rechtsstaat）は前者の場合であるといえるだろう。それに対し、自由の保障をその狙いとして、国家の権力を制限し、恣意的な、濫用に亙る権力の発動がなされないようにする「法の支配」（Rule of Law）の考え方は、国家と社会の分離を前提とし、国家の市民社会への介入の正当根拠を要件とする考え方であるから、基本的には後者の型に属するといえるであろう。いずれの見方を基礎に法をイメイジするかでその運用は大きく異なることになる。

（9）糺問主義は「二面関係」であるのに対し、職権主義は「三面関係」であり、「弾劾主義」に属するという議論は、あまりにも表面的に過ぎる。裁判官と検察官の間で職務の一応の分離があっても、ともに「国家政策の実現」を担うものとして位置づけられている場合には、この分離は表面的なものであって、本質的なものではない。この点について、特に、DAMAŠKA, THE FACES OF JUSTICE AND STATE AUTHORITY, at 156-7での分析を参照。告発があった限度で裁判所が審査し、しかも、「司法部」が「中立で公平な」立場から、「行政府」たる「政府」の訴追活動を審査して、圧政に亙る活動が生じないようにすることを狙う弾劾主義（告発主義）のフィロソフィーとは、「国家政策の実現」を主たる狙いとする職権主義は大きく異なっている。基本的思考の点で、職権主義は弾劾主義とは異質なものであり、糺問主義や国家政策実現型手続の特徴を持つものとして分類されるべきものであろう。前註（8）も合わせて参照。

（10）論争主義、弾劾主義の裁判の構造については、渥美東洋『刑事訴訟法』（有斐閣）（第一版、新版）同『レッスン刑事訴訟法』レッスン11・13・14・15参照。

（11）渥美東洋『レッスン刑事訴訟法（中）』レッスン14、中野目善則「常習罪と後訴遮断の範囲」本書一七七―一七九頁参照。

（12）註（4）の渥美教授及び中野目等の文献参照。

（13）訴因制度については、渥美東洋『刑事訴訟法』（有斐閣）参照。

（14）防禦対象の告知を重視した範囲に再訴遮断の範囲を限定するのは狭きに過ぎ、逆に、被告人の地位の安定を重視した範囲に（再訴遮断の範囲）まで訴因変更をなしうるとすると、被告人の防禦の利益は害される。渥美東洋『刑事訴訟法』前掲他、註（4）で引用の文献参照。

(15) この三つの視点が異なることについて、渥美、中野目等の、註（4）に引用の文献参照。

(16) *See* Note, *Statutory implementation of Double Jeopardy Clause : New Life for a Moribund Constitutional Guarantee*, 65 YALE L. J. 339, 342 (1956).

(17) *See* D. CRESSY. THEFT OF THE NATION (1969).

(18) 21 U. S. C. §§848, 853.

(19) Racketeer Influenced and Corrupt Organization Act, 18 U. S. C. §§1961-68.

(20) CCEやRICO法の場合には、起訴された犯行以外の犯行についても処罰がなされたとみるべき根拠たる「推定規定」が置かれているので、常習罪の場合とは同じく扱うことはできない事情がある。これについて。註（31）参照。

(21) 刑法四七条や刑法五四条は併合罪について訴追併合を義務づける障碍とはならない。

刑法四七条では併合加重を定め、併合罪の場合については、なるべく同時に処理をして刑が重くなり過ぎないようにするという科刑上の立法政策を示している。この規定は、検察官が併合訴追をした場合にだけ併合加重の処理を求めるものと解するのが一般であろうが（――この規定の立法政策を尊重すると、むしろ、この規定による処理が可能な場合にはできるだけこの規定によるべきであり、その点で、訴追の併合が可能であれば、併合訴追が義務的となると解することもできないわけではないようにも思われる――）、そう解したとしても、この規定は憲法上の、併合罪の訴追の併合（強制併合、法定併合）を排除する趣旨では全くない。この規定が併合罪の同時訴追を求めていないと解するにせよ、この立法政策とは全く別個に、同時訴追をしうるのにそうしないで何度でも被告人の刑事裁判に附すことを阻止するという、憲法上の訴追併合の要請がある。訴追裁量の濫用を阻止するという二重危険禁止条項の趣旨に照らすと、起訴時に判明していた犯行についての分断訴追は、実体法上の罪数に関わりなく、許されないことになる。同時訴追が可能なのに同時訴追義務は働かないとするのは、あまりにも訴追側の便宜に過ぎ、許されないとみるべきであろう。

想像的競合と牽連犯の場合の最も重い刑による処断を定める刑法五四条も、それ以外の場合には同時訴追義務が働かないことを規定した法条では全く、また、この規定は科刑上の政策を定めたものであり、二重危険禁止条項の関心から同時訴追義務を規定したものではないので、併合罪の同時訴追義務を肯定する障碍とはならない。

本文でも述べるように、立法趣旨や各制度、法理の機能を踏まえた法の解釈がなされなければならない。

(22)　米国でもこの二つを切り離して考察してきている。特に、渥美東洋編『米国刑事判例の動向Ⅰ』40、41事件（中野目善則担当）参照。

(23)　以下の論述については、中野目善則「常習罪と後訴遮断の範囲」本書一八六頁以下参照。

(24)　MERMIN, LAW AND THE LEGAL SYSTEM. Chap. 3., 1982.

(25)　渥美教授はこのような立場を示唆される。

(26)　この場合には、検察官に判明している行為の分断訴追の禁止が関係してくる。

(27)　常習罪以外の単純一罪や科刑上一罪等の場合の再訴遮断の基準については、中野目善則「常習罪と公訴遮断の範囲」本書一七三、一八七—一八八頁参照。

(28)　田宮裕「既判力・再論」法学四七巻五号（一九八四年）二一一頁、田宮裕・クラスルーム「二重の危険」法学教室九九号三〇頁。

(29)　この点について、中野目善則「検察官の裁量と二重危険禁止条項」本書二三二頁以下参照。

(30)　憲法に定められた基本権は、政府と市民の間の一定の利益のバランスを前提としたものではあるが、それは制定時に既に定められているものといってよく、その時々の臆測的なコスト・アンド・ベネフィットを利益較量することを予定しているものではない。政府と市民との関係について両者の関係は「かくあるべし」との、歴史的経験を基礎とする「制限された政府」という「信念」に立って定められているものである。憲法解釈論に関して、例えば、T. A. Aleinikoff, ***Constitutional Law in the Age of Balancing***, 96 YALE L. J. 943 (1987) を参照。種々のアプローチを検討する資料として、J. H. GARVEY & T. A. ALEINIKOFF, MODERN CONSTITUTIONAL THEORY：A READER, 1989 を参照。

(31)　ＣＣＥやＲＩＣＯ法の場合には、我が国の常習罪の場合とは異なり、一定の要件犯罪で有罪とされることを前提に、違法活動により得たとみられる利益や財産について、有罪判決を受けた犯行によるものに限定せずに、違法活動による収益であると「推定」して、その利益や財産を、没収・権利剥奪 forfeiture する立場に立っている点に注意を要する——（forfeiture は、ＣＣＥでは、criminal forfeiture とされ（21 U. S. C. §853）、ＲＩＣＯ法では、criminal penalty とされる（18 U. S. C. §1963）。この場合、forfeiture は、***in rem***（対物）手続ではなく、***in personam***（対人）の刑事手続で、有罪認定を前提にかされる。）——。ＣＣＥやＲＩＣＯ法では、一定期間内に犯された前提犯罪（predicate offense）の立証を要件に——（ＲＩＣ

O法では「二個以上の」前提犯罪の立証が要件となる。18 U. S. C. §1961 (5). CCEはこの要件を明示しないが、前提犯罪が「継続する一連の違反」の一部であることの証明が前提となる（21 U. S. C. §848 (d) (2)）ので、少なくとも前提犯罪が二個あることは要件とされるとみてよいであろう）――、被告人が薬物乱用防止及び規制法（CCEはこの一部を成す規定である。）違反やRICO法違反で有罪とされると、かかる法違反によって得た財産（増加したとみられる財産）について、被告人に「告知」を与え、防禦・反証の機会を与えたうえで、没収・権利剥奪するという制度が定められている（連邦刑事訴訟規則Rule7 (d) (2) は、没収・権利剥奪の対象となる利益又は財産について、起訴状で「告知」を被告人に与えることを要件とし、同規則Rule 31 (e) では、没収対象となる利益又は財産についての「特別評決」を要件としている）。CCEの没収・権利剥奪法（21 U. S. C. §853 (d). ――反証を許す推定を定める）では、犯行期間又は犯行終了後の合理的期間内の財産の増加を、犯罪による収益・利得であると「推定」して挙証責任を被告人に転換し、政府側が、その期間内の被告人の収益・利得が薬物犯罪によって得られたものであり、薬物犯罪以外の合法な手段では得られないとみられることを、証拠の優越程度に証明すれば、被告人の側からの犯罪によって得たものではないことの「反証」がなければ、その財産を広く没収・権利剥奪の対象とするという立場がとられている。RICO法では、犯行時を基準に、同法に違反して入手した利益・財産等についての権限・利益等は合衆国にある旨定める。18 U. S. C. §1963 (c). これらの場合、没収・権利剥奪の対象たる利益や財産が有罪判決を受けた犯行により得たものではなくとも、薬物濫用規制法違反やRICO法違反の犯罪によって得たと「推定」され、その推定が破られない場合には、結局、その利益や財産は没収・権利剥奪されることになる。したがって、このような場合には、有罪認定を受けた訴因には掲げられて「いない」他の犯行も、没収・権利剥奪されたとみるのが妥当であるから、かかる「推定」が働く範囲に属する犯行を理由とする訴追（後訴）は、実質的に没収・権利剥奪された場合を再度訴追して没収・権利剥奪する場合に当たり、訴追の利益を欠くので、阻止されると解すべきことになるだろう。犯行期間内の財産の増加を犯行によるものと「推定」し、没収・権利剥奪対象について告知を与えたうえで、その反証の責任を被告人に課し、被告人が立証できなければ、有罪とされた犯行以外の、関連する犯行により取得したとみられる財産や利益も含めて、その告知がなされた財産や利益を没収・権利剥奪することを認める立場は、イギリスのホヂスン・リポートで提唱されたものであり、同報告も、かかる場合、右期間内に含まれる犯行を理由とする後訴は認められるべきでないとする立場をとっている。Profits of Crime and Their Recovery, Report of a Committee chaired by Sir Derek Hodgson, (Howard League for Penal Reform 1984), at 79-80.

常習罪では、かかる「推定規定」は設けられてはないので、訴追を受けなかった未発見・未発覚の犯行についての後訴は遮断されないと解すべきことになる。

(32) 法解釈の在り方について、渥美東洋「法の厳格な運用と柔軟な運用」司法研修所論集七八号、Emerson, *Colonial Intentions and Current Realilities of the First Amendment*, 125 U. Pa. L. Rev. 737 (1977)、渥美東洋『捜査の原理』第二章、渥美東洋『レッスン刑事訴訟法』、Mermin, Law and The Legal System, 1982、中野目善則「検察官の裁量と二重危険禁止条項」等を参照。

(33) なお、起訴時を基準に以上のような検討を行うのではなく、訴因追加によって未発見・未発覚の場合に対処したり、即判力の発生時を形式的確定時ではなく、それよりも繰り上げる考え方によって対処すべきであるとする立場も提唱されている――(木谷明・島秀夫「常習一罪等に関する即判力(一事不再理効)の時間的限界及び二重起訴の成否について」判タ六二七号一五頁以下(一九八七年)及びそこで引用の判例、田宮裕・クラスルーム「二重の危険」三〇頁参照)――が、訴因追加の制度は論争主義、弾劾主義を前提とするから、最初の公判を離れて別の証拠によって訴因を追加するのは本来の訴因追加の範囲には含まれず、便宜的に追加して処理することがあるとしても、追加しうるか否かは、起訴時に同時訴追をなし得なかったか否かによって決められるべきものであり、また、憲法の採る立場を前提とすれば、起訴時を基準とすればよく、形式的確定時よりも前であれ、一審判決確定時などまで遅らせて判断する必然性は現行法上ないといってよいのである(この点について、中野目善則「検察官の裁量と二重危険禁止条項」前掲二〇六頁、本書六〇頁以下参照)。

(34) 具体的法規説の論理的欠陥については、渥美東洋『刑事訴訟法要諦』二九七頁、中野目善則「常習罪と後訴遮断の範囲」三二、三三二頁を参照。

(35) この点について、特に、中野目善則「検察官の裁量と二重危険禁止条項」、及び、渥美東洋「二重危険の禁止――訴追権限の濫用規律の観点から」(受験新報四〇巻一号(一九九〇年)四一頁、渥美東洋『刑事訴追法』(中央大学通教教科書、一九六四年、一九六五年再訂版、一九八三年版)、渥美東洋『刑事訴訟法要諦』(中央大学出版部)(一九七四年)、及び註(4)引用の文献等を参照。田宮教授も「同時訴追義務」の観点から、罪数論とは別個に再訴追に関する議論を展開し始めている。田宮裕「クラスルーム刑事訴訟法「二重の危険」法学教室九九号三〇頁。なお、青柳文雄「刑事即判力の客観的範囲」

『犯罪と証明』（一九七二年）三三九頁、田口守一『刑事裁判の拘束力』（成文堂）（一九八〇年）二九五頁（強制併合の示唆）等参照。

二重危険禁止条項によれば、検察官による訴追の危険に晒された限度で再訴が禁止されるとの立場に立って、訴因変更が「行為又は結果」を同一とする範囲で訴因の変更ができるので、そこまで「危険」が及んだことになるから再訴が禁止されるとする立場は、訴因の告知機能を損ない、政府が勝手に争点をずらせることに通ずるので、「警察官の裁量」を規律することを担う日本国憲法の基調にそぐわない。

（36） 圧政阻止の観点に立ち「有罪立証の機会の一回性」を重視する二重危険禁止条項の基本的思考を前提とすれば、従来、「二重危険」の名の下に論じられている諸問題についてこれまでとは異なる展望を得ることができる（以下の論述について、渥美東洋『刑事訴訟法』（有斐閣）（第一版、新版）、中野目善則「検察官上訴と二重危険」等参照。起訴猶予については、渥美東洋『刑事訴訟法要諦』、三〇四頁も合わせて参照）。

事実誤認を理由とする検察官上訴は、いわゆる「危険継続論、連続編」によって憲法三九条の二重危険禁止条項の許容するものであるとされてきている（最（大）判昭二五年九月二七日刑集四巻九号一八〇五頁、最（大）判昭二五年一一月八日刑集四巻一一号二二一五頁、最（三小）判昭二六年一〇月二三日刑集五巻一一号二二八一頁、最（一小）判昭三三年一月二三日刑集一二巻一号三四頁等）が、この議論は、政府に有罪立証の機会を「再度」与えるものであることを否定することはできず、英米の系譜に立つ二重危険禁止条項とは相容れない。合衆国では危険継続論が少数意見として現れたことはあっても、通常の公判裁判所と上訴審との関係でこの議論が憲法に反しないとして採用されたことはなく、陪審裁判だけでなく裁判官による審理でも、無罪に対する事実誤認を理由とする上訴は許されないとの立場が採られ、上訴審で証拠不十分と認定された場合には、さらに手続を進めることはできず、被告人を刑事手続から解放しなければならないとしている（Burks v. United States, 437 U. S. 1 (1978)『米国刑事判例の動向Ⅰ』23事件、の他、同書所収の二重危険の判例を参照）。量刑不当や法令違背、憲法違反を理由とする検察官上訴、政府上訴は、事実認定について再度争い、有罪立証の機会を再度求める場合ではなく、量刑基準の統一や法解釈の検討・統一等の法運用上必要とされる正当な利益を実現するために行われるものであるから憲法三九条には反さないとみることができるが、とりわけ事実誤認が明らかでないときの事実誤認を理由とする検察官上訴は最初の公判での立証の失敗を被告人の負担で政府に有利に解決しようとするものであり、経済的、社会的、心理的不利益を再度課し、その期間を長引かせ、無辜を有罪にする危険を生み、政府が満足するまで何度でも被告人を刑事裁判に巻き込み、迫害やハラスメントを加える刑事手続の利用となる虞があり、圧政をもたらすものであるから、二重危険禁止条項に違反する。ここに象徴されるように、「一事不再理」と「二重危険禁止」の基本的考え方は容易に調和させることができるものではなく、利益のバランスの採り方は大きく異なる。このことを意識して法を運用することが重要であろう。

起訴猶予をはじめとする不起訴処分についてはこれまで若干の例外を除いて再訴遮断の対象とすべきだとする議論は展開されてこなかったが、政府の有罪立証の一回性を求める二重危険禁止条項の立場からは、この場合にも、再訴遮断効を与えるべき場合が考えられるべきである。多くの事件は有罪を立証する証拠があっても、起訴されることなく、起訴猶予で終了するのであり、この処分に公判が開かれた場合と異なり、再訴追に関して全く保護を与えなくてよいとするのは、著しく取扱の均衡を失する。政府はこのとき訴追を「放棄」しているのであるから、起訴猶予に付された者の生活の安定の利益が恣意的に奪われてよいことにはならない。検察審査会制度を無意味にしないという観点から、最初の不起訴処分を変更する余地を認めなければならないとしても、新たな証拠が発見されたのでもないのに、最初の決定を容易に変更できるとすることは、やはり、二重危険禁止条項に反するとみることができる。

証拠不十分で不起訴となったときにも、その基礎が事後の捜査により全く変化していないのに、最初の決定を変更することができるとするのも、被告人の地位をあまりに不安定なものにさせるものであり、憲法の許容するものではないとみるべきである。

このように、「制限された政府」というフィロソフィーを基本とする二重危険禁止条項からは、「形式的確定」を要件とする従来の見方とは異なる帰結が生ずることになる。

(37)　日本国憲法三五条がこのような構想に立っていることについては、特に、渥美東洋「令状要件、排除法則等の含意への若干の考察――新たな視点か、大陸法への回帰か?――」法学新報九六巻一・二号（一九八九年）三五頁、渥美東洋『レッスン刑事訴訟法（上）』レッスン5―8を参照。

第七章　後訴遮断の視点と後訴遮断の範囲

——公訴事実、訴因、罪数と後訴遮断の範囲——

一　はじめに

平成一五年一〇月七日、最高裁第三小法廷は、特殊窃盗を繰り返し行った被告人が、複数の単純窃盗罪を理由に起訴され、その有罪判決が確定した後、その前訴の起訴時には判明していたが前訴で同時訴追しなかった、確定前訴判決よりも以前の同種犯行たる余罪について、被害者の被害感情が強いことが判明したことから、再捜査をして、複数の余罪を単純一罪で起訴（後訴）した事例で、この後訴は前訴の確定判決の一事不再理効により禁止されないと判示した(1)。

法廷意見は、常習特殊窃盗罪は、異なる機会に犯された別個の各窃盗行為を常習性の発露という面に着目して一罪としてとらえて刑罰を加重する趣旨の罪であり、常習性の発露の面を除けば、その余の面では、同罪を構成する各窃盗行為相互間に本来的な結びつきは「ない」ことを前提に、常習特殊窃盗罪の事例で前訴及び後訴の各訴因が共に単純窃盗罪であるときは、常習特殊窃盗罪の点は、訴因には掲げられておらず、訴因を比較すれば、公訴事実の単一性を欠き、前訴の確定判決による一事不再理効は後訴に及ばないと判示して、上告趣意が根拠とした高松高等裁判所の判断とは異なり、問題を公訴事実の単一性の観点からとらえて、単純一罪はそれぞれ別個（の公訴事実）であるから、後訴は阻止されない旨判断している。(2)

法廷意見は、前訴、後訴ともに（実体的にみれば常習特殊窃盗を構成するとみられる複数の犯罪行為が）単純一罪で起訴された場合に、前訴の確定判決の一事不再理効が後訴に及ぶかどうかは、「(1)両訴因に記載された事実のみを基礎として両者は併合罪関係にあり一罪を構成しないから公訴事実の単一性はないとすべきか、それとも、(2)いずれの訴因の記載内容にもなっていないところの犯行の常習性という要素について証拠により心証形成をし、両者は常習特殊窃盗として包括的一罪を構成するから公訴事実の単一性を肯定できるとして、前訴の確定判決の一事不再理効が後訴にも及ぶとすべきか、という問題である」と、本件の問題を設定している。いずれかは問題となるが、一罪の範囲で後訴が阻止されるという前提を窺うことができる。

そして、「少なくとも第一次的には訴因が審判の対象であると解されること、犯罪の証明なしとする無罪の確定判決も一事不再理効を有することに加え、前期のような常習特殊窃盗罪の性質や一罪を構成する行為の一部起訴も適法になし得ることなどに鑑みると、前訴の訴因と後訴の訴因との間の公訴事実の単一性についての判断は、基本的には、前訴及び後訴の各訴因のみを基準としてこれらを比較対照することにより行うのが相当」であり、「本件においては、前訴及び後訴の訴因が共に単純窃盗罪であって、両訴因を通じて常習性の発露という面は全く訴因として訴訟手続に上程されておらず、両訴因の相互関係を検討するに当たり、常習性の発露という要素を考慮すべき契機は存在しない」から、「ここに常習特殊窃盗罪による一罪という観点を持ち込むことは、相当でない」というべきであり、別個の機会に犯された単純窃盗罪に係る両訴因が公訴事実の単一性を欠くことは明らかだから、前訴の確定判決による一事不再理効は、後訴に及ばないと判示した。

法廷意見は、「なお」書きで、「前訴の訴因が常習特殊窃盗罪又は常習累犯窃盗罪（以下、この両者を併せて「常習窃盗罪」という。）であり、後訴の訴因が余罪の単純窃盗罪である場合や、逆に、前訴の訴因は単純窃盗罪であるが、後訴の訴因が余罪の常習窃盗罪である場合には、両訴因の単純窃盗罪と常習窃盗罪とは一罪を構成するものではないけれども、両訴因の記載の比較のみからでも、両訴因の単純窃盗罪と常習窃盗罪が実体的には常習窃盗罪の一罪ではないかと強くうかがわれるのであるから、訴因自体において一方の単純窃盗罪が他方の常習窃盗罪と実体的に一罪を構成するかどうかにつき検討すべき契機が存在する場合であるとして、単純窃盗罪が常習性の発露として行われたか否かについて付随的に心証形成をし、両訴因間の公訴事実の単一性の有無を判断すべきであるが（最高裁昭和四二年（あ）第二二七九号同四三年三月二九日第二小法廷判決・刑集二二巻三号一頁参照）、本件は、これと異なり、前訴及び後訴の各訴因が共に単純窃盗罪の場合であるから、前記のとおり、常習性の点につき実体に立ち入って判断するのは相当ではないというべきである。」との判示を付け加えている。

常習罪のような、異なる時間と場所で行われた犯罪を、「常習性」を介して一纏めにする構成要件が関係する場合、「一罪」の範囲で既判力または一事不再理が及ぶとする従来の裁判の効力論に立つと範囲が広くなりすぎ、訴因の拘束力の観点から限定を加えるべきであるとする議論が検察官等により展開されてきたところである(3)。本件の最高裁判所の判断は、前訴も後訴も共に単純一罪が関係する場合には、公訴事実の単一性の観点から単純一罪の範囲で一事不再理効が発生すると判示し、常習罪が関係する場合に、常習一罪の範囲で一事不再理効が及ぶとする判断を文字どおり展開すると「広くなりすぎる」という問題に、訴因の観点から一定の対処をしようとしたものだと解される。

だが、後訴がどの範囲で阻止されるべきなのかには、以下で述べるような、憲法三九条をはじめ、種々の考慮が関係しており、本件最高裁の判断に示された観点とは別の観点から、より周到な判断が求められると思われる。本稿は、右事件での最高裁の判断を契機に、後訴遮断の範囲を判断する際の基本的視点と再訴遮断の範囲について検討をしようとするものである。(4)

二　後訴遮断の視点とその範囲

(1)　公訴事実という概念の意味・機能

本件最高裁判断がいうように、「公訴事実の単一性」という観点から再訴が遮断される範開を考察すべきなのだろうか。(5)また、この概念による根拠はどこにあるのだろうか。議論の混乱を避けるには、まず、「公訴事実」の意味を検討すべきであると思われる。

公訴事実という言葉は刑事訴訟法二五六条や三一二条に規定され、訴因の箇所に定められており、訴因の機能との関連で理解されるべき概念であるといえる。法廷意見は、これを後訴が許されるかどうかを判断するための概念として、用いるようである。

現行法の中で用いられる「公訴事実」は、検察官が起訴した犯罪事実（＝公訴事実）の範囲と訴因の被告人への防禦対象の告知との関連で定められ、したがって、裁判所の審理の範囲もそれによって画されることになる。

憲法三八条は、弾劾主義の考え方に立つ裁判の在り方について定めており、検察官が起訴した範囲で裁判が進められることを前提に、検察官は起訴した事実について、被告人の協力を得ることなしに、被告人が合理的な疑いを容れない程度に有罪であることを証明する責任を負う。裁判は検察官の起訴した事実について審判（審査）するのであり、それを離れて裁判所が審判対象を設定することができるという考え方に現行法は立っていない。

憲法三七条は防御対象を被告人に告知して、被告人からの挑戦的防禦を行わせるべく種々の権利を定める。(6) 裁判は、被害者に対する犯罪行為を行い、社会の安定・連帯・協力関係を破壊した行為に非難を加えることを目的に、正義の実現のために行われるが、被告人の価値が根拠を欠いて否定されることがないように、被告人には、告知を受けた告発内容（裁判の対象）について十分に検討する機会が与えられなければならない。この観点から、公訴事実を、日時、場所及び方法の点でできる限り特定して記載することが求められる（刑訴二五六条三項）。刑事訴訟法三一二条の訴因変更に関係する「公訴事実の同一性」も、被告人の防禦を害さないことが重要であることが判例上強調されてきている。(7)

このように現行法では、公訴事実という概念は、検察官による起訴事実（＝公許事実）、被告人の防禦及びそれを前提とする裁判所の審理範囲との関連で用いられている。

この「公訴事実」という現行法の「訴因」に関連する概念は、職権主義に立つ大正刑訴の時代に用いられていた「公訴事実」という概念とは機能が全く異なる。職権主義にあっては、検察官の起訴による審理範囲の限定を受けずに、裁判所が実体形成をなし待たのであり、この裁判所の実体形成を基礎に、後訴が阻止される範囲が論じられてきた。職権主義におけるような、国家の目からみた唯一無二の真実を発見するという立場から、検察官が起訴した範囲を超えて裁判所が審理し実体形成をすることができるという考え方は現行法では採られていない。「公訴事実の単一性」という概念に言及しつつも、検察官に犯罪構成要件との関係で検察官に訴追事実の選択権があり、裁判所は検察官が訴追した事実を前訴にその範囲で裁判を進めるべきことを本件法廷意見は説いているから、この点では職権主義には立っていない。

(2) 後訴遮断に関する視点と公訴事実に関する視点の違い

法廷意見は、公訴事実の単一性は、後訴遮断にも関係するととらえるようである。

後訴が阻止・遮断されるか否かは、後訴で訴追を受けた行為が前訴で直接裁判の対象となったか否かではなく、後訴が、最小限度の被告人への負担で刑事裁判を運用しなければならないという要請、別言すれば、細切れ訴追をして嫌がらせ目的や圧政目的でまたは周到な配慮を欠いて刑事法を運用し、被告人に課すことが許される最小限度の負担を超えた負担を被告人に課すことは許されないという、自由の保障に関する基本的考え方との関連で考察されるべき問いであり、前訴でどこまで裁判所の実体判断が形成されたまたはされ得たかという問いと同じではない。公訴事実は、被告人の非難されるべき行為に対し刑罰を科すことに関わる概念であり、正義の実現に関連する。一罪か併合罪かという問いも、処罰に関する議会の意思の解釈の問題であり、正義の実現に関わる問いである。これに対し、後訴が許されるのか否かを決めるのは、現行法下では、憲法三九条の二重危険禁止条項であり、細切れ訴追を許すことなく、最小限度の被告人への負担で刑事裁判を行い、必要な限度を超える負担を課して、刑事手続を嫌がらせや抑圧・圧政のために利用させないようにするという、自由の要請に関わる視点である。

法廷意見は後訴が許されるかどうかが本件での争点であるにもかかわらず、後訴の可否を決める最重要基準である憲法三九条には全く触れることなく、「公訴事実の単一性」、という、実定法の明文にはない理論的概念の観点から、議論を進めている。(8)

憲法三九条の二重危険禁止条項の視点をひとまず置いて、後訴が阻止される根拠は実体形成にあるとみる見方を検討してみよう。

職権主義を背景とする議論の多くは、実体形成の有無が、既判力または一事不再理効の基礎であり、その範囲を画するものであるとする議論を展開してきたところである。公訴事実の単一性という議論もこの考え方との連続性を窺わせる。

だが、職権主義に立つ公訴事実との連続性を求める基礎は現行法上失われている。職権主義では裁判所の審理権限の範囲は広く、検察官が起訴した範囲を超えて審理を及ぼすことができたが、現行法ではそのような前提は失われている。後訴を阻止する理論的根拠を、裁判所の判断内容に求め、既判力とは裁判所力（Rechtskraft ist Gerichtskraft）であるという理解を基礎に、既判力と一事不再理を同一視して、裁判所による「実体形成」（具体的法規の定立）に再度の裁判が阻止される根拠を求める理論を忠実に展開すれば、現行法では、裁判所が実際に判断したか、若干広げても、訴因変更等により判断し得た範囲でしか、裁判所の実体判断は形成されたか形成し得たとはいえず、裁判所の判断が実際に形成できなかった範囲までは、後訴を阻止する一事不再理効は発生せず、後訴が遮断される範囲は著しく狭くなる。裁判所の実体形成の範囲が弾劾主義（憲三八条）の観点からも論争主義（憲三七条）の観点からも、訴因制度によって限定されている現行法の下では、検察官の起訴意思に反さず、被告人への告知を害さない範囲でしか、「実体形成」はあり得ないのであるから、後訴が阻止される範囲は狭くなる。このように制度の基本的前提が職権主義とは大きく変わったところで、裁判所の判断内容の範囲で後訴・再訴が阻止されるという考え方を採ると、被告人の地位の安定をはかることができず、嫌がらせ目的や抑圧・圧政目的での細切れ訴追や周到さを欠く訴追を許してしまう。一度での訴追が求められ、分断して訴追することが妥当ではない場合にも、実体形成の議論を忠実に展開すれば、実体形成はないので、後訴は阻止されないという結果を招く(9)。例えば、住居侵入と窃盗の事例にあって、検察官が住居侵入でのみ起訴して窃盗を含めて起訴しなかったとした場合、訴因は住居侵入のみであるから、窃盗については裁判所は審理し得ないから、窃盗に関する実体形成はない、ということとなり、実体形成がない以上、窃盗を理由とする後訴は阻止されないという結論となるが、このような分断訴追が妥当でないことは大方の一致するところであろう。実体形成を根拠にする立場でも、現実には実体形成を欠く、一罪の範囲まで、後訴・再訴が遮断されるのは、実体的確定力（内容的確定力）の「外部的効力」と説明するのであるが、[10]結論は一個の社会的行為が関係するような事例では妥当であるといえるものの、何ゆえに「外部的効力」が発生するのかが問われなければならない。また、科刑上一罪のような場合でも、複数の社会的行為が関係する場合、例えば、文書偽造とその偽造した文書を利用した詐欺の場合、科刑上一罪とされるが、最初の訴追が文書偽造のみである場合、その偽造した文書を利用した詐欺には、実体形成はあり得ないことになる。それにもかかわらず、一罪であれば、後訴は阻止されるとされるのは、何ゆえなのかが問われなければならない。

他方、本件法廷意見の判断では、「公訴事実の単一性」の観点から前訴・後訴ともに窃盗の単純一罪の場合には一事不再理効が広すぎる難点を回避できても、常習罪が前訴または後訴のいずれかまたは両方に関係する場合には、起訴時には検察官に判明せずに、同時に訴追できず、したがって裁判所の実体形成が「ない」範囲についても一事不再理効を認めることになろうが、この結論の妥当性は疑問である。

実体的（内容的）確定力の外部的効力として、実際には裁判所の判断が下されていない範囲についても外部的効力が発生するので後訴が阻止・遮断されるとする立場は、阻止・遮断されるという結論が述べられているだけで、その実質的理由が示されておらず、また、外部的効力が及ぶとされる範囲が支持できる場合もあれば、そうでない場合もある。再訴・後訴が阻止・遮断される実質的な理由を踏まえた考察が必要とされる。

再訴・後訴が阻止される理由を突き詰めていけば、一度の訴追で済ませることによって、訴訟経済をはかる要請とか、前提事実が再度問題とされて矛盾した判断が下ることを回避する要請とか、一度の手続で済ませることができるのにそれを分断訴追することから生ずる被告人への負担の回避とか、一度で済ませるべきものを分断訴追することによって、何度でも被告人を刑事裁判に関わらせ、犯罪者として烙印を押される期間を長引かせ、刑事裁判手続が嫌がらせや圧政の手段として用いられることの阻止、といった実質的理由に求められることになり、これらの理由による後訴が遮断される範囲は、裁判所による実体形成があった範囲とは一致しない場合もある。結論が一致する場合でも、その結論を支える観点は異なっている。裁判所がどこまで審理してよいかという観点と、一度で訴追を済ませるべきはどの範囲かという観点は、別の異なる観点である。

現在は、再訴・後訴の可否を規律するのは憲法三九条の二重危険禁止条項である。

多くの細分化された構成要件を有する現代社会で、成立する実体法上の構成要件の数だけ何度でも細切れ訴追を行い、何度でも被告人を刑事裁判に巻き込むことができるとみるのは、被告人が刑事裁判に巻き込まれる負担に考慮しない立場であり、刑事訴追を嫌がらせや圧政目的で使うことを許し、周到さを欠いて限度を超える負担を被告人に課す訴追をもたらすので、禁止される。政府（検察官）には一度の有罪立証の機会は与えられなければならないが、一度で訴追できるものを分断訴追し、再度被告人を刑事裁判に巻き込んで訴追を繰り返すことができることに道を開いてはならない。正義を実現するための手続であるとはいっても、再度の裁判に巻き込まれることによって生ずる社会的、経済的、心理的負担等があることに鑑みれば、必要最小限度の負担で済むように刑事手続を運用すべきであるという要請は、憲法上の、自由社会における自由の保障の原理が求めるところであり、この考え方が憲法三九条に示されているとみることができる(11)。一度で訴追すべきものをそうせずに後訴で訴追することの弊害に焦点が当てられなければならない。全く同じ事実を再度裁判するということになれば、無辜を有罪とする危険もあるので、正義の要請にも悖ることになる。他方、捜索・押収に令状入手の時間的余裕がない場合の、実体要件を備えた無令状捜索・押収が認められるのと類似して、同時に訴追すべき義務が原則として働くとはいっても、法執行に無理を強いるという考え方は憲法においては採られていないとみることができるので、同時訴追義務の例外はあると解すべきことになる(12)。

憲法三九条の視点はこのようなものであり、これと全く離れた、裁判所の実体形成を基準に考察する立場は、多くの問題を残してしまう。「公訴事実の単一性」を論拠に後訴が遮断される範囲を判断するという立場は、職権主義の下で発展してきた実体形成に中心をおく理論を背景にする考え方であろうが、現行法上、公訴事実という概念は、検察官の起訴意思（弾劾主義、憲三八条）と、被告人の訴追を受けた事実に関する防禦上の利益（論争主義、憲三七条）とに関わる概念であり、他方、後訴が阻止される範囲は憲法三九条の二重危険禁止条項を基礎に決められるべきものである。

なお、公訴事実の同一性に関連して、検察官が訴因の追加・変更をなしうるので、その範囲で、訴追の「危険」が発生し、したがって、再訴・後訴が二重危険禁止条項により阻止されるという立場もあるが、検察官による訴追は、訴追の最大限主張とみるのが筋であり(13)、公訴事実を小出しにして、次々と裁判の対象を変化させることによって充実した審理を害する裁判のあり方は、被告人の防禦の利益を著しく害するものであり、現行法の認めるものではない、と解すべきものであろう。判明している科刑上一罪の一部で訴追をした場合に、最初に訴追すべき犯罪を全て訴追せずに、小出しにして後から訴追したり、最初の訴追がうまくいきそうにないので別のものに差し替えたりすることは、訴追を小出しにして状況をみながら訴追対象を変更することとなり、検察官の訴因の追加や変更によって翻弄し被告人を疲弊させることとなり、争点を絞って十分に準備を重ねて審理に望むことを困難とするものであり、訴追に対する充実した審理を求める憲法三七条の論争主義の要請に反し許されないとみるべきであろう。二重危険禁止の観点からも、かえって、一度で訴追できるものは一度での訴追が義務づけられるとみるべきものであろう。訴因の追加・変更と、再訴・後訴が阻止される範囲を一致させる考え方は、それぞれの制度のねらいを壊してしまう。論争主義の観点からも、社会への干渉度を最小限度のものにとどめて、訴追をしなければならないものに限定して訴追をすべきだという考え方に立つ憲法三八条の弾劾主義の観点からも、また、刑事手続が嫌がらせや圧政目的で利用されることを防ぎ、被告人への最小限度の負担で済むように刑事手続を運用することを求める二重危険禁止の観点からも、訴追権限は検察官にあるから、訴因の追加・変更は検察官の専権であり、自由に変更できるという考え方は、行き過ぎている。

(3)　罪数と後訴遮断の範囲

さて、法廷意見は、後訴が許される範囲を決める基準を、罪数の観点から検討するようである。前訴、後訴がともに単純一罪である場合には、両者が別の行為を内容とする場合には、併合罪の関係にあり一事不再理効は及ばず、他方、常習罪が前訴または後訴またはその両者に関係する場合には、前訴の確定判決以前の行為を内容とする後訴は阻止されるとみるようであり、この意味で、罪数判断を後訴遮断の範囲を決める基準と解しているようである。ここでは、前訴、後訴ともに単純一罪を理由とする訴追であるときには、その限度で、既判力ないし一事不再理効が広く及び過ぎることから生ずる難点を回避できるが、前訴または（および）後訴に常習罪が関係する場合には、未発見・未発覚の部分にまで既判力ないし一事不再理効が広く及び、ここで検察官に無理を強いることになるという根本的な問いは全く解決されないままに残されることになる。(14)

そもそも、罪数の視点と後訴が遮断される範囲を決める視点とは同じものなのかが問われなくてはならない。一罪か併合罪かは、被告人の犯罪行為を一罪として処罰するか、別々の犯罪行為として処罰するか、という議会の意思の

解釈に関わる争点である。(15)

一罪であれば、訴追の最小限の単位であり、検察官は、実体法上の犯罪構成要件を前提に犯罪行為を公訴事実として、訴因に構成して起訴できることになるから、裁判所はその起訴の範囲で審理できることになるが、当然のことながら裁判所の審理は検察官が訴追する具体的犯罪行為との関連でなされる。そこで、例えば、住居侵入窃盗などの事案にあって、別の証拠が後から窃盗の被害物件が発見されたような場合に再度訴追が認められることになりそうだが、この場合に、後に証拠が発見されたことを理由に再訴追を認めると、一個の社会的行為から成立する犯罪が問われているのに、被告人の地位は不安定となる。一罪＝公訴事実の単一性＝後訴禁止の範囲という基準は、このような場合に、明確な基準を提供し、別の証拠が発見されたことを理由とする訴追を認めることから生ずる、分断、細切れ訴追の弊害を回避することができる利点がある点を、罪数によって後訴遮断の範囲を画すべきだとする立場は重視するのであろう。

確かにこのような一個の社会的行為からなる訴追が関係する場合には、一罪の範囲で同一の社会的事実を理由とする後訴を禁止することに重要な意義があろう。検察官は、社会的事実を同一とする範囲では、周到に捜査して一度で訴追を済ませるべきであり、遺漏なきことを期するべき責任があるからである。この視点は罪数の視点とは別である。

通常の一罪にあっては、罪数と後訴遮断の範囲とが同じであると見るべき要請が強いが、複数の異なる社会的行為から成立する犯罪行為を内容とする訴追が前訴と後訴でなされた場合には、これと同列に論ずることができない事情が存在する。

実体法上、常習罪として一罪であるという判断は、全てが判明した後訴の時点で、前訴の確定判決以前の行為か否かを基準に判断するのであるが、常習性が「被告人の属性」であるとみると、確定判決以前の行為であれ、確定判決後の行為であれ、いずれも被告人の常習性の発露であることに変わりはなく、被告人の常習性を確定判決の前後によって、分けて考察することは疑問とされようが、確定判決後の犯罪を全て不問に付すことになる結論を妥当と思う者は誰もいないであろう。刑罰は「過去の」犯罪行為に対する非難であり、新たな犯罪行為を免責するものでは全くないからである。この点では、確定判決前の行為であれ、検察官が、未発見・未発覚・未発生のために、訴追しなかった場合、前訴でその犯罪に対する非難は全く加えられていないのであり、起訴されなかった犯行まで量刑上斟酌されたか、没収の推定規定[16]の場合のように、公訴事実として掲げられていなくとも、実質的に処罰されたとみるべき事情があれば格別、そのような事情が欠けるのに、未発見・未発覚・未発生の犯罪行為も含めて全て、実体法上、常習一罪で非難の対象となったとみるのは、全くの擬制である。この点でも確定判決時ではなく、検察官が起訴した犯罪の限度でしか処罰はされていないとみるのが合理的であり、未発見や未発覚の部分については、別個の犯罪が成立するとみるべきものである。

常習性がある犯罪者はより重く処罰しようとするのが常習罪に関する法律を定めた議会の意図であるとみるのが自然であろうから、その点からすると、前訴時に、未発生・未発覚である場合には、別の処罰の対象となるというのが議会の意図であると解するのが自然ではなかろうか。黙秘するなどして発見されなかった犯行や起訴後の犯行については、被告人のその余罪について訴追できなかった事情があるのに、処罰を免れるとすることが、実体法に関する合理性のある議会の意思の解釈かは大いに疑問である。起訴されなかった犯行まで量刑上斟酌されたか没収の推定規定の場合のように実質的に処罰されたとみるべき事情がないのに、未発見・未発覚の部分を「処罰された」として扱うのは疑問である。その部分については、前訴での実体法的評価は成立して「いない」。

刑法で処罰の対象としているのは、基本的には、常習窃盗ならば常習窃盗における窃盗行為であり、それを繰り返し行っていれば、一度しか窃盗を行わなかった犯罪者と比べて非難度が強いという評価であろう。基本的には、ここの犯罪行為が非難の基礎であるが、常習性は、量刑上の評価をより重くさせる要素として、構成要件に定められているものと解することができるものであろう。一度しか犯罪行為を行っていないのに、常習性を認定するというのも行き過ぎているが、常習性が認定される以上、最初の訴追から漏れた犯罪行為については、それが、訴追時には、周到な捜査をしても未発見・未発覚であって訴追の対象とすべくもないものであっても、既に訴追された一部の犯罪行為によって「評価を受けた」ものと擬制する結論は、刑罰が過去の犯罪行為を理由に処罰するものであるという刑罰の基本との観点でも、常習性を処罰を加重する評価要素として扱っているのに、行為の犯罪性を免責する要素として扱っている点でも、議会の意思の正当な正しい解釈とみることができるのか、大いに疑問である。常習性は、犯罪行為があることを基礎に、それに量刑上、加重する要件であり、犯罪構成要件中に記載されてはいるものの、量刑に関係する要素であるとする理解も採りうるのではないか。その方が議会の意思の合理的な解釈といえるのではないかと思われる。常習罪が関係する場合に、判明しない同種事犯や事後の同種事犯に一事不再理効が及ぶことを懸念して、単純一罪による訴追しか行われないということになれば、常習罪を定めた議会の意思は、尊重されない結果となる。

後訴が阻止遮断されるか否か、その範囲はどこまでかという問いは、処罰に関する議会の意思についての解釈とは別の問題であり、どの範囲で検察官に同時訴追を求めるべきかという憲法三九条の二重危険禁止条項に関わるものである。この視点は、裁判所が後訴の時点から回顧して、前訴の確定判決以前の行為か否かを判断するという実体法的観点とは別のものである。

後訴の時点からする実体法的考察は、事後に判明した事実を前提に、回顧的に、スタティックに成されるのに対し、検察官は訴追時に、その時々に判明している事実を基礎にどの犯罪行為を訴追するかを決めなければならず、周到な捜査をしても発見できなかった犯罪行為や訴追時には発生していなかった犯罪を訴追するように求めることはできない。[17]罪数論による一罪か併合罪かを、後訴の時点で判明した事実を基礎に判断する場合と、前訴の訴追時に判明していた事実を基礎に判断する場合とでは「ずれ」が生ずる。検察官は、起訴時に判明していた事情を基礎にどの犯罪行為を訴追するかを決定せざるを得ないのであり、起訴後に、後訴で判明したところを基準に、前訴時に処罰の対象とは全くすることができなかった行為についても一罪として処罰範囲に含まれるから（後訴で）訴追し得ないというのは、検察官に無理を強いるものである。

検察官が訴追した犯罪行為が無罪となったときに、結果的に無罪となったからというので、全て責任を問うということではなく、訴追時に十分な根拠によって訴追がなされたのであれば、検察官に結果責任を問うことはできない。国家賠償などにおいてはこのような基準が採用されているところである。逮捕したが、後に犯罪者が別であることが判ったというような事案にあっても、逮捕に必要な相当理由と必要性を備え、令状によって身柄拘束をしていたという場合を考えてみると、この手続を違法ということはできない。

訴訟法上の判断は、訴追時、行為時を基準にしてなされているのであり、これを事後的に判明した事実を基礎に、前訴の確定判決以前の行為か否かという観点から判断するから、無理が生ずるのである。

一事不再理は「確定した」裁判の効力ととらえられてきており、起訴の時点に焦点を当てるのではなく、裁判が確定した時点に焦点を当てて、その確定判決に抵触するか否かを問うために、特に、常習罪が関係する場合には、本件のような問題が起こる。裁判所の確定した判断の内容的効力またはその外部的効力として後訴遮断の範囲は罪数と一致するとみる見方を採ると、行為が多数の時間と場所に跨っており、周到な捜査によっても、検察官が同時に訴追をすることがおよそ無理であった場合まで、裁判所の確定判断の効果としてその確定判決以前の行為を内容とする後訴が遮断されるとの結果が「理論的帰結」だといわれるが、このような立場を採り続けることに合理性はあるのだろうか。

(4) 憲法三九条の二重危険禁止条項と後訴遮断の範囲――同時訴追義務の範囲

憲法三九条の二重危険は、同時に訴追しうるものを細切れ訴追することから生ずる弊害を阻止しようとするものであり、裁判所の確定判決を基準に、後訴との「公訴事実の単一性」を問う「一事不再理効」を検討する立場と同じではない。[18]

英米においても、前訴の裁判所が裁判した事項について再度争う擬会を認めるべきではないという議論は、res judicata（既済事項の抗弁）として、論じられてきている。裁判所が既に判断した事項を再度蒸し返して争うことは、終わりなき裁判となり、訴訟資源の無駄使いや矛盾した判断を生ぜしめる虞を生み、関係者に多大の負担を強いるので、既判力の観点から禁止されることになる。[19] 後訴が別罪を理由とする場合でも、前訴において後訴での争点が争われ裁判所が判断したとみることができる場合には、collateral estoppel（附随的禁反言）として、後訴でその争点を再度争うことは禁止される。[20] res judicataでは、裁判所による確定した判断の権威を維持するという観点というよりも、再度の裁判により当事者に再度の負担を課すことを回避し、裁判所の訴訟経済をはかり、矛盾判断を防止する等の観点が重視される。

憲法三九条の二重危険禁止条項は、前訴で裁判所で争い裁判所が判断した範囲のみならず、それを超えて、再訴・後訴に遮断効を及ぼそうとするものであり、同条項が規律しようとするのは、実は、検察官の訴追裁量である。[21]

一度で訴追することができる犯罪行為、一度で訴追すべき犯罪行為を、分断訴追することによって細切れ訴追を行い、再度被告人を刑事裁判に巻き込み、社会的・経済的・心理的負担を再度課し、刑事裁判を圧政目的や嫌がらせ目的で利用させないようにし、刑事裁判が正義を実現するためのものであると同時に自由への干渉を最小限度のものに止めるようにするという目的を実現しようとするものである。(22) 全く同じ行為を再度問題にすれば、無辜を有罪とする危険も高める。二重危険禁止条項が同一犯罪行為について再度の裁判を阻止しようとするのはこのような視点からである。裁判所の判断があったことは、再度の訴追、後訴の阻止を考える契機の一つであるのに止まる。(23)

政府と市民の関係についての憲法上採られている利益のバランスに照らしてみると、市民の行為への政府の干渉は、必要最小限のものに止めなければならないこととなる。憲法三三条、三五条、三八条一項、三九条の二重危険禁止条項などがこの考え方を示すものであり、この観点からすると、裁判所が判断しなかった犯罪行為でも、一度で訴追すべき要請が働いている範囲に入るものであれば、再度の訴追、後訴は許されない。

常習罪に関係する訴追で問われるべきは、既判力（＝裁判所力）の範囲ではなく、同時訴追義務の範囲、その義務違反の有無であり、別言すれば、自由の保障が関係する場合には、必要最小限度の負担で刑事裁判を終えなければならず、嫌がらせや圧政目的での刑事裁判の利用が許されてはならないという観点から、後訴が阻止される範囲である。前訴と後訴の罪が同じ犯罪であれば二重処罰の問題も関係するが、前訴または後訴またはその双方が前訴の確定判決前の、別個の社会的行為を内容とする常習罪である場合には、前述のように、実体法上も前訴では処罰の対象となっていない犯罪行為の訴追であり、憲法上も、議会の意思解釈上も、二重処罰には当たらないとみるべきものである。

同時訴追義務の考え方に対しては、高松高等裁判所がいうような、罪数との結びつきを断ち切ると基準が不明確になるという議論(24)がなされるが、果たしてそうだろうか。

時間も場所も異なる多数の犯罪行為を一纏めにして、常習罪という構成要件で一括りとしている場合、未発覚・未発見の部分は生ずる可能性がある。各都道府県単位での警察を中心に捜査がなされているところでも、また、同一都府県の場合でも、被告人が取調で供述しなければ、被害届と被告人の行為を結びつける情報が共有されていれば格別、そのような体制を欠くところでは、起訴時には発覚せず、起訴後や判決確定後に発覚することがある。ましてや、起訴後に被告人がさらに行った犯行については起訴時には判明のしようがない犯罪である。(25) 被告人が黙秘していたため、同時訴追ができなかった場合は、それを知らなかったことについて、捜査・訴追機関の側に過失があったとは扱えない類型である。周到な捜査をしても発見できなかった場合を基準とすると、さまざまな要因を勘案せざるを得なくなり、基準たり得ないとみるのは、誇張であろう。

社会的に一個の行為しか問題となっていない場合には、一度での訴追が義務づけられるのが本来であり、他方、多数の時間と場所に跨る犯罪の場合には、同時に訴追できたか否かという事情は勘案せざるを得ないものであろう。

複数の、既に判明している同種犯罪行為について、前訴・後訴でともに単純一罪で訴追すれば、前訴時に同時に訴追できる場合でも、同時に訴追すべき要請は働かず、何度でも訴追ができるとみるのは便宜的に過ぎる。また、一連の社会的行為であり、通常、捜査の過程で双方の実体法上の行為が判明する関係にあるのが通常なのに、実体法上の評価として併合罪であるから、複数の訴追が認められてよいというのは妥当であるとは思われない。実体法上の評価としては二罪でも、訴追上は同時訴追が義務づけられるとみるべき場合があろう。(26)

複数の犯罪の併合は、悪性立証の危険があり、望ましくないという見解もありうるが、裁判官による審理の場合にはこの点を心配する必要はなく、陪審制や裁判員の場合でも適切な説示と組み合わせて対処できるとみるべきものであろう。訴追の強制的併合により、被告人への最小限の負担で刑事手続を運用する必要が重視されるべきである。(27)

併合罪であっても、一度で済ませることができるのであれば、複数回にわたって訴追すべきではない。細切れ訴追は、被告人への必要最小限度の負担で刑事手続を運用すべきであり、嫌がらせや圧政目的での訴追を利用してはならないという二重危険禁止条項の要請に反する。

以上のように、罪数は、訴追を一度で行うべきか否かという要請とは別個のものであり、一罪であるから後に発見された行為を理由とする訴追は常に許されず、また、併合罪であるから後の訴追は常に許されるという関係にはない。罪数と二重危険とは別個の観点から考察されるべきものである。

三　おわりに——展望と期待

再訴遮断・後訴遮断の問題を、裁判の効力の問題としてとらえ、既判力、一事不再理というタームで、訴因の形式で示された公訴事実範囲、訴因変更が許される範囲、一罪の範囲、再訴（後訴）遮断の範囲を、全て同じ基準で考える立場が主張されてきているが、後訴遮断の範囲に関しては、日本国憲法三九条の採る基本的立場を踏まえた議論が展開されなければならない。

複数の社会的行為が関係する場合には、後訴の公訴事実を前訴で訴追するのが無理であったとみることができる事情が存在する場合はあり、前訴で一緒に訴追しなかったことに過失がなかったのかが問われるべきことになる。基準が不明確になるという議論は、一般的に過ぎる。他方、併合罪であれば常に分断訴追することを認めるというのも便宜的に過ぎる。この場合にも類型的に同時訴追が可能かどうか、その例外に当たることを正当とする事情があるのかを検討すべきである。

一罪か否かで後訴が許されるか否かを決める議論は、罪数の問題と再訴追・後訴遮断の問題を混同しているとともに、社会への干渉の程度を最小限度に止めて訴追活動を展開することを求める日本国憲法三九条の要請にも合致しない場合を生む。裁判所の判断権限の尊重という視点及び罪数の視点と、検察官の訴追に関する二重危険禁止条項の観点からの規律の視点はそれぞれ異なっている。常習罪が関係する類型で逢着する、罪数と後訴遮断の範囲を同じとみるところから生ずる困難は、その前提に抜本的な検討を加えない限り、繰り返されるであろうが、日本国憲法三九条の趣旨に従った素直な解決をすれば解消されるものである。

（1）最（三小）判平一五年一〇月七日刑集五七巻九号一〇〇二頁。

（2）高松高判昭五九年一月二四日判時一一三六号一五八頁。

（3）横井大三「常習累犯窃盗の一部たる単純窃盗の確定判決の既判力」『刑事裁判例ノート（4）』（有斐閣）（一九七二年）二四四頁、押切靱雄「大泥棒法網を潜る」判タ五三二号（一九八四年）六九頁、柳俊夫「常習特殊窃盗罪の一部とみられる単純窃盗の確定判決の効力等」研修四三八号（一九八四年）五九頁、古田佑紀「罪数論の功罪」判タ五三五号（一九八四年）七七頁、井上宏「刑事判例研究」警察学論集五五巻一一号（一九九八年）一八二頁、尾崎道明「刑事判例研究」警察学論集五一巻八号（一九九八年）二一四頁、小池健治「新判例解説」研修六五〇号（二〇〇二年）三三頁ほか。

（4）後述の本文及び引用文献から明らかなように、公訴事実＝offence charged（検察官が起訴した事実）、訴因、罪数、後訴遮断の範囲、のそれぞれの横能を分析して、公訴事実と罪数と再訴・公訴遮断の範囲はそれぞれ別の観点から検討されるべき問題であり、これらを同一の基準で決めることは妥当でないことを最も早くから指摘されてきたのは渥美東洋教授である。本章もこの見解を基礎に検討している。

（5）なお、本判例の解説として、判タ一一三九号五七頁、判時一八四三号三頁参照。一部、関連文献もここで引用されているので、併せて参照されたい。

（6）なお、判例では、告知・聴聞を受ける権利は憲法三一条により保障されるとする（第三者所有物没収事件・最大判昭三七年一一月二八日刑集一六巻一一号一五九二頁）。

（7）渥美東洋編『基本判例解説刑事訴訟法〔三訂版〕』（三嶺書房）（一九九六年）掲載の諸判例とその解説を参照。最判昭四六年六月二二日刑集二五巻四号五八八頁、最判昭二九年八月二〇日刑集八巻八号一二四九頁、最決昭四〇年一二月二四日刑集一九巻九号八二七頁ほか参照。なお、渥美東洋『刑事訴訟法〔新版補訂〕』（有斐閣）（二〇〇一年）三二四頁以下参照。

（8）憲法に全く言及せずに、現行法の明文規定との関連が必ずしも明確ではない概念を基礎に論ずる議論の在り方は、司法部の役割の観点からも、問われるところであろう。

（9）判例は、解決されるべき具体的事例について判断するものであり、抽象的に過ぎる一般理論を立てるものではない。判例をあまりに一般化して、訴因に関する判例を、視点も機能も全く異なる再訴遮断に関する判断として引用するのは、訴因と公訴事実に関する判断の意義を失わせかねない危険を持つ。判例が判断した具体事実またはその類型と争点を考慮せずに、全ての場合に適用できる「理論」を示したものとみるのは、判例の機能と限界を超えた理解を求めるものであろう。

（10）団藤重光『新刑事訴訟法綱要〔七訂版〕』（創文社）（一九六七年）一四八、三一一頁。

（11）渥美東洋編『米国刑事判例の動向Ⅰ』（中央大学出版部）（一九八九年）、中野目善則「検察官上訴と二重危険」比較法雑誌一七巻一号（一九八三年）四九頁、本書一、三頁、渥美東洋「いわゆる余罪と二重危険禁止の原則」比較法雑誌一七巻四号（一九八四年）一七頁、中野目善則「常習罪と後訴遮断の範囲」法学新報九二巻一〇・一一・一二号（一九八六年）二三頁、本書一七三頁、中野目善則「検察官の裁量と二重危険禁止条項」法学新報九六巻一・二号（一九八九年）一八七頁、本書二二七頁、中野目善則「二重危険の原理――罪数と二重危険禁止条項の『関係』を中心に」刑法雑誌三一巻四号（一九九一年）四三七頁、本書二四九頁、中野目善則「アメリカ合衆国憲法第五修正の二重危険禁止条項に関する最近の動向――再訴遮断の範囲をめぐって」法学新報一〇三巻一〇号（一九九七年）三七頁、本書一三三頁。

（12）渥美東洋編『米国刑事判例の動向Ⅰ』、中野目善則「常習罪と後訴遮断の範囲」、中野目善則「検察官の裁量と二重危険禁止条項」、中野目善則「二重危険の原理」、中野目善則「アメリカ合衆国憲法第五修正の二重危険禁止条項に関する最近の動向――再訴遮断の範囲をめぐって」、松田龍彦「一訴追の範囲・一罪の範囲と訴追濫用の抑制――最高裁判例の検討を題材として」法学新報一一一巻三・四号（二〇〇四年）三〇七頁等を参照。なお、異なる立場に立つものの、同時訴追の可能性に言及または考慮すべきだとするのは、宇藤崇「常習特殊窃盗と一事不再理の効力」ジュリスト一二六九号（二〇〇四年）二〇二―二〇三頁。長沼範良「一事不再理効の範囲」別冊ジュリスト一七四号（一九五九年）二〇四頁、二〇五頁も同旨か。前掲注（3）を併せて参照。

（13）渥美東洋『刑事訴訟法要諦』（中央大学出版部）（一九七四年）二五一頁、渥美東洋『刑事訴訟法〔新版補訂〕』（有斐閣）二五五、三〇七頁以下。

（14）常習「特殊」窃盗の場合には、特殊窃盗の手口の類似性等の立証での困難・難易等が関係し、常習特殊窃盗の点について事実の点で立証を要するので、前訴・後訴共に単純一罪で訴追されたときには、単純一罪のみによる訴追として扱うべきだとする法廷意見の立場にも一応の説得力はあるが、数個の同種窃盗行為の反覆の事実が複数の単純一罪の訴追で示され、そこから一事不再理との関連で常習性を「法的評価」の問題として裁判所が認定しうる可能性は残るだろう（なお、谷村充裕「常習犯罪における常習性の認定」判タ七一一号（一九九〇年）五四頁参照）。罪名についても、検察官の起訴がなければ、より大きな犯罪を認定できないとして、前訴・後訴共に単純一罪であるときには、訴因に拘束力を認める考え方に立つのであれば、今後は単純一罪の起訴により、広すぎる一事不再理効の問題を回避することになろう。その結果、常習罪であることが判っていても常習罪として訴追せず、常習罪は使われない傾向を生むだろう。

（15）前掲注（12）の文献を参照。なお、渥美東洋『刑事訴訟法要諦』、渥美東洋『刑事訴訟法〔新版〕』（有斐閣）を併せて参照。

（16）麻薬特例法（国際的な協力の下に規制薬物に係る不正行為を助長する行為等の防止をはかるための麻薬及び向精神薬取締法等の特例等に関する法律）一四条参照。

（17）古田佑紀「罪数論の功罪」同旨。起訴時を基準とすべき考え方を説くものに、栗原宏武「常習犯の罪数と公訴の効力および既判力の及ぶ範囲（上）（下）」判タ六五〇号（一九九八年）六五一号四六、四八頁、七八頁。

（18）前掲注（11）および（13）の文献を参照。

（19）*See e.g.*, Note, ***Developments in The Law Res Judicata***, 65 Harv. L. Rev. 818, 827–828 (1952).

（20）田口守一「アメリカ合衆国における副次的禁反言の原則」早大大学院法研論集一〇号（一九七四年）六一頁（後に同『刑事裁判の拘束力』（成文堂）（一九八〇年）に所収）、および前掲注（11）の文献を参照。

（21）前掲注（11）の文献を参照。特に、中野目善則「常習罪と後訴遮断の範囲」、中野目善則「検察官の裁量と二重危険禁止条項」。

(22) 前掲注 (11) の文献を参照。
(23) 公訴権濫用論で規律すればよいという考え方もあり得るであろうが、公訴権濫用は、公訴権の行使自体が職務犯罪を構成するような例外的な場合に限られ、実際上ほとんど規律を及ぼすことができず、これを再訴追や後訴の是非が関係する分野で展開すれば、再訴追に関する大きすぎる裁量を検察官に与えてしまうこととなる。
(24) 高松高判昭和五九年一月二四日は、「訴追の事実上の不能の場合に既判力が及んでこないとすると、その例外的基準を具体的に定立すること自体が甚だ困難であるうえ、仮に基準が設けられても、それを具体的に適用するにあたって一層の困難を招来せざるを得ない。すなわち、当該犯行及びそれと被告人とを結びつける証拠が捜査官側にどの程度判明していたか、又知り得る可能性があったかを中心に、被告人の前科、生活歴、事件に対する供述の程度、共犯者の有無及びその役割、被害の裏付の程度、時期、犯行の場所、捜査の態勢等幾多の事情を探究し総合し、右基準に適合するか否かを判断しなければならないのであって、かくては既判力制度の画一性を害し、被告人の立場を不安定ならしめることになる。」と判示する。
(25) 第一審判決時まで訴因の追加を認めることによって対処する妥協案（木谷明＝野島秀夫「常習一罪等に関する既判力（一事不再理効）の時間的限界及び二重起訴の成否について」判タ六二七号（一九八七年）一五頁）も示されているが、訴因は最大限主張であり、追加されるのは内容的には全く別個の行為である点からも、本来は訴因の追加として許されるものとは性質の異なるものであり、別訴を提起したものを併合する妥協案の性格を持つ。問題の本質は、訴因の変更・追加にではなく、後訴が許されるか否かにある。また、上訴審での追加を認めるのは上訴審の法律審としての性格に照らし疑問である。
(26) 一九五六年模範刑法典§1. 08 (2)、連邦刑法典草案§703等、中野目善則「アメリカ合衆国憲法第五修正の二重危険禁止条項に関する最近の動向――再訴遮断の範囲をめぐって」七五頁、本書一三九頁を参照。検察官が知らなかった場合や正義の要請から公判を分離しなければならない場合、手続が異なり併合して訴追することができない場合などは、例外を成すことになろう。同種事犯の場合や同じ目的による犯行の場合には、同時に訴追し、訴追を併合することに対する障碍は少ないかほとんどないであろう。
　観点は異なるが、早くから併合罪の場合にも一事不再理効が働くことを指摘した見解として、斉藤朔郎『刑事訴訟論集』(有斐閣)（一九六五年）一四一頁、青柳文雄『五訂版・刑事訴訟法通論（下）』（立花書房）（一九七六年）四九〇頁。

　本件の場合、検察官が「知ってはいた」が捜査を進めず放置していた事情があり、この場合、検察官に十分な捜査をしなかった落ち度があるとみるべきではないか。もっとも、併合罪の場合でも、同時訴追が求められるという見方は、判例上一般化していないので、新判断を下した場合に、その判断に遡及効なしという取扱いはあり得るであろう。

(27) 中野目善則「アメリカ合衆国憲法第五修正の二重危険禁止条項に関する最近の動向」。

第八章　ミルジャン・ダマシュカ『裁判と国家の権威の諸様相——法過程への比較によるアプローチ』

一　はじめに——本書の視点、アプローチの方法

ここに紹介する本書は、世界各国の裁判を運用する多様な法制度の類似点と相違点を理解するのに適切な概念枠組を解明しようとする意図で執筆されたものである。

本書は、従来の英米法、大陸法という見方とは異なるアプローチによるが、その理由は、英米法、大陸法という概念は核心から離れるとその意味が明らかではなく、また、現実の歴史上の法制度を意味するものとして用いると、その「例」を示すことができるに過ぎず、各手続、制度の明確な構成要素を明らかにできないからであり、さらには、西欧を越えて分析を展開するには限界があるからである。また、本書は、マルクシズムの立場にもよらない。マルクシズムの立場から「生産様式」に応じて、封建社会、資本主義、社会主義の形態に裁判を分類するアプローチも、社会経済学的環境が異なるカテゴリーに属するのに顕著に類似した手続の型がみられ、また、同一のカテゴリーである

のに、非常に異なる型がみられる理由を解明できないからである。コモン・ローも大陸法も、同じく封建社会から生じ、また、この二つの法体系は資本主義の国々を分けて続けており、さらに、ヨーロッパの社会主義の法制度では、大陸法との強い類似性を示しているのである。

本書は、多様な裁判制度に価値的評価を加える「哲学的」アプローチによらずに、「没価値的」に裁判制度を分析する「社会学的」アプローチによっている。ダマシュカ教授は歴史上の裁判形態や現実に存在する裁判形態を基礎にしながらも、歴史上の、また、現に存在する裁判形態の特徴を分析できる概念を立てる必要があるとする立場から、実際の歴史とは切り離された、政治的要因を重視した「理念型」を用いて分析する手法によっている。

本書では、政治と裁判の関係を探るアプローチに立って、1、政府の構造、より具体的には手続的権威の性格の観点と、2、政府の正当な機能、より具体的には司法運用の目的の観点の、二つの観点から裁判制度を分析している。

二　権威の組織　オフィシャルの二つの理念型――階層型と調整型

本書は、国家のオフィシャルの在り方により法過程（法的手続 legal process）に生ずる諸特徴を、1、オフィシャルの属性（専門化された常任のオフィシャルか、訓練されていない一時的オフィシャルか）、2、彼等の関係（上命下服の関係か、一元的に組織されているか）、3、彼等が判断（意志決定）を行う様式（技術的基準によるか、共同体の基準によるか）、の三つの観点から検討し、権威の構造について階層型（上意下達型 hierachical ideal）と、調整型（coordinate ideal）の二つの場合を検討する。前者は、古典的官僚制概念に対応するもので、専門家からなる一団のオフィシャルが階層型に組織化され、判断を技術的基準に従って行うものであり、後者は、確立された理論には類推できるものがないが、一段の専門家ではない判断者がおり、彼等は単一のレヴェルの権威（権限）に組織化され、共同体の基準とは区別されていない基準を適用して判断を行う型である。

（1）　階層型と調整型の各特徴

A　階層型の特徴は次のようなものである。

（i）　常任のオフィシャルがおり、「部内者」と「部外者」との間に厳格な線を設け、判断への部外者の参加を排除しようとすること。――オフィシャルの排他性。

（ii）　長期間職務にあることで、職務の定型的処理（routinizaion）と専門化が生じ、事件の個別的事情を重視した個別的正義は考慮されなくなること。

（iii）　職務とその職務担当者が分離し、制度上の要請を第一と考える思考を促進すること。判決は、非個人的実在（a curia）の宣言とされる。判決はその意見が統一され、判決以前の内部の反対は無効とされる。

（iv）　厳格な階層型の秩序構成が採られていること。オフィシャルの権限は断層構造を成し、異なる地位にあるオフィシャルには大きな不平等がある。同一ランクのオフィシャルは平等で、ここでの争いの、調整と妥協による解決は認められず、共通の上司の判断が要る。調整による解決は権威の頂点での争いに限定される。権威の階層を成り立たせているのは、強力な秩序の感覚と統一性への希望である。権限の委任はあるが、上級者の審査がある。審査できない権限を広範に下級の者に与えると権限構造全体を支える前提を損なう。この意味で、オフィシャルの裁量は呪うべきものである。頂点の判断者は下級の者よりも少数なので、上司の審査は限定された事項に限られ、容易に真偽を確かめられるものであることが望ましく、下級の者は判断事項の複雑さを様式的にすることを求められる。より高位のオフィシャルは下位の者が準備又は編集した現実に直面するだけであり、階層の上位に行けば行くほどその事件の「衡平」の側面を無視することが容易になり、下級の者の判断の一貫性に意を用いることができる。

(v) 判断に用いられる基準が技術的であること。技術的判断には基本的に、技術主義的立場(techonocratic orientation)と法律主義的(legalistic)アプローチの二つのアプローチがある。前者は、オフィシャルが、幾つかの選択肢から、結果からみて最良の方法を選択する場合であり、後者は、伝統的な司法機構に広くみられるもので、オフィシャルは、ある規範に具体的に示された事実が認定された場合には、ある特定の判断をするというものであり、技術主義的立場とは異なり、望ましい結果の達成は独立の正当根拠ではなく、判断の正しさは、適用基準に忠実か否かという観点から評価される。

法律主義にはそのヴァリエイションとして、プラグマティック・リーガリズム(実際的法律主義)とロジカル・リーガリズム(論理的法律主義)の二つがある。前者では、具体的事実を重視して判断がなされ、判断のパラダイムは、具体的生活状況をどのように取り扱うべきかという例の形で示される。判断者は、判断すべき事件を標準例と比較して判断する。類似性が強ければ強いほど、基準の指導力は強く、具体的事実状況の比較的僅かな変化があれば、基準は一部分だけ適用される。ここでは微妙な区別をする技術が特徴を成す。後者は、秩序づけを行う包括的な制度の一部を成すもので、具体的事情からより離れたより一般的な基準を用いる。ここでは、相互に関連する原理とルールのネットワークが作られる傾向があり、事件の多くの具体的側面を考慮に入れた「個別化された正義」よりも、諸事件の判断の一貫性の方が重視される。プラグマティック・リーガリズムは、詳細な事実を重視するため、上級者による包括的審査に馴染まず、階層的秩序づけと衝突する。階層的組織では、高官のロジカル・リーガリズムに拠る態度が基調を成す。

B　調整型の特徴は次のような諸点にある。

(i)　オフィシャルとその判断の態度を、それ以外の社会から切り離す鋭い明確な線はほとんどなく、権力は素人に委ねられ、素人が特別な目的のために又はある制限された時間だけ権威的機能を果たすことを求められる。ここではオフィシャルの排他性や専門化に関連する、職務の定型的処理や、個人としての態度とオフィシャルとしての態度の分離といった階層型の特徴は欠ける。調整型での専門家の役割は、「経験のない」判断者を補助し、彼に情報を提供し、一貫性を維持することにある。

(ii)　権威（権限）の水平的配分（配置）。調整型では、大雑把にみれば平等な素人たるオフィシャルの間に、権威（権限）を広範に配分する。ここでの統一性をもたらすものは、相互性である。コモン・ローとエクィティの関係のように、双方が平等の立場にあり、一方が他方の努力を容易に挫折させることができるので、報復の恐れが生じ、その結果、相互の調整と協力が生まれる。この相互性の恐怖が凝集力となっており、これが、階層型での、上級者の命令、判断に服従する義務にとって代わる。ここで判断の一貫性と予測可能性を維持する方法は、任意な調整と融和である。階層型では、一貫性が重視されるが、調整型では事件の個別的事情が重視されるので微妙な区別がされ多様な処理が正当化される。調整型では判断の不一致を許し、かなりの程度の不確かさを許容し、階層型よりも容易にこれを認める。階層型では、専門化の結果、機能が分化し、厳格な縦への秩序づけの結果、権限が頂点で融合するのに対し、調整型では、専門化が「生じていない」ために機能は融合し、権威は水平的に配分されているために広範な権限の分散がその特徴をなす。さらに、裁判所組織内での権威の分散の結果、ジュリスディクションは重複し、機能の融合の結果、行政と立法と厳格な意味での司法活動が融合することになる。

(iii)　substantive justice が採られていること。調整型では、オフィシャルは、一般社会で広く行き亙っている倫理的、政治的又は宗教的規範、つまり、コモン・センス（共通の意識）によって判断することを求められる。これをsubstantive justice（実在する価値基準に照らした裁判・正義）と呼ぶ。「技術的」アプローチは望ましくないものとされる。substantive justice の基準は閉じられておらず、規定に定められたルールには社会の価値基準を完全には体現させることができない。substantive justice の概念を法典化しようとした規定は「合理的」とか「公正な」といった共同体の基準を仄めかす曖昧な用語が用いられる。調整型の構造で法律主義を採用せざるを得ない場合には、ロジカル・リーガリズムではなく、プラグマティック・リーガリズムが採用される。調整型の裁判組織では、階層秩序での上級者の監督がないので、オフィシャルの裁量が本質的に伴う。

歴史的にみた場合、この二つの型はヨーロッパ大陸の裁判組織（階層型）と英米の裁判組織（調整型）の顕著な相違をよくとらえている。

(2)　階層型のオフィシャルの前での手続と調整型のオフィシャルの前での手続の特徴

階層型の権威にはそれに相応する階層型手続があり、調整型の権威にはそれに相応する調整型の手続がある。この二つの型は、刑事、民事、及び行政手続を通じて適用することができ、糺問手続と判断者の前での論争手続の区別には関係がない。手続を運用する権威の構造と法過程は密接な関係がある。またオフィシャルの性質もここで問題となる。

A　階層型の手続の特徴は次のような諸点にある。

(i)　秩序立った継続的手続。手続は幾つかの段階から成り機能分化に馴染むので、証拠の収集、公判、上訴審の審査というように、各段階での下準備の作業が段階を追って秩序立って進められる。公判は幾つかの段階のうちの一つにすぎず、全体を示すものではない。

(ii)　通常、上級者による審査があること。この上級審・上級者による審査は、最初の判断後に通常予定されている点で、調整型での上級審による審査が例外的であるのと異なる。ソヴィエトにおけるように、当事者の上訴がなくとも、上級審が職権で審査を行うこともできる。極東では、最初の判断は判決の草案にすぎず、上級者だけが終局性のある判決を宣告ができるとする制度もある。上訴審の審査が通常であるところでは、最上級の権威の判断があるまで最初の判決の執行は延期されるのが普通のこととなる。調整型では、最初の判決は終局的なものと推定されるが、階層型では上訴審に係属中に最初の判断者にその判断の執行停止を明示して求める必要はない。階層型では、上級者の監督が終了するまでは、既済事項の抗弁（res judicata）（既判力）は発生しないからである。上訴審による審査は、包括的で、事実、法、論理の全ての点に審査が及び、誤りが正される。上級審による広範な審査がなされるところでは、下級の権威は、判断対象と判断の理由を正確に述べなければ、叱責と破棄の理由となる。下級のオフィシャルが判断を下すとそこでの手続は終了し、彼の判断の是正は組織の上級者だけが行える。判決の破棄や訂正は、判決時に瑕疵がなくとも、上訴で変更されることがあり、上訴係属中に新証拠が発見されれば上訴審がこれを審査する。誤りがみつかれば叱責する方法が上級審にある。このような懲戒権があるので、階層型では、オフィシャルの違法行為抑制のために費用のかかる破棄に訴える必要は調整型よりも少ない。階層型では、第一審の認定は仮のものに過ぎず、上級審は「品質管理」者の立場に立つ。

(iii)　一件書類。多段階からなる階層型の手続では、各部分を意味のある全体に纏める機構が必要である。さまざまなオフィシャルが長期に亙って集めた資料は判決のために集められ、さらに上級者の審査のために保存される。一件書類にない文書はオフィシャルが自己の行為の基礎にする文書ではない。一件書類は階層型の手続を支え統合する必須の機構である。階層秩序の頂点にある者が、下で判断された事件の詳細な事実に埋もれるわけにはいかないので、一件書類は、可能であれば常に簡潔な要約となり、迅速な処理ができるように、標準化された手順に従って作られる。この「冷たい」一件書類に基づいて判断が下される。ここでは経験がかなり薄められ論理分析を行いやすくなり、階層秩序を上れば上るほど、三段論法による判断とロジカル・リーガリズムによる判断に魅せられやすくなる。

(iv) 分割型の公判。階層型では、断続的に公判が行われ次第に資料が集められるという分割型のスタイルを採る。官僚組織は、不意打ちやショック等が生ずる集中型の公判を好まず、また、上訴審の審査が通常あるので、調整型のように公判を集中して行っても意味がない。

(v) オフィシャルによる手続の排他性。階層型のオフィシャルは部内者と部外者の領域を鋭く分けるので、訴訟行為を独占しようとし、手続段階に属する行為の外部の者への委任は責任の放棄とされる。調整型と異なり、弁護士会のメンバーが法的手続でさまざまの機能を担うことを否定され、また、一部は私的地位で一部はオフィシャルとしての地位であるといったような曖昧な機能を果たす地位（私的アターニー・ジェネラル）は認められない。弁護士による証人尋問などの訴訟に関係する私的行為は一般に抑制される。私的利益によりあまりに汚染されているので信用性がないとみられる。階層構造の法的手続では、オフィシャルが訴訟行為の一部として自分で行った行為であるか、オフィシャルの面前で、オフィシャルの直接の監督下で行った行為が、階層構造の手続の一部を成すものとされ、オフィシャルがいないところでなされた行為はこの階層構造の手続の一部を構成しない。

(vi) ロジカル・リーガリズムの精神の支配と詳細な手続規則。階層型ではロジカル・リーガリズムの精神が支配し、法的手続は、内的に一貫した厳格なルールのネットワークから成る。現実には、命令的でなく指示的なガイドラインがあり、さらには、規律が加えられていない事項もあり、オフィシャルの裁量の余地を否定できないが、それは仕方がない場合に限られる。大陸法は民事についても刑事についても、非常に周到な証拠規則を発展させてきており、証拠の評価を判断者の自由な評価に委ねていない。大陸では「自由心証主義」がいわれるがこれは本当は自由ではない。階層型の手続では、公判裁判官は事実認定の正当化を求められ、その理由づけの説得力が上級審により審査を受ける。

B　調整型の手続の特徴は次のような諸点にある。

（i）集中型の手続。証拠の収集、検討、及び保存という準備作業を担う専門化された裁判所のオフィシャルはいない。また公判は判断（審理）を行う最初の手続であり、終局性が推定される。公判が法的手続の全体を現す。

（ii）一段階で判断が行われること。水平的裁判機構では、判断者に再考を求める申立てがある。また、自己に不利益な判断が下されてもほぼ同一の争点を別のオフィシャルの前に提起して、最初の判断の効果を無効とするように求めることができる。

判断の正確さを確保する手続が判断に「先だって」遵守されたか否かが重視され、手続上の誤りにより公判は無効となり手続が新たに始められる（ミストライアルの場合）。

最初の判断者による判決の宣告で法的手続は終了する。上訴審による審査は例外的で、独立の手続を構成する。そこで、最初の判決は既済事項（res judicata）となり、その執行が許され、無罪の審査は、最初の手続の継続ではなく、二重危険に当たる。さらに有罪破棄後の new trial は、独立の新たな手続とされる。したがって、再度の量刑で裁判所は最初の刑で執行を終えた時間を被告人の刑期から差し引く必要がない（これが一九六九年のピアス事件までのアメリカでの支配的実務であった)。

この基本的には調整型の制度で判決への異議申立てができるのは、裁判の正当根拠(ジュリスティクション)を欠く場合である。上訴審の審査は限定されているので、最初の判断者はその認定の明確かつ広範な正当根拠を示すことを義務づけられず、断片的で結論だけを示した理由で通常は十分である。上訴での審査は、間接的で、理由が付された判断の適切さを直接検討するのではなく、合理的な判断者であれば、上訴人が攻撃する結果に到達できたか否かを検討する。上訴は補助的で、上訴係属中でも、最初の判断者が自己の判断の変更を求められることはありうる。また、上訴期限徒過前の新証拠の発見は、上訴理由ではなく、最初の判断者による再考を求める理由となる。上訴権はデュー・プロセスの中心的権利ではない。上訴をするには公判裁判所か上訴審の許可を得なければならない。

(iii) 口頭での意思伝達と生の証言への依拠。調整型では、一件記録に相当するものはない。上級者の審査のために記録を保存する必要はないので、一件記録の必要はなく、また、一時的に職務を担う素人からなる組織では、書面による記録は好まれず、生の証言が好まれる。

(iv) 集中型の公判。公判は、集中して行われる。法廷(day-in-count)では興奮とドラマがあり、不意打ちと予測できないどんでん返しが起こる。

(v) 判断者は事件の事実について知らず、次第に出来事が明らかにされていく。判断者は傍聴している一般公衆と同様に情報を告げられ、説得を受ける必要がある。

(vi) 素人のオフィシャルはオフィシャルの支配領域と私人の支配領域との間に厳格な線を引かない。階層型の制度であれば官僚の排他的な機能とされる行為が法律家に委ねられる。例えば、アメリカの弁護士は、召喚状を発して、宣誓証言調書(deposition)をとることができ、地方のシェリフに援助するように命ずることができ、裁判官が署名する命令と判決の下書きを準備することさえある。国家の政策を執行する仕事を私人が担うこともあり、イングランドやオーストラリアの relator action（代行訴訟）や、アメリカの私的アターニー・ジェネラルがこれであり、また、アミカス・キューリエも助けになるものとして歓迎される。

(vii) 当事者の役割。調整型では、公判に必要な資料の準備を私的当事者に依拠するようになってきている。オフィシャルの調査官がいないので、それ以外に方法はなく、判断者は準備をしていないので、当事者は、公判で、収集した証拠の提出において重要な機能を担う。

(viii) ルールの性質。調整型では当事者の訴訟活動を規律する複雑な技術的ルールがあるが、このようなルールは訴訟手続に法律専門家たる弁護人が関与したために生じた。実務と証拠に関するこのルールは階層型と異なり、厳格なものではなく、手続を主宰するオフィシャルがその状況下でそのルールを執行しないことが最良であると考えればその執行を拒否することができ、技術的規範が、一般民衆の価値観や倫理感が手続に影響を及ぼすのを阻止することはない。手続を主宰するオフィシャルには巨大な固有の権限があり、このオフィシャルの裁量が調整型の特徴を成す。

以上の、手続に関与する権威の組織と、手続の目的には、必然的関係はない。階層型は論争型とも非論争型とも結びつけることができるものであり、調整型も同様である。

三　国家の二つの型と法的手続の目的の観点からの分析

法的手続は国家の性質・機能による影響を受ける。国家には、二つの型がある。一つは、国家が社会を管理・統制する型であり、他方は国家が社会の相互作用の枠組を提供するにすぎない型である。この両極端の型の間にはさまざまのヴァライァティがある。本書では、介入主義の政治理論の中でも、広範なプログラムを政府が持ち、政府が社会生活のあらゆる領域に浸透することが許されるという立場と、制限された政府をよしとするイデオロギーの中で、国家の役割を社会均衡の維持だけに限定する立場を取り上げる。前者を能動的・積極国家（activist state）と呼び、後者を受動的国家（reactive state）と呼ぶ。

(1) 受動的国家

A 受動的国家の意味・機能・役割。受動的国家の任務は市民が自ら選択した目標の追求を支持する枠組を提供することに限定される。社会と個人の利益と別個の利益が国家にあるという観念は入れる余地がない。国家固有の問題はなく、社会の問題と個人の問題があるだけである。国家の役割は、秩序を保護し、市民自身の間では解決できない紛争を解決する場所・法廷（forum）を提供することにある。秩序の保護とは紛争の解決を意味する。国家の機能は「(私人や社会の利益を) 代わって主張すること」にあり、国家は、理想的には個人または市民のグループによって主張されるべき利益の保護のためにだけ活動する。国家から分離された市民社会が政治的行為の中心であり、市民社会では、自己の生活を決める主権は個人にある。ここでは国家はよき社会についての理論を持たないので、個人やグループ間で争いが生じた場合には、中立的な立場を採ることができる。受動的国家とはまずもって判断機関のことをいう。それ以外の活動は、紛争解決の延長であり、紛争解決に附随する副次的なものである。ここでは司法部が唯一の政府の部門となる。

B 受動的国家の法の特質。政府が社会のメンバーによる自己規律を賞賛するところでは、法を生ぜしめる主たる原因は国家の外にあるかまたは国家を「超えるところ」にある。個人の好みが支配的なところでは、規範創造に最適の方法は、さまざまのタイプの合意、契約、及び約束である。だが、法が不要であることにはならない。紛争を引き起こす行為が予測できないこともあるしまた現実に合意が先行していなければ個人は行為できないとすれば、あまりに制約が大きすぎる。紛争が予想されるときでも、合意の文言は不明確で、曖昧であり、不確かな部分や解釈の相違が残る。しかし、国家法の基調は市民が実体的に何をなすべきかを宣言することではなく、合意を拘束力があるものとし執行できるものとする手続を定めることにある。ここでは社会的期待を把握してそれが定義される。国家法は全て、「仮定的」契約または「模範」契約とみなされる。実際の契約の代りを成すものであるから、原理上、個人及びグループの実際の私的合意により修正される。このような、当事者の意志で変えられる法の広汎な存在が受動的国家の法文化の特徴である。絶対的禁止や差止は異常なことである。法の役割は、市民社会のメンバー間の取引の約束を市民が自分で自律的に規制するのを促進しそれを支えることにあり、参加者が合意に達しなかったときは、一方の当事者が国家の法廷に訴えて、その法廷が「模範」合意を示すのである。また、ここでは私人やグループの権利が重視される。ここでは、権利は義務を伴わず、権利は絶対的なものとして扱われる。

C　受動的国家の司法の特質。ここでも、国家は受動的であり、法的手続は「実際の」紛争の存在を前提とし（訴訟の開始、終了共に当事者の意志により決まる。）国家は私人の代理として手続に関与するので、他方の私人と平等な立場に立つ。紛争は法廷に持ち出さずに内部の妥協で解決するのが理想であり、法廷に持ち出すのは、最後の手段である。国家が妥協するように求めることは中立性を損なう。訴訟開始後も、当事者が法廷外で解決に達すれば訴訟は終了する。

受動的国家では国家は中立的な立場をとり、当事者の訴訟行為への介入は最小限に控える。判断者は手続を主宰するだけで、手続への介入は公正な判断の確保に必要な場合だけである。この争いが公正であり、判断者の中立性が損なわれていなければ、敗者はこの判断の正当性を疑う理由はなく、社会は全体として司法の中立さに信頼を維持することになり、かくして、紛争は、法的手続を通して「吸収（解消）」される。

(2) 能動国家（積極国家）

A 積極国家の意味・機能・役割。積極国家は、よき生活に関する包括的な理論を持ちまたはそれを実現しようとし、その理論を、市民を物質的及び道徳的に改善する包括的計画の基礎にしようとする。社会生活の全ての側面は、いかに小さな出来事であっても、国家政策の観点から評価され、国家の要求に沿って社会が作り上げられる。現存する社会制度と社会の慣行はほとんど尊重されず、現存する社会は欠陥があり改善の必要があるものとみられる。市民社会は正当性を奪われ、市民の間に自発的に起こる計画や見方は、国家の見解と衝突したり、国家計画への関与を弱めたり、国家への信頼を損なう虞があるので、疑わしいとみられる。任意な結社は解体されるか監督下におかれるべきものとされる。市民の結社さえも国家機関の付属物である。国家は政治活動の唯一の場となり、国家は忠誠を誓う排他的場所となる。社会は「国家化される」。したがって、社会に関する政策は、国家の問題と国家政策に解消されることになる。ここでは市民の間の見解の相違と争いではなく、市民の調和と協同（強調）が強調され、人民は共通の目標に向かって努力するように結びつけられるべきであり、各人は優越する国家の利益に服する。国家は中立の紛争解決者ではなく、共同目的実現のためのマネジャー（管理者）である。国家の計画への無関心さえも反抗だとみられる。個人の自律は決して神聖なものではない。自己認識は欠陥のある社会的慣行によって作られたものであり、誤りを含み不正確だととらえられる。

受動的政体では懐疑に満ちているが、積極国家では楽観主義で満ちている。追求に値する目標を識別でき、その実現に正しく噛み合った政策を作れることを前置としている。

B　積極国家の法の性質。積極国家では、法は、市民社会から生じそこで実際に行われていることを写すものではなく、国家の政策の表現物である。法の支配的なイメージは国家の命令であり、契約主義者の法の考え方とは全く切り離されている。

政策的考慮に照らして解釈しても国家の政策と合致しなければ、その規定は無視されなければならない。だが、比較的安定した基準を介在させないと危険とされるほどの不確かさと恣意を生む余地がある。そこで何らかの指導基準を定め、法の内容を変更できないことをある程度尊重しなければならないが、そうなると法基準がその基礎を成す政策目的とはかけ離れた結果を生むときには司法（運用）に緊張関係が生ずることになる。

国家の命令からは請求権は生じない。積極国家の市民には自己の存在それ自体が目的であるという理由で権利は認められない。国家の利益が優先する。積極国家の命令は条件付きの特権を与え、役割を付与し、仕事を割当て、各自に正当な分け前を与えるというものである。極端な積極国家の下では、権利と義務は合体する。

C　積極国家の司法の特質。積極国家の法は国家政策の実現の手段であるので、法的手続は紛争解決とは独立に発動され、当事者間に合意があり紛争がなくとも、国家の関心からは経済的または道徳的福祉にとって脅威となるととらえられる。例えば任意な性的関係。市民間の紛争は国家政策の観点からみると一方または双方当事者が処罰に値すると認定されることもある。民事手続が単一手続の中で刑事手続に姿を変えることもある。民事訴訟が、単一手続中で、より大きな制度の腐敗の問題の解明に発展することもある。国家は聴衆に教訓を与えるために狭い紛争を「見せしめ」として使うこともある。私人間の紛争は、権威が知るに至った社会問題の最良の解決を探る手掛かりであるにすぎない。

積極国家では、国家の利益は常に優先するので、中立の判断者はいない。手続は国家のオフィシャルによって統制された「糾明」となる。政策実現型では、国家の利益が優先するので、私人と国家の代表者との間での「取引」は認める余地がない。また、争いがあろうがなかろうが訴訟が引き続くことになるので、訴答やそれに類する（有罪答弁などの）メカニズムは必須の要素ではない。

A′　紛争解決型の手続、紛争解決型の規制の性格

受動的国家では法的手続は法廷での争訟（論争）の形をとる。紛争解決型の手続は次のような特徴を持つ。

(1)　訴訟手続の規制は、大部分、模範契約に黙示的に存在する条件を捜し当てる問題である。受動国家では、市民は自己の利益の決定権を持つので、訴訟手続で当事者に与えられている権利を原理上は自由に放棄できる。訴訟手続違反は自動的救済の理由ではなく、救済は当事者の異議がある場合に限られる。異議申立てがなければそれは規範からの逸脱への黙示的同意とみられる。当事者の合意で代えられない規制は例外であり、原則ではない。

(2)　手続の重要性、内容としての手続。手続法は独自の完全さを持ち、実体法から独立している。評決は手続により正当化されるから、判断者は手続に緩やかに拘束される。裁判は内容的な正しさから完全に切り離せないので、勝訴の結果が実体についての正しい結果と合致しないことが裁判官に明らかなとき、裁判官が正しいと考える判断をすると、争訟として手続を構成した意味を失わせ、争う意欲を殺ぎ、裁判官の公平性を損なう。紛争解決の手続的メカニズムは、そのようなディレンマを予防するか、必要な場合には、手続の完全性を損なわないようにするためのメカニズムを用意している。第一は、訴訟の情報は、全て当事者の面前で判断者の前に提出し、直ちに議論の対象としなければならないという要件である。第二は、さまざまの形態のミストライアルである。当事者が重大な手続違反を犯し

た場合、たとえその違反が事件の実体について正確で決定的な情報を明らかにするものであっても、手続は打ち切られる。このとき、新たな手続を開始できる。上訴にあっても、実体法の観点からみると正しい結果だという場合でも、手続違反を理由に破棄される。受動的国家の基礎にあるフィロソフィーは、判決を手続の観点から正当化する。判決がどのようにして下されたのかの方が、判決内容よりも重要である。

判断を手続的観点から正当化するには、当事者の争いを規律するルールの遵守とそのルールの公正さが要件となる。つまり、勝訴の見込みについて両当事者に等しいチャンスを与えるものでなければならない。

(3)　当事者についての見方。当事者の自律が重視される。受動的国家では、個人が自己の関心事について決定権を持つので、司法の領域で、当事者が訴訟の支配者となり、自己の望む答弁をし、手続形式を選択することができる。主張・立証を当事者がうまく行ったか否かは手続を主宰するオフィシャルの判断事項である。

当事者の自律は自己弁護権にも示されている。望まないのに弁護人をつけるのは、受動的イデオロギーの基本それ自体に反する。自分で弁護する権利を否定して、代わりに権威に従う見解を持つ者をその代理として弁護させ、紛争解決を装って、実は、国家の管理統制の関心から訴訟が行われるようにする事態を招く虞がある。

両当事者は平等の権利を与えられるが、この平等は抽象的、形式的平等であれば足り、富が異なることから生ずる実質的不平等が問題とされるのではない。

当事者の手続のコントロール訴訟は紛争解決のためであるから、当事者の申立てが訴訟の開始の要件であり、また、当事者は訴訟の終了も決めることができる。訴訟を当事者の意に反して、紛争解決型から政策実現型に変えることはできない。

手続の目的は紛争の解決であるので、紛争の争点は当事者が設定すべきことになる。争いがないことは証明の対象とはならない。争点ではない事実についての審査は職権による糺問となり、紛争解決に限定されない権限の行使は国家政策と国家計画のために手続が使われていくことになる虞がある。法律問題も当事者が設定することが基本とされる。

訴訟は個人に関係する範囲で行われる。適格は厳格であり、自己の権利が侵害された場合に認められる。主観的併合（当事者の併合）も、主として、他の者が最初の当事者と実体的権利を共有している場合に限定される。救済の形式も当事者が決める。当事者が求めた救済と異なる救済を裁判官が与えるのは紛争解決型とは離れ、訴訟が行政目的か国家政策の実現のために使われることになる。

当事者抗争型の採証方法は、概念上、紛争解決型の必須要素ではないが、紛争解決目的を促進する役割を果たすので手続の不可欠の部分を成すといえる。

単なる蓋然性に依拠した、挙証責任と推定に関するルールが紛争解決目的に資する。挙証責任を負う者がその責任を果たせなければ敗訴することになる。これに対し、オフィシャルの立場にある事実認証者が証明する責任を負うことになると、事実認定者の公平さが失われる。オフィシャルが事実の積極的糾明を差し控え、事実認定に関する争いの単なるレフェリーとなることで、訴訟手続を行う権威の公平さはよりよく維持される。事実認定上の不確かさは、よりよい証拠上の証明を行った当事者に有利に解決されることになる。

紛争解決型手続では、「事実認定の正確さ、真実」よりも「紛争の解決」が目的であり、この手続での評決は、真実を宣言したものというよりも、当事者の論争を解決する判断である。国家には私人の自治を犠牲にする利益はなく、個人の自律は最も優先度が高いので、事実認定者による事実糾明には重大な制限が課されることになる。また、困難な事件だけが争われるので、真実は曖昧であることが多い。

紛争解決型の手続では、各当事者が自分の主張を証明するため強制的に相手方当事者を証拠方法とすることは許されないが、自分で選択して任意に証拠方法となることはできる。

訴訟での不意打ちを避け手続を公平にするには、ある程度の公判前の一方当事者から他方当事者への証拠開示が必須であり、その範囲も争点の解決に必要な範囲に限られる。

手続の目的は紛争の解決であるから、手続の遅延は最小限に止めるべきである。手続遅滞防止の最良の方法は、当事者に時間制限の違反に対する制裁を求める権限を与え、時宜に適った申立てをしなければその事項を争うことができなくすることである。

(4)　判断者の役割。判断者は、中立的、客観的、公正であることが求められる。判断者が独自に得た証拠に基づくと公平性は失われる。紛争解決型手続では事実争点についても法的争点についても、判断は当事者の論争の結果に照らして下される。判断者は何も準備をしないで、争点に関する具体的事実を全く知らないで事件の審理に望むのが理想である。

(5)　弁護人の地位。弁護人は紛争解決型の手続の必須要素ではないが紛争解決目的を促進する役割を果たす。自己規律をする市民社会が複雑になると、約束と契約を通して社会的関係を構造化するのに専門家の援助を必要とするようになる。Officer of the court でもある弁護人の役割は、法の許す範囲で、依頼者の利益に熱心に助力を与えることにある。

(6)　判決の安定性。紛争解決型では、内容上の正しさは相対的に重要性が低く、下された判断を法律上の誤りであれ事実上の誤りであれ変更しないことを基本とする。広い遮断効が与えられ、附随的禁反言も生ずる。判断者のレヴェルが階層を成さず、一つのレヴェルからなるところでは、評決が回付されると、この効果が生ずる。再度の審理の中立ては当事者が申し立てたときだけ行われる。内容的に誤った判決でさえ、高度の安定性を保障されるが、他方、不公正な実務や詐欺によって判決を得た場合には、遮断効は生じない。これは正しい実体判断よりも争訟の完全性・無瑕疵性を重視するからである。

B′　政策実現型の手続の特徴

積極国家の法的手続はオフィシャルが糾明を行うことを中心の考え方としそれを廻って構成されている手続であり、法的手続は国家政策の実現に捧げられる。ここではオフィシャルの構造の有様とは独立に積極国家の手続モデルを考察する。

(1)　積極国家では手続法は実体法の助法とされ、実体法に比べてはるかに重要性が劣るものとされる。国家政策の実現が手続の目的であるので、判決は正しい結果の観点から正当化される。適切な手続とは、実体的に正しい結果を達成できる手続を指し、公正さや附随的な実体的価値を保護できる手続をいうのではない。実体についての正しい判断が重視され、内容の点で正しい判断が破棄されるのは、オフィシャルへの信頼が失われる場合である。

手続ルールの厳格な遵守が国家政策の実現を妨げる場合にはそのルールからの離脱が許されるべきことになる。政策実現型では、手続ルールは変更できないものではなく、ほとんど常に、注意的な説示か大雑把な規則にすぎないことになる。だが、正しい結果に到達するために手続ルールからの離脱が常に正当化されることになると、誤った判決や恣意的行為や不愉快な差別に道を開くことになる。このため、ある限られた数の規定はある程度の厳格さを持ち、その違反は自動的破棄理由となる。

紛争解決型は私人たる当事者の自律を重視するが、政策実現型は国家利益を最重要とみる。規制の名宛人は紛争解決型では私人だが、政策実現型では手続を運用するオフィシャルである。個人は、国家利益の実現と関連づけて自己の利益を主張できるにすぎない。

(2)　権威には属さない参加者の地位。政策実現型では紛争解決型での「当事者」に相当する者はいない。積極国家における個人は請求権の主張や放棄をする主権はない。当事者ではなく手続参加者がいるだけである。当事者はオフィシャルが正しい結果に到達するための貴重な情報源である。当事者以外の参加者も、国家政策実現のために動員される。

(3)　手続のオフィシャルによるコントロール。政策現実型では、手続の開始も、終了もオフィシャルが決する。従来は、手続の全側面を、実体判断をする者が統制する場合が糾問主義で、検察官が参加すると論争主義・当事者主義的要素が入ったと考えられてきているが、積極国家では、個人と国家の弁護人（検察官）との間は平等ではなく、権利の相互性はなく、検察官は特別の機能の点で判断者と区別されるだけであるから、これは政策実現型の一場合である。

政策実現型の手続では、私人は一時的にしか手続を統制できない。政策実現型では、紛争がなくとも手続を開始でき、制度の腐敗といった一般的問題に向けて糺問を行うことができ、紛争が消失しても、手続が終了するとは限らない。手続の対象は国家の問題であり、これにオフィシャルが答えることを義務づけられる。判断者は、当事者の選択した側面ではなく、審理する出来事の全側面を検討する権限がある。裁判所は当事者が求めたところを超えて審理でき、民事手続を刑事手続に変えることもできる。これは積極国家が、市民の教育と形成、つまり、リハビリテイションを望ましい形態とみるからである。

政策実現型では、正しい事実の糾明が目的となる。より正確にいえば、政策実現型の手続に課された限界の範囲内で、事実認定の正確性の最適のレヴェルを達成しようとしている。事実認定過程のコントロールは国家のオフィシャルの手に委ねなければならない。

積極国家では全員が共通の努力に参加することを期待するのであり、司法（運用）においても権威との協力を市民に義務づける。この義務は当事者にも及ぶ。この協力義務は、手続を進めるオフィシャルに文書及びその他の証拠を開示する義務を含む。当事者は情報源である。刑事被告人にさえ供述義務が課される。

(4) 判断者の立場。政策実現型では判断者は公平な判断よりも、正しい判断を下すことを求められる。政策実現型では判断者の公平性は判断者の中心的属性ではないので、判断者が訴訟外で得た知識を判断に用いてならないことにはならず、事件の正しい判断を危険に晒す場合に限って用いてはならないことになる。国家の判断者は国家の採る立場を正しいものとして受け入れなければならない。政府の政策について審判（裁判官）が無関心であるといったことはあってはならず、それは非難の対象にさえなる。裁判官の独立とは、腐敗したか「正しくない」実体的結果を追求するオフィシャルによる干渉を裁判官が受けないという意味である。

(5) 弁護人の地位。正しい手続結果への到達を促進するのが弁護人の役割であり、弁護人が依頼者の利益に奉仕し国家計画の実現を妨げることは許されない。弁護人が依頼者の利益に過度に合体するのを防ぐために、弁護士はその給与または補償を国家公務員の給与体系に従って受ける。弁護人は公式見解の範囲内で、依頼者に有利で国家の見解からも受け入れることができる側面を捜し、結果に影響を与えることができる。

(6) 判決の変更可能性。原理上全ての判断は仮のものである。判決が実体について誤った判断を下していることが判明した場合は、破棄、または、再審理となる。ある程度判決の安定性を考慮しなければならないので、限定された範囲で既判力が認められるが、誤った判決を柔軟に是正できることが強調される。

四　権威と裁判の類型

(1)　階層型のオフィシャルによる政策実現型手続

最も顕著な特徴は、「積極国家型の」糾明が職務を遂行するオフィシャルの異なるランクに従って幾つかの段階に分けられ、同一のランクのオフィシャルが機能上専門化され、手続も、専門化したサブ・タスクに従って幾つかの段階に分けられていることである。

手続は分割型で行われ、通常、上級の権威が審査を行い、最上級の権威の判断でさえ新知識による変更を受けることがあり、ただ、最上級の権威が判断している場合には安易な再度の審理は制限される。各手続段階は一件書類を通して意味のある全体に統合される。

捜査と公判を同一の者が行う形態よりも、両方の機能を分化させた分業形態の方が、階層型の要請に適う。分業を通して国家政策の実現がはかられることになる。

異なる見解を判断者に提出させオフィシャルを競合させる場合もありうるが、これは表面上の儀式に過ぎず、共同して最適の解決を求めることになりがちである。

階層的権威と政策実現型裁判が結び付くと、訴訟行為を私人に委ねることには非常に消極的になる。

階層的権威と政策実現型裁判が結びつけば、一旦最高権威で政策が形成されれば、その政策を一貫して実施することが確かなものとなる。

規範の遵守を重んずる階層型のロジカル・リーガリズムと、結果との整合性を重視する政策実現型との間には摩擦があり、真に政策実現型政府の極端な型態に近づけば、階層型の機構は、法律を重視する立場から技術主義的立場に次第に姿を変えることになる。規範に基づく計画の操作よりも、効率的な管理統制を重視するからである。

階層型の政策実現手続は、従来の糺問主義とは、一件書類が重要な役割を果たし、通常、上訴審による審査があるなどの点で似ているが、国家の介入に際限がなく、法的手続が教育的機能を担うなどの点で異なる。この型の例として、ローマ・カトリック教会の影響を受けたフランスのアンシャン・レジューム下での裁判手続、プロシャの裁判手続、プロシャの手続を模範としたツァーのロシアの手続、それを継承したソヴィエトの手続などを挙げることができよう。一六世紀に入ってからもヨーロッパの支配者は第一次的には裁判官または紛争解決者と考えられていたのであり、紛争解決型の裁判から決定的に離れることを可能とする政治的状況が出現するのは、ヨーロッパの絶対主義君主よりももっと積極的な政府が誕生してからである。フランス革命は新しい立場の宣言には成功したが、刑事手続を階層型のオフィシャルによる国家政策の実現手続であるとみる基調を変化させることはなかった。ソヴィエトでは民事手続と刑事手続は融合し、刑事手続はより大きな行政の制度と社会統制の制度に容易に融合し、リーガリズムは、法を積極国家のイデオロギー実現の手段とみる見方と衝突するので弱められている。毛沢東下での中国では刑事裁判は犯罪を抑制し、行為者の考えを変えさせる行政活動となった。法的手続は国家政策実現のために行われ、オフィシャルの専門性が支配する領域とみなされるので、私人訴追も積極主義国家観の下での手続では異常なことである。

(2)　階層型のオフィシャルの前での紛争解決手続

この場合、階層型の幾つかの特徴があるために訴訟が熾烈な論争になる可能性は減少する。訴訟は分割型で、文書に依拠して、オフィシャルが専ら紛争解決に当たる。紛争解決であるから当事者が訴訟の開始と終了の決定権を持ち、争点を定義する権限を持ち、オフィシャルが事実の糾明を行うが、判断者は消極的で受動的な立場に立つ。階層型の機構ではオフィシャルの権限は比較的厳格なルールにより拘束される。要するに、手続の目的が紛争解決にあるため、当事者が訴訟の支配者となることが要件とされるときには、階層型の官僚機構は、私的当事者によるコントロールを非常に厳格に維持するので、ここでは事実の解明の手立てを奪われることになる。

この例として、ローマ・カノン法の民事手続、フランス革命後の民事手続、大陸における軽罪が関係する場合の私人訴追制度等を挙げることができる。

(3)　調整型のオフィシャルの前での紛争解決手続

ここでは素人による裁判が手続集中型で行われ、上級審による審査がなく、最初の手続が終局性を持つ。公判の準備は当事者に委ねられる。判断者は論争の内容について知らずに審理に望み、一件書類を読むことは禁じられる。またそのような一件書類はない。当事者が激しい論争を行う過程で情報が示され、他方当事者により検討される。判断者は中立な立場に立つ。これは国家が一方当事者であるときも同様である。このように、紛争解決制度が用いられる場合は調整型の手続では拡がる。訴訟の形式は当事者は自己の要請に合わせて創ることができる。調整型の紛争解決者は積極的に行為しない立場を採るが、これは判断者の正しい機能からするとそうなるというのではなく、積極的に行為できるが、自己抑制からそうしないだけである。一方当事者に援助を与えると公正な立場が失われ、紛争解決者の理想に悖ることになるからである。また、当事者による訴訟の支配を危うくするからである。調整型の紛争解決手続では、素人は証言に関する行為をそれ以外の訴訟行為から区別できないために当事者を情報源にしてしまうことも起こりうる。弁護人を導入すればこのような虞を回避することができ訴訟が感情的対立の場となるのを避けられる。

この類型に属するものとして、英米の素人による民事裁判がある。現代の英米の刑事裁判には政策実現型の要素があるが、素人による陪審裁判があり、国王に代わって私人が訴追することが認められ、検察官が私人と同一の当事者の立場に立ち、公判前の段階でも警察と被告人がそれぞれ別個の「主張・立証（case）」を準備し、証拠開示を争い、有罪答弁があるなどの諸点に、紛争解決型の要素がみられる。また脅迫の抗弁のように当事者が提起することを求められるものもある。

(4) 調整型オフィシャルによる政策実現型手続

法的手続は国家政策実現のためにあるが、それが調整型のオフィシャルにより運用される場合であり、従来の理論にぴったり類推できるものがない。糺問主義は階層型に属する。

国家性政策の実現に最も適した捜査が開始されるが、国家のオフィシャルはおらず、機能分化による専門家もおらず、オフィシャルの一件書類もない。調整型オフィシャルの行う糾明はより構造化されておらず、集中型で行われる。判決に必要な資料の収集やその他の行為を外部の私人に委任できる。だが国家政策実現のために手続があるので手続の究極的コントロールはオフィシャルの手中にある。ここでは階層型と異なり、オフィシャルとそれ以外の者を分ける明確な線がない。

ここでは調整型オフィシャルは職権で手続を開始でき、正しい結果に到達するために必要であれば手続に介入し職権で調査したり一定の行為・不行為を当事者に命ずることができ、国家政策を実現する立場に立ちその最適の結果を追求する。ここでは厳格な規則による拘束や上級者の監督はない。

権威が中央集権化されていないので国家政策を廻ってオフィシャルの間に論争が生ずる可能性がある。だが、真に管理統制的な国家では、オフィシャルは全体として包括的なフィロソフィーがあり、支配エリートの命令がこのような意見の衝突の可能性を大幅に減少させる。だが、意見衝突の可能性はある。さらに、職務とその保持者との分離は完全ではないので、職務に対する不服申立ては個人に対する不服申立てと同様のものとなり、政策実現手続においても訴訟（コンテスト）の形式が採られることになるだろう。

一旦下した判断も再考され、他の裁判所が既に下された判断の執行を妨げたりすることがあり、迅速で決定的な行為を必要とする、経済政策、教育政策及びその他の国家政策との間に摩擦が生ずる。

この調整型オフィシャルによる政策実現手続の類型に属するものとして、次のものがある。

A　自ら捜査を行ったかつてのイングランドの陪審、大陪審、アサイズ（Assizes）での刑事手続、有罪答弁の受理を拒否し当事者間に紛争がない場合にも公判を行う場合、特別検察官を裁判官が任命する場合、弁護人のついていない貧困な被告人の公判で裁判官が被告人に有利な事情を明らかにしようとする場合、有罪後の救済手続、有罪答弁後の量刑のように、素人のオフィシャルの行う糾明に基づき量刑を行う場合などがある。

B　刑事手続の自由放任国家型から福祉国家型への変化

合衆国の福祉国家が経済に介入するのは、競争市場を維持するためであって、国家の介入を市場経済にとって代えるためではないのと同様に、刑事手続に国家が介入するのは当事者の競争の不均衡を正すためであってそれを取り除くためではない。刑事手続で「実質的平等」を問題にし公設弁護人のオフィスが創設されたり、裁判官が放棄の有効性を進んで検討し放棄を認めない場合があったり、有罪答弁を認めない場合があったり、裁判官が訴追を命じたりする場合があったり、公判での異議申立てが欠けても「明白な誤り」があるとして上訴を認めたり、裁判官が職権で証人を召喚したり、量刑に関する上訴が認められていなかった一九七〇年代半ばまで合衆国では裁判官が量刑に関する協議会を開いて共通の量刑政策を樹立しようとしたり、他の権力の活動を違法排除法理によって認めるのを拒否したりといったところに調整型と政策実現型の混合したものがみられる。

C　公共訴訟

原告が、学校、病院、刑務所、またはその他の独立の政府の機関の行動を変えまたはそれらの制度改革を目的として行われる訴訟は、裁判所が行政的活動をしたり、「小型立法府」としての役割を果たすことが関係する。裁判所は対象機関の行為を規律する新しいルールを創ることになる。裁判所は事件を審理する活動、行政的活動、立法的活動の結合した活動に係わっており、そのうちの審理機能は極めてわずかなものである。これは民事訴訟が政策実現のために使われている場合である。証拠開示の範囲が拡げられ、適格概念が拡げられ、当事者の訴答がなくとも公共の政策に関する争点を「審理」することができるとされたりというように、裁判は最良の政策を作るために機能しており、紛争の解決からは離れている。だが、このような政策実現の特徴を備えてはいるが、ここでは、原告の利益が関係し、社会的見解の対立の基礎には争いがあり、ここでは国家の利益ではなく、公共の善が争われ、裁判官は政策に関し強い自己の見解を持っておらず、審判の立場にあり、裁判官の命令は、包括的な社会理論の実施を命ずるのではなく、妥協と調停であるといったところに、「受動的」国家の特徴がみられる。

以上が本書の内容の概観である。

五　おわりに

(1)　ダマシュカ教授は、社会主義、共産主義圏の裁判の有様も視野に入れて、権威の構造や国家の要請、機能の相違に応じて、どのような裁判の型が採用されることになり、そこで個人はどのように扱われるのかを、没価値的、社会学的に分析しているが、(1)この分析は、国家との関連で個人はどのように位置づけられ、扱われることになるのかについての、英米の個人主義、自由主義的伝統に立つ鋭い関心をその基礎としているものであるように思われる。権威や国家の有様と裁判制度との関連について鋭い分析が本書で展開されているのは、このような関心があるからこそであろう。

(2)　ところで、本書では、近年新たに生じてきた、裁判所による訴訟を通して刑事手続の改革や「公共訴訟」に代表される裁判所の活動を、「調整型オフィシャルによる政策実現手続」として特徴づけ分析している点が注目される。(我が国では、この類型の訴訟の性格を、どちらかといえば「調整型のオフィシャルの前での紛争解決手続」ととらえているようである。)本書は、この新しい類型の訴訟の性格の分析を重要なモチーフとしているように思われる。この新しい類型の訴訟で裁判所が制度改革や社会改革に係わることで、国家と個人の関係はどうなるのか、それはどのような権力構造をもたらすのかに大きな関心を寄せて、これまでの国家や権威と裁判制度の有様との関係を比較対照しつつ分析し、この訴訟の性格や今後の方向に見通しをつけようとするものなのであろう。この問題については今後も議論・検討が重ねられる必要があろう。

(3)　本書で展開されている分析は我が国での解釈や法理論の展開にとっても重要な意味を持つと思われる。我が国は、明治維新以降、フランス法の継受の後、ドイツ法が継受されてその影響が支配的となり、戦後になって、国の基本法たる憲法がアメリカ合衆国憲法を母法として制定されるというように、系譜を大きく異にする法体系を継受する歴史を辿ってきており、ともすると、戦前の大陸法の考え方が日本国憲法や現行刑事訴訟法の解釈にも大きくその影を落とし、旧憲法下での理論や刑事訴訟に関する理論は戦後の改革によっても影響を受けることはなく、戦前の法の考え方と「連続」することを強調する傾向もみられるが、ダマシュカ教授が本書で分析しているように、権力の規律を廻る法の有様は、大陸の法文化圏と英米の法文化圏では大きく異なっているのである。権威の構造や国家の性格が異なれば、裁判制度の内容、性格は異なったものとなる。このような相違を十分に了解して法理論を展開する必要があるが、本書は法理論や法解釈の意味を判断する有益な「座標軸」ないしは「地図」を提供するものであろう。本書の提供する枠組を使って、法治国家（Rechtsstaat）、厳格な法の解釈こそが法解釈の理想であるとする見方、法の「客観的解釈」の強調、罪刑「法定」主義、公と私の分離の強調、法執行官の「客観義務」の強調等の概念や見方が、階層型と政策実現型の結合したものの特徴ではないのかを批判的に検討してみる必要があろう。

本書は、多くの、歴史上の、また、現実の裁判制度を引きつつ分析し論証しており、内容豊富で魅了溢れる鋭い分析と論述を展開しているが、その全てを、限られた紙面で余すところなく紹介することは不可能である。本稿では、裁判制度の理解にとって重要な意義を持つ本書を、ダマシュカ教授が展開する分析の骨子に中心を置いて紹介した(2)。

(1)　ダマシュカ教授が本書で展開する社会学的分析の他に、裁判で解決するのに適した類型は何かという観点からする、機能的社会学的分析があり、また、経済的観点からの裁判制度の分析もありうるが、本書では、それとは異なり、権力論の観点から、政治との関連に重点を置いた「理念型」を用いて裁判の諸様相を分析している。

(2)　本書の紹介として、山本和彦　アメリカ法Ⅰ（一九八八年）三六頁がある。

初 出 一 覧

第1章　検察官上訴と二重危険
『比較法雑誌』17巻1号49-86頁（1983年）

第3章　合衆国憲法第五修正の二重危険禁止条項に関する最近の動向
『法学新報』103巻10号37-78頁（1997年）

第4章　常習罪と後訴遮断の範囲
『法学新報』92巻10・11・12号23-64頁（1986年）

第5章　検察官の裁量と二重危険禁止条項
『法学新報』96巻1・2号187-214頁（1989年）

第6章　二重危険の原理―罪数と二重危険禁止条項の「関係」を中心に―
『刑法雑誌』31巻4号13-34頁（1991年）

第7章　後訴遮断の視点と後訴遮断の範囲
―公訴事実、訴因、罪数と後訴遮断の範囲―
渥美東洋先生古稀記念論文集『犯罪の多角的検討』（有斐閣）227-250頁（2006年）

第8章　ミルジャン・ダマシュカ
裁判と国家の権威の諸様相―法過程への比較によるアプローチ」
『法学新報』97巻5号177-202頁（1991年）

中《なか》野《の》目《め》 善《よし》則《のり》

1953年　福島県に生まれる
1975年　中央大学法学部卒業
1979年　同大学院法学研究科刑事法専攻修士課程修了
1983年　同大学院法学研究科刑事法専攻博士後期課程中退
1988年　川村学園女子大学文学部専任講師
1992年　川村学園女子大学文学部助教授
1994年　桐蔭横浜大学法学部助教授
1998年　中央大学法学部教授
2004年　中央大学大学院法務研究科教授
2014年より中央大学法学部教授

〈主な著書・訳書・論文〉
編書　『法の機能と法解釈』八千代出版（1993年）
編著　『国際刑事法』中央大学出版部（2013年）
論文　「緊急捜索・押収の適法性について」『中央ロー・ジャーナル』9巻1号（2012年）
「プライバシーの合理的期待の観点からする捜査活動の規律―任意・強制の区別による規律から，プライバシーの合理的期待の分析による規律へ―」『中央ロー・ジャーナル』8巻2号（2011年）
「英国における犯罪の予防・減少のためのPPO戦略（Prolific and Other Priority Offenders Strategy―慢性多発性優先処遇犯対処戦略）について」『比較法雑誌』43巻4号（2010年）
「OJJDPによるComprehensive strategy」渥美東洋編『犯罪予防の法理』成文堂（2008年）
翻訳　「リストーラティヴ・ジャスティス理論の有効性のデータによる検証」『比較法雑誌』45巻4号（2012年）
「企業の刑事責任に関する新たなアプローチ」、「イギリス法における企業の刑事責任」、「オーストラリアにおけるコーポレート・ガバナンス」丸山秀平編『企業の活動に関する法規制』日本比較法研究所（2011年）　他多数

二重危険の法理　日本比較法研究所研究叢書（101）

2015年3月25日　初版第1刷発行

著　者　中野目善則
発行者　神﨑茂治

発行所　中央大学出版部
〒192-0393
東京都八王子市東中野742番地1
電話 042-674-2351・FAX 042-674-2354
http://www2.chuo-u.ac.jp/up/

　ISBN978-4-8057-0801-9　㈱千秋社

日本比較法研究所研究叢書

1	小島武司 著	法律扶助・弁護士保険の比較法的研究	A5判 二八〇〇円
2	藤本哲也 著	Crime and Delinquency among the Japanese-Americans	菊判 一六〇〇円
3	塚本重頼 著	アメリカ刑事法研究	A5判 二八〇〇円
4	小島武司 外間寛 編	オムブズマン制度の比較研究	A5判 三五〇〇円
5	田村五郎 著	非嫡出子に対する親権の研究	A5判 三二〇〇円
6	小島武司 編	各国法律扶助制度の比較研究	A5判 四五〇〇円
7	小島武司 著	仲裁・苦情処理の比較法的研究	A5判 三八〇〇円
8	塚本重頼 著	英米民事法の研究	A5判 四八〇〇円
9	桑田三郎 著	国際私法の諸相	A5判 五四〇〇円
10	山内惟介 編	Beiträge zum japanischen und ausländischen Bank- und Finanzrecht	菊判 三六〇〇円
11	木内宜彦 M・ルッター 編著	日独会社法の展開	A5判 (品切)
12	山内惟介 著	海事国際私法の研究	A5判 二八〇〇円
13	渥美東洋 編	米国刑事判例の動向 I	A5判 (品切)
14	小島武司 編著	調停と法	A5判 (品切)
15	塚本重頼 著	裁判制度の国際比較	A5判 (品切)

日本比較法研究所研究叢書

16 渥美東洋 編　米国刑事判例の動向 Ⅱ　A5判 四八〇〇円

17 日本比較法研究所 編　比較法の方法と今日的課題　A5判 三〇〇〇円

18 小島武司 編　Perspectives on Civil Justice and ADR : Japan and the U. S. A　菊判 五〇〇〇円

19 小島・渥美・清水・外間 編　フランスの裁判法制　A5判 (品切)

20 小杉末吉 著　ロシア革命と良心の自由　A5判 四九〇〇円

21 小島・渥美・清水・外間 編　アメリカの大司法システム(上)　A5判 二九〇〇円

22 小島・渥美・清水・外間 編　Système juridique français　菊判 四〇〇〇円

23 小島・渥美・清水・外間 編　アメリカの大司法システム(下)　A5判 一八〇〇円

24 小島武司・韓相範 編　韓国法の現在(上)　A5判 四四〇〇円

25 小島・渥美・川添・清水・外間 編　ヨーロッパ裁判制度の源流　A5判 二六〇〇円

26 塚本重頼 著　労使関係法制の比較法的研究　A5判 二二〇〇円

27 小島武司・韓相範 編　韓国法の現在(下)　A5判 五〇〇〇円

28 渥美東洋 編　米国刑事判例の動向 Ⅲ　A5判 (品切)

29 藤本哲也 著　Crime Problems in Japan　菊判 (品切)

30 小島・渥美・清水・外間 編　The Grand Design of America's Justice System　菊判 四五〇〇円

日本比較法研究所研究叢書

31	川村泰啓著	個人史としての民法学	A5判 四八〇〇円
32	白羽祐三著	民法起草者穂積陳重論	A5判 三三〇〇円
33	日本比較法研究所編	国際社会における法の普遍性と固有性	A5判 三二〇〇円
34	丸山秀平編著	ドイツ企業法判例の展開	A5判 二八〇〇円
35	白羽祐三著	プロパティと現代的契約自由	A5判 一三〇〇〇円
36	藤本哲也著	諸外国の刑事政策	A5判 四〇〇〇円
37	小島武司他編	Europe's Judicial Systems	菊判（品切）
38	伊従寛著	独占禁止政策と独占禁止法	A5判 九〇〇〇円
39	白羽祐三著	「日本法理研究会」の分析	A5判 五七〇〇円
40	伊従・山内・ヘイリー編	競争法の国際的調整と貿易問題	A5判 二八〇〇円
41	渥美・小島編	日韓における立法の新展開	A5判 四三〇〇円
42	渥美東洋編	組織・企業犯罪を考える	A5判 三八〇〇円
43	丸山秀平編著	続ドイツ企業法判例の展開	A5判 二三〇〇円
44	住吉博著	学生はいかにして法律家となるか	A5判 四二〇〇円
45	藤本哲也著	刑事政策の諸問題	A5判 四四〇〇円
46	小島武司編著	訴訟法における法族の再検討	A5判 七一〇〇円
47	桑田三郎著	工業所有権法における国際的消耗論	A5判 五七〇〇円

日本比較法研究所研究叢書

48 多喜寛 著　国際私法の基本的課題　A5判 五二〇〇円
49 多喜寛 著　国際仲裁と国際取引法　A5判 六四〇〇円
50 眞田・松村 編著　イスラーム身分関係法　A5判 七五〇〇円
51 川添・小島 編　ドイツ法・ヨーロッパ法の展開と判例　A5判 一九〇〇円
52 西海・山野目 編　今日の家族をめぐる日仏の法的諸問題　A5判 二二〇〇円
53 加美和照 著　会社取締役法制度研究　A5判 七〇〇〇円
54 植野妙実子 編著　21世紀の女性政策　A5判（品切）
55 山内惟介 著　国際公序法の研究　A5判 四一〇〇円
56 山内惟介 著　国際私法・国際経済法論集　A5判 五四〇〇円
57 大内・西海 編　国連の紛争予防・解決機能　A5判 七〇〇〇円
58 白羽祐三 著　日清・日露戦争と法律学　A5判 四〇〇〇円
59 伊従・山内・ヘイリー・ネルソン 編　APEC諸国における競争政策と経済発展　A5判 四〇〇〇円
60 工藤達朗 編　ドイツの憲法裁判　A5判（品切）
61 白羽祐三 著　刑法学者牧野英一の民法論　A5判 二一〇〇円
62 小島武司 編　ADRの実際と理論 I　A5判（品切）
63 大内・西海 編　United Nation's Contributions to the Prevention and Settlement of Conflicts　菊判 四五〇〇円

日本比較法研究所研究叢書

64	山内惟介著	国際会社法研究第一巻	A5判 四八〇〇円
65	小島武司著	CIVIL PROCEDURE and ADR in JAPAN	菊判 (品切)
66	小堀憲助著	「知的(発達)障害者」福祉思想とその潮流	A5判 二九〇〇円
67	藤本哲也編著	諸外国の修復的司法	A5判 六〇〇〇円
68	小島武司編	ADRの実際と理論Ⅱ	A5判 五二〇〇円
69	吉田豊著	手付の研究	A5判 七五〇〇円
70	渥美東洋編著	日韓比較刑事法シンポジウム	A5判 三六〇〇円
71	藤本哲也著	犯罪学研究	A5判 四二〇〇円
72	多喜寛著	国家契約の法理論	A5判 三四〇〇円
73	石川・エーラース グロスフェルト・山内編著	共演 ドイツ法と日本法	A5判 六五〇〇円
74	小島武司編著	日本法制の改革：立法と実務の最前線	A5判 一〇〇〇〇円
75	藤本哲也著	性犯罪研究	A5判 三五〇〇円
76	奥田安弘著	国際私法と隣接法分野の研究	A5判 七六〇〇円
77	只木誠著	刑事法学における現代的課題	A5判 二七〇〇円
78	藤本哲也著	刑事政策研究	A5判 四四〇〇円
79	山内惟介著	比較法研究第一巻	A5判 四〇〇〇円
80	多喜寛編著	国際私法・国際取引法の諸問題	A5判 二二〇〇円

日本比較法研究所研究叢書

81　日本比較法研究所編　Future of Comparative Study in Law　菊判 一一二〇〇円

82　植野妙実子編著　フランス憲法と統治構造　A5判 四〇〇〇円

83　山内惟介著　Japanisches Recht im Vergleich　菊判 六七〇〇円

84　渥美東洋編　米国刑事判例の動向Ⅳ　A5判 九〇〇〇円

85　多喜寛著　慣習法と法的確信　A5判 二八〇〇円

86　長尾一紘著　基本権解釈と利益衡量の法理　A5判 二五〇〇円

87　植野妙実子編著　法・制度・権利の今日的変容　A5判 五九〇〇円

88　畑尻剛 工藤達朗編　ドイツの憲法裁判第二版　A5判 八〇〇〇円

89　大村雅彦著　比較民事司法研究　A5判 三八〇〇円

90　中野目善則編　国際刑事法　A5判 六七〇〇円

91　藤本哲也著　犯罪学・刑事政策の新しい動向　A5判 四六〇〇円

92　山内惟介 ヴェルナー・F・エブケ編著　国際関係私法の挑戦　A5判 五五〇〇円

93　森勇 米津孝司編　ドイツ弁護士法と労働法の現在　A5判 三三〇〇円

94　多喜寛著　国家（政府）承認と国際法　A5判 三三〇〇円

95　長尾一紘著　外国人の選挙権ドイツの経験・日本の課題　A5判 二三〇〇円

96　只木誠 ハラルド・バウム編　債権法改正に関する比較法的検討　A5判 五五〇〇円

97　鈴木博人著　親子福祉法の比較法的研究Ⅰ　A5判 四五〇〇円